SEASON 3

보험영업 노하우
역대연봉
비밀노트

영업 꿀팁 공개!

끊임없는 고민으로 이루어낸 성공 사례와

그들의 노하우를 소개합니다

MADE
MIND

보험영업 노하우
억대연봉 비밀노트

초판 1쇄 인쇄 | 2024년 8월 10일
발행 1쇄 발행 | 2024년 8월 15일

지은이 | 김민희, 김용혁, 남성철, 박노학, 박아름
　　　　　박혁순, 봉재훈, 이진호, 이춘성, 장대성
　　　　　장덕환, 전수진, 조상연, 최민준, 최성천

펴낸이 | 최성준
책임편집 | 나비　　**교정교열** | 배지은　　**전자책 제작** | 모카　　**종이책 제작** | 갑우문화사
펴낸곳 | 나비소리(nabisori) 출판사　　**주소** | 수원시 팔달구 효원로 249번길 46-15
등록번호 | 제2021-000063호　　**등록일자** | 2021년 12월 20일

나비소리 출판사
생각하는 것을 행동으로 옮기지 않으면 상상이며, 망상에 불과합니다.
이러한 가치관을 가지고 있는 우리는 작가의 마음을 짓는 책을 만듭니다.

상점 | www.nabisori.shop.　　살롱 | blog.naver.com/nabisorisalon
원고투고 | nabi_sori@daum.net, mysetfree@naver.com

나비소리는 작가분들의 소중한 원고를 기다리고 있습니다.

메이드마인드는 나비소리 출판사의 임프린트 브랜드입니다.
책 값은 뒤표지에 있습니다. 파본은 구입처에서 교환해 드립니다.
ISBN | 979-11-92624-77-8 (03320)

✘ nabisori

보험영업 노하우
억대연봉 비밀노트

들어가면서

안녕하세요! 5만 명 보험설계사 네이버 카페 보만세 운영자 조이파파입니다. 세월이 무척 빠릅니다. 제가 카페를 운영한 지도 벌써 10년이 되었습니다. 그간 카페를 운영하면서 회원님들로부터 가장 많이 들은 질문은 무엇일까요?

바로, "어떻게 하면 보험영업을 잘할 수 있나요?"입니다.

그런데 사실, 이 질문에 한마디로 간단하게 답할 수 있는 사람은 아무도 없을 것입니다. 보험영업에는 많은 설계사 수만큼이나 다양한 방법들이 존재하기 때문입니다(지인영업, 개척영업, 법인영업, 온라인영업, 디비영업, 소개영업, 브리핑영업 등). 마치 산을 오를 때 한 가지 길이 아닌 여러 가지 등산로가 있는 것과 같은 이치라고 할 수 있겠습니다.

각각의 영업 방법마다 성과를 낼 수 있는 비결은 다르기 마련입니다. 그리고 뛰어난 결과물을 내는 사람은 많은 시행착오를 거치며 축적한 자신만의 노하우를 가지고 있습니다.

그렇기에 저는 회원님들께 '보험영업 성공의 다양한 길'을 보여드리고 싶었습니다. 그래서 우리 회원님들이 산 밑에서 등산로 입구도 못 찾아 헤매는 것이 아니라, 다양한 길들 중 본인에게 가장 잘 맞는 길을 찾아 얼른 산 정상으로 올라가시길 바라고 있습니다.

그런 취지로 2021년도에 기획한 것이, 바로 보만세 회원님들 중 억대연봉을 달성한 설계사님들을 찾아 그분들의 스토리를 책으로 엮어내는 것이었습니다.

그 결과, 이 책을 포함해 총 3권의 시리즈 책이 발간되었습니다
2021년 '억대연봉 비밀노트' 발간 (12명 공저)
2023년 '보험영업으로 부자되는 14개의 비밀노트' 발간 (14명 공저)

본 책은 앞으로도 시즌 4, 시즌 5 계속해서 발간할 예정입니다.

아무쪼록 꼼꼼히 읽어 보시고, 저자들의 조언을 그저 읽는 데서 그치는 것이 아니라 진짜 '나 자신의 것'으로 만드셨으면 좋겠습니다. 그래서 소득도 높이시고, 고객들을 오래도록 관리할 수 있도록 롱런하는 보험설계사로 성장하시기를 간절히 바라겠습니다.

감사합니다.

조이파파 진 일 원

contents

01 경단녀 전업주부의 "성공 법칙" | 013 |

나는 언제든 신입분들의 이직 상담과 코칭을 해줄 영업력과 이력, 지식이 준비되어 있는 EM(신입전담매니저)이다.

경단녀 전업주부 014 | 위촉하고 설계사가 되다 016 | 영업의 파도를 타다 018 | 넓은 바다에 뛰어들다 021 | 책임지는 역할 024 | 본격적인 GA생활 026 | 긍정의 성공 031 |

에이플러스에셋 EM(교육매니저) 김 민 희

02 꾸준함은 결국 빛을 발한다 | 035 |

이는 마치 우리의 1년, 즉 365일을 시사하는 것 같았다. 그만큼 매일매일 두려워하지 말라는 메시지로 느껴졌다.

보험을 사랑하라 036 | 보험영업을 하면서 맞이한 3가지 전환점 042 | 보험으로 롱런하기 046 | 두려워하지 말라 051 |

신한금융플러스 감탄본부 오션지점 지점장 김 용 혁

03 지속 성장 가능한 영업시스템 구축 : 평생 억대연봉으로 사는 비법 | 055 |

당신이 해야 할 건 열심히만 사는 게 아니다. 시간이 지날수록 편리해지고 쉬워지는 자동영업 시스템을 만드는 것이다.

프롤로그 : 돈 버는 시스템을 이해하자 056 | 역경지수(경험은 실패를 극복한 역사의 스토리 묶음이다) 058 | 행복한 부자로의 여행 (지속 성장 가능한 영업시스템을 만들다) 073 | 집필을 마치며 076 |

위드에셋 대표 남 성 철

SEASON 3

04 야! 너도 할 수 있어 ~
회사원이었던 나도 하고 있어 | 079 |

시대가 변한 만큼 영업방식과 방법이 달라져야 한다고 생각하는 분들도 있을 것이다. 하지만 기본은 변하지 않는다. 튼튼하고 견고한 기본기를 가지고 있다면 어떤 영업환경에서도 살아남을 수 있다.

소도 언덕이 있어야 비빈다 080 | 배상책임보험으로 개척하기 082 | 체계적인 보장 분석 084 | 재무설계를 만나다 087 | 셀프 브랜딩 091 | 마무리 하며 093

영진에셋 여의도사업단 사업단장 **박 노 학**

05 지금도 성장 중인 나의 보험 세일즈 이야기 | 097 |

길이 없으면 어떻게 합니까? 길을 만들어야죠. 아뇨, 그 것은 제대로 해보지 않은 사람들이 하는 말입니다. 그냥 하던 일을 계속하면 됩니다.

어려웠던 어린 시절의 이야기 098 | 보험 세일즈 입문 이야기 101 | 첫 법인 영업 시작 이야기 105 | 혼자 하는 일이 아니라 함께하는 스토리 107 | 첫 법인 계약 이야기 109 | 새로운 회사에서의 성장 이야기 113 |

AIA프리미어파트너스 전주지점 지점장 **박 아 름**

06 아무나 시작할 수 있지만,
누구나 성공할 수는 없다 | 119 |

포화된 시장이라고 해도 매달 신계약을 몇백만 원씩 하는 사람들은 항상 있다. 무조건 안 되는 일이 아니라 나의 방향만 잘 잡고 나아간다면 분명히 성공할 수 있는 직업이다.

보험은 정착이 어렵다 121 | 속도보다는 방향이 중요하다 122 | 나의 노하우 128 | 사람이 미래다 131 |

신한금융플러스 비전지점장 **박 혁 순**

07 미친 듯이 즐겨라! | 137 |

앞으로 어떻게 할 계획이며, 추후에는 이렇게 할 비전이 있다고 말해주고, 그것을 실현할 방법을 함께 고민하며 전폭적인 서포터를 해주는 것이 진정한 리더가 아닐까 생각한다.

열정은 절대 배신하지 않는다 138 | 시련과 방황은 나를 더욱 강하게 한다 143 | 다시 타오른 열정, 영업의 신이 되기 위해 달리다 145 | 왜 피에스파인서비스인가 148 | 보장 분석 꿀팁 152 | 에필로그 155 |

피에스파인서비스 본부장(RM) 봉 재 훈

08 스스로를 믿어라 | 157 |

책을 읽는다고 무조건 성공하는 것은 아니지만 성공한 사람 중에 책을 안 읽는 사람은 본 적이 없다.

되고 싶은 사람을 만나라 162 | 귀인을 만나면 꼭 보답하라 164 | 루틴을 만들어라 169 | 첫 책의 집필을 마치며 171 |

신한금융플러스 힐링지점 지점장 이 진 호

09 우리도 고객도 결국은 'Money'다 | 175 |

보험세일즈는 나를 파는 것이다. 내가 나를 팔지 않으면 세일즈는 끊길 수밖에 없다. 경험해 보지 않은 자의 조언을 조심하고, 성공한 경험자의 조언을 새기시길.

자기 객관화 & 메타인지 176 | Sales Process 7단계 179 | 가치대화 184 | 고객 수업 189 | 증권전달과 소개요청 193 |

AIA프리미어파트너스 지점장 이 춘 성

10 법인영업으로 당신의 인생을 바꿔라! | 195 |

먼저 그 길을 간 사람을 믿고, 그대로 해보는 것은 어떤가! 무슨 일이든 혼자하면 노동이 된다! 힘들다! 하지만 장사부와 함께 하면 롱런 할 수 있게 된다.

'법인개척영업' 하면 왜 장사부(장대성)인가! 196 | 목회자가 보험을 한다고? 197 | 보험설계사가 하는 가장 큰 실수 199 | 이제는 법인영업이다! 200 | 돈 벌고 싶으면 큰 물에서 놀아라! 202 | 혼자 하면 '노동' 함께하면 '롱런' 208 | 글을 마치며 212

한국보험금융 리사브랜치 대표 장 대 성

11 시대가 변화하는 만큼 영업도 변해야 한다 | 215 |

늦었다고 시작할 때가 가장 빠른 시기고 시작이 반이라는 말이 있듯이 시도조차 안 하는 사람보다는 시작이라도 하는 사람이 무조건 이긴다.

도전과 성장(평범한 삶에서 시작된 여정) 216 | 시련은 있어도 실패는 없다 218 | 초심을 찾아 새로운 시작 219 | 성공을 위한 여섯가지 비결 222 | 책을 읽는 독자에게 보내는 편지 232 |

프라임에셋 지사장 장 덕 환

12 내가 싫어하는 직업 "보험설계사" | 237 |

진심은 통한다. 정말 그렇다는 것을 일을하면서 더욱느낀다. 나의 이익보다는 고객의 입장에서 생각하고 진심을 다하다보면 처음에는 느린것 같지만 나중에는 더 많은 사람을 얻게될 것이다.

어쩌다 보험설계사 239 | 전문가로 거듭나기 241 | 누구나 시작할 수 있지만 아무나 전문가가 될 수 없는 직업 242 | 내가 생각하는 보험은? 243 | 원수사 전속설계사 vs 보험대리점 설계사 244 | DB손해보험 전수진PA는 이렇게 일합니다. 247 |

DB손해보험 Prime Agent 전 수 진

13 아는 설계사가 아닌
잘 아는 설계사가 되기 위해 | 255 |

내가 책을 읽고 강의를 보면서 가장 안타깝다고 생각한 부분은 실행을 하지 않는다는 것이었다. '내가 다 아는 내용인데?', '너무 쉬운 이야기잖아, 당연한 이야기잖아.' 라는 생각으로 실행하지 않는다. 내가 아는 것과 직접 실행에 옮기는 것은 다르다.

보험영업의 시작 256 | 맨땅에 헤딩 257 | 매너리즘 258 | 성장을 위한 이직 258 | 고객의 요구사항에 초점을 맞춰라 261 | 착각하지 마라. 설계사가 많이 하는 착각 4가지 261 | 고객관리 방법 264 | 맺음글 270

신한금융플러스 감탄본부 센텀지점 지점장 **조 상 연**

14 도전과 경험으로 억대연봉을 이루다 | 273 |

자신만의 노하우를 가지고 고객 상황에 맞는 컨설팅을 하는 것이, 이 업계에서 살아남는 방법이라는 것입니다. 본인을 갈고닦는 노력에 절실히 매달리고, 새로운 것에 도전하는 설계사가 되시기를 진심으로 응원하겠습니다.

인생의 전환점이 된 보험 일을 시작하게 된 계기 274 | 도전하지 않으면 아무것도 얻을 수 없다 277 | 경험이 많은 사람이 임기응변에 강하다 278 | 열심히 하는 사람은 너무나 많다. 그렇다면 억대 연봉은 어떻게 될까? 283 | 낙천적 vs. 낙관적: 긍정적 마인드의 차이 285 | 내 주변에 부정적인 사람이 있다면 무조건 멀리해라 285 | 영업을 잘하는 사람과 못하는 사람의 차이점은 무엇일까요? 287

영진에셋 서울중앙사업단 사업단장 **최 민 준**

15 최고가 아니면 만들지 않는다!
최고의 보험설계를 하는 남자 | 293 |

나는 보험설계사로의 사명감을 가지고, 보험장인으로서 나에게 상담을 받는 고객님들의 경제사정에 맞는 보험을 설계해드리고, 도와드리겠다는 마음으로 고객에게 다가간다. 이게 바로 강한 클로징의 비결이라고 생각한다.

마음과 노력이 더해져 최고를 만든다. 294 | 갑자기 찾아온 화재, 그리고 노가다 295 | 무조건 1등 하겠습니다 297 | 고객을 생각하는 마음 하나로 두 번째 도약을 결심하다. 300 | 재무설계사들을 위한 더블유에셋에서 평생롱런을 다짐했다 301 | 전 세계 보험설계사 단체 MDRT협회, 최고 등급인 TOT를 달성하다 302 | 강한 클로징 달인 보험장인 최성천 304 | 힘들 때는 가족과 고객을 생각하라 307 | 보험장인 최성천의 보험명언 308 | 보험장인 꿀팁 : 고객과의 미팅성공율을 높이는 센스 310 | 보험장인 꿀팁 : 처음 만난 사람을 대하는 데 도움이 되는 4가지 방법 311

더블유에셋(주) 명예이사 최 성 천

에필로그 | 312 |

대한민국 1% 보험인들이 모여 글을 쓰는 것은 결코 쉬운 일이 아니었다.

한국보험금융 리사브랜치 대표 장 대 성

경단녀 전업주부의
"성공 법칙"

김 민 희  mango5@nate.com

경력

현) 에이플러스에셋 EM(교육매니저)
    에이플러스에셋 수석영업팀장 & 로얄팀장
    2019년 ~ 현재 에이플러스에셋 일산드림HB사업단
    우수인증설계사
    보만세 카페 스텝

전) 연세암병원 라운지 근무
    2016년 ~ 2019년 DB손해보험 TCR로 입문

경단녀 전업주부의
"성공 법칙"

🗨 경단녀 전업주부

▣ 평범한 인생

나는 평범한 집안의 막내딸로 태어나 풍족하진 않았지만 입시와 취업까지 별 말썽 없이 무난한 삶을 살아왔다. 결혼 후 첫째 아이가 태어났고 6개월의 출산휴가 후 다시 돌아간 직장 생활에 적응하지 못했다. 빠르고 정신없이 돌아가는 회사 생활에 집중하기엔 자존감이 떨어져 있는 상태였다. 그 당시 집은 서초동이었고 직장은 강남이었는데, 아이를 베이비시터에게 맡기며 회사에 다니는 생활은 단 한순간도 숨을 돌릴 수 없을 만큼 답답했다.

회사의 외부 활동에서도 제외되었고, 어느새 나는 퇴근 시간이 되면 바로 집에 가는 사람이 되어 있었다. 당시 나를 도와줄 수 있는 사람은 베이터시터 밖에 없었다. 그때는 집과 직장을 오가며 계속 울었다. 일에 집중을 하지 못하는 상태가 지속되자 자존감이 내려갔고 이렇게 일해서 뭐하나 하는 생각만 들었다.

결국, 우울증을 핑계로 직장을 그만 두었다.

▣ 경단녀 전업주부

직장을 그만둘 때쯤 일산으로 이사를 하게 되었다. 일산에서 자리를 잡고 둘째 아이까지 낳은 후 두 아이의 엄마이자 전업주부가 되었다. 아이들이 초등학교를 들어가자 취업을 생각하게 되었다. 하지만 나는 경단녀가 되어 있었다. 그때부터 닥치는 대로 알바를 하고 다녔다.

사무실 보조, 인터넷 블로그 글쓰기, 3색 볼펜 조립, 홍보용 포스트 잇 조립 등의 가내수공업 그리고 야간 대리운전 콜센터 알바까지. 아이들을 돌보면서 할 수 있는 일을 위주로 열심히 하긴 했으나, 돈을 많이 벌 수는 없었다. 그래서 찾은 대리운전콜센터 알바는 밤 10시부터 새벽 5시까지 하는 것이라 시급이 높은 편이었으나 밤을 새워 가며 하는 일은 나의 몸과 정신을 망가트렸다. 그래도 아이들 학원비와 생활비에 보탬이 될 수 있고 낮에는 집에서 애들을 볼 수 있다는 생각에 힘들어도 계속했다.

▣ 알바로 시작한 일

지인이 낮에 잠깐 면접만 보러와도 면접비로 5만 원을 주는 알바가 있는데 할 생각이 있냐는 제안을 해왔는데, 바로 DB손해보험 설계사 면접이었다.

당시 무슨 말인지 이해도 안 되는 CIS를 대충 듣고 면접비와 선물을 챙겨서 집으로 왔는데, 다음날 손해보험 시험 입과를 하고 시험 합격을 하면 입과비와 합격비를 준다는 말을 들었다. 또 알바라고 생각하고 갔다. 일주일을 가서 손해보험 시험에 합격하고 자격증을 딴 후 알바비를 받았다.

🚚 위촉하고 설계사가 되다

▣ 하기도 전에 거절당하다

약속한 돈을 받았고 일은 안 해도 된다고 했지만 며칠 들어본 손해보험 강의는 생각보다 마음에 들었고 좀 더 들어 볼까 하는 생각을 하게 되었다. 입사를 하고 가족과 주변에 얘기를 했다. 다들 우려 섞인 반응을 전해 왔고, 보험을 권하기도 전에 거절을 해왔다.

"나 관리해 주는 설계사 있어."

"왜 하필이면 동부화재야? 삼성화재 가지 그랬어?"

"그 힘든 걸 왜 했어?"

지금 생각하면 당연한 얘기들이었고 할 수 있는 말들이었지만 서운했다. 더구나 가족에게 이런 얘기를 들으니 더욱 서러웠다. 다행이라고 하긴 그렇지만 위촉 1차월에 조카 쌍둥이들이 새언니의 노산으로 보험 가입이 안 되어 있었다. 그 덕에 조카들의 어린이 보험으로 마감이라는 걸 할 수 있었다.

내가 잘 알지도 못하고 코치가 해준 대로 가입 시킨 어린이 보험은 너무 마음에 안들었다. 미안한 마음에 집으로 가면서 울었던 기억이 난다. 내 가족의 보험을 나도 잘 모르는 상태로 가입시켰다는 죄책감은 나로 하여금 이젠 돌아설 곳이 없으니 열심히 해서 정착해야 한다는 오기를 가지게 했다. 그래서 그 후로는 누구보다 일찍 출근하고 단 하루도 빠지지 않고 출근했으며 저녁에도 늦게까지 일했다. 일요일만 빼고 주 6일을 그렇게 일했다. 그리고 어떻게 하면 영업을 잘 할 수 있을지를 종일 생각하고 공부했다.

▣ 본격적인 영업

위촉한 곳은 DB손해보험 TC조직이었고 내가 있는 곳은 교육이 잘 되어 있어 보험과 영업의 기초를 충분히 배울 수 있었다. 보유DB와 인 포DB를 받아 콜을 하고 방문을 나가 종합적으로 가족계약까지 만들어 냈다. 모르는 사람에게 계약을 만들어 내는 건 정말 놀랍고 재미있었다.

2년 차가 되자 DB를 주지 않았기에 스스로 개척하는 걸 생각하게 되었다. 개척을 어떻게 해야 하는지도 모른 채 동료들과 의논을 하고 무작정 나가 보기로 했다. 처음에는 화재보험을 가지고 상가들을 돌아다녔다.

"○○손해보험에서 화재보험 가입에 대한 설문조사하러 왔습니다 ~ 화재보험 가입이 되어 있으신가요?"라며 문을 열고 들어갔다. 문을 열고 들어가는 게 너무 어려워서 망설이며 문 손잡이만 잡고 있으면 같이 간 동료가 문을 열고 밀어 넣어주었다. 당황스럽지만 오히려 이게 도움이 되었다.

사실 들어가기만 하면 말 꺼내는 건 어렵지 않았다. '실패해도 괜찮아 다시 볼 사람도 아닌데'라고 되내이며 거절을 당해도 괜찮았다. 개척한 첫날 운 좋게 상가 떡집에서 3만 원짜리 화재보험을 체결하여 너무 기뻤다. 할 수 있다는 용기를 얻었다.

작은 결실은 큰 용기가 되어 빌딩타기, 시장 개척, 차고지 개척, 함박집 앞 개척 등 여러 가지를 시도하게 되었다.

📣 영업의 파도를 타다

▣ 개척을 시작하다

상가, 빌딩, 시장, 차고지, 함바집 등의 개척을 여러 가지로 해보니 어려운 점이 너무 많았다. 개척을 어디로 가야 하는지 어떻게 해야 하는지 가르쳐 주는 사람이 아무도 없었기 때문이다.

더구나 선배와 동료들 중 개척을 해본 사람이 없었다.

기대를 하며 가는 개척지들엔 우리보다 먼저 오는 설계사들이 있었고 부끄러움과 냉대가 섞이다 보면 부풀었던 마음이 한없이 꺼지기 마련이었다. 막무가내로 시작한 개척은 좋은 경험이긴 했지만 큰 성과가 생기진 않았다.

▣ 마케팅 개척의 시작

'영업의 파도가 치면 그 파도를 타야 한다.'

그 시기 DB손보에서 최초로 오토바이운전자보험이 출시 되었고 교육을 받자마자 나는 '이건 파도야!' 라고 생각했다. 그래서 빠르게 관련된 정보를 모으기 시작했다. 어디로 가야 할지 어떻게 마케팅을 해야 할지 연구했다. 우선 직접 오토바이 동호회 밴드에 가입하고 동호회 회장을 설득해 홍보할 수 있는 기회를 얻은 후 고가의 오토바이를 타는 분들을 고객으로 만들었다.

여기서 멈추지 않고 오토바이 기사들에게 오더를 주는 배달앱을 만든 회사를 찾아갔고 오토바이 배달 기사들이 보는 앱에 무료로 보험 광고를 했다. 이상한 소문이 나면서 일주일 만에 광고를 내리긴 했지만 그 일주일에 20여 명 이상의 사람들에게 오토바이 운전자보험을 판매했으며그들을 고객으로 만들 수 있었다.

나는 행동하고 파도에 뛰어들었다. 단 파도는 서핑보드를 가지고 타야 한다. 그냥 막연히 개척을 해봐야지가 아니라 이 상품을 가지고 어디로 가야 할지, 아님 이곳에는 어떤 상품을 가지고 가야 할지를 연구하고 가야 한다는 말이다. 또한 나는 다른 파도를 만들었다. 같이 일하던 동료의 친척이 자전거보험에 대한 문의를 했는데, 그분이 자전거를 타는 사람들이 쉬는 곳이 있으니 이걸 가지고 거길 가서 홍보하는 게 어떻겠냐고 알려 주었다. 우선 그 장소에 가보기로 했다.

그곳에서는 수십 명의 사람들이 자전거 라이더복을 입고 고가의 자전거를 세워 두고 쉬고 있었다. 더군다나 그곳은 동호회들이 모여서 라이딩을 시작하는 장소였다. 여기에 자전거보험을 가지고 오면 성공하겠다는 확신이 들었다. 일주일 내내 오전과 오후, 그곳에서 기다리며 언제 와야 할지 어떻게 와야 할지를 연구했다.

본격적으로 다니기 전에 정보 수집을 먼저 해야 했기에 그곳에 계신 분들에게 직접 물어 보았다. 그게 제일 정확했다. "여기서 만나서 같이 가시나 봐요? 몇 시 정도에 오시나요?"

일주일간 그렇게 정보를 수집하고 같이 개척할 동료와 언제 올지 몇 시에 올지를 의논했다. 자전거 리플릿을 제작하고 명함을 챙겼고 소소하게 사탕을 준비했다. 정장을 입고 구두를 신고 본격적으로 자전거 개척을 시작했다.

자전거행사 참여(안동)

자전거연합 세미나참석(서울)

자전거연합 송년회참석(경기)

자전거동호회용 개척자료

　　다들 운동복 차림인데 젊은 여자 여럿이서 정장과 구두 차림을 하고 있으니 무슨 일인지 먼저 물어보는 분들도 있었다. 본인들에게 꼭 필요한 보험이라 생각하니 보험 얘기도 들어 주었다. 직접 제작한 개척용 수첩에 정보를 적고 사무실에 들어가 더 자세한 전화 상담을 하기로 한 후 현장에서는 DB 확보와 라이더 분들과 친해지기에 집중했다.

▣ 영업의 파도 위에서 서핑을 즐기다.

　　순수 자전거보험만 계약할 경우 최저 1만 원의 보험료 아니면 운전자보험과 결합해서 2만 원짜리 계약을 하는 게 다였다. 내 목표는 1만 원짜리 자전거보험이 아니였다. 이 자전거보험을 통해 종합보험과 화재보험, 저축보험, 종신보험 등을 체결하는 게 목적이었고 실제 그렇게 되었다.

오토바이운전자 보험과 자전거 보험은 미끼상품인 동시에 내 영업의 원동력이 되었다. 영업의 파도가 몰아쳐 오면서 정말 바쁘게 연결이 되자 소개가 계속 되었고, 그 소개는 동호회 회장들에게도 연결이 되었다.

▣ 개척에서 소개는 영업의 파이프라인을 이어준다.

영업사원에게 소개는 정말 중요하다. 소개가 활성화되면 시장을 따로 개척하지 않아도 된다. 나의 경우에는 자전거 동호회와의 연결이 파이프라인을 만들어 주었다. 동호회의 매니저와 대표들이 오히려 소개를 받았다며 먼저 연락을 하고 본인들의 신입 회원들을 보험에 가입시켜 달라며 연결해 주었다. 더 이상 개척지에 가지 않아도 될 정도로 많은 동호회 행사에 초대를 받았고, 그 행사에 가서 DB를 확보할 수 있었다. 그들은 오히려 회원들에게 보험을 가입하도록 설득해 달라고 했다.

넓은 바다에 뛰어들다.

▣ 문제는 한계가 있다는 것

원수사에서 매달 나오는 DB와 잘 형성된 개척을 통해 마감을 하고 영업에 자신감이 붙자 도입도 잘 되었다. 아무런 문제가 없었다.

하지만 문제가 없는 게 아니었다. 한계가 생긴 것이다.

한 회사의 상품만을 팔 수 있다는 것과 병력이 있는 분들의 언더라이팅을 바꿀 수 없다는 것, 그리고 손보에서는 메꿀 수 없는 보장 등. 처음엔 우물 안 개구리였기에 모르고 있었지만 시간이 흐르면서 이러한 내용을 조금씩 알게 되었고 고객들에게 미안한 마음이 쌓이면서 매너리즘이 생겼다. 그래도 쌓여있는 비례 수수료와 힘들지 않은 영업생활에 만족하였다.

제일 친하게 지내던 동료이자 동생이 이직을 얘기했다.

"언니 원수사는 아니에요. 다 팔 수 있는 대리점에 가야 살아남을 수 있는 세상이 될 테니 더 늦기 전에 가요."

하지만 나는 내 생활에 불만이 없었기에 거절 했고 그 친구는 같이 다녀만 달라고 부탁을 했다. 그 당시 같이 다녀본 대리점들은 다들 작고 체계적으로 보이지 않았다. 그 당시 조금씩 들려 오던 '대리점 잘못 가면 속고 망한다' 라는 말에 불안만 생겼다. 이직을 결심한 동생을 말릴 수는 없었기에 내가 나서서 알아보기 시작했고 그때 알고 있던 에이플러스에셋이 떠올랐다.

그곳에 다니던 분(지금의 단장님)에게 연락하고 소개를 했으나 거기서 끝이 아니였다. 내가 있던 지점에 소문이 나면서 4명이 더 이직을 하고 싶다고 나에게 연락을 했고 총 5명이 함께 움직이기로 했다. 5명은 나를 보고 이직하는 게 되어 나도 같이 움직이기로 결심하였다.이때부터 리쿠르팅과 관리자에 대한 책임감이 생긴거 같다.

에이플러스에셋으로부터는 DB를 가지고 영업하는 이직자 6명에 대해 라운지를 만들어 준다는 제안을 받았다. 그로 인해 일산 마두역에 라운지가 만들어지게 되었다.

▣ 작은 사무실에서의 시작

6명이 어떤 성과를 낼지 모르는 상태였기에 본사에서는 사무실만 내주고 인테리어도 해주지 않았다. 우리를 책임지기로 한 관리자와 우리는 주말과 밤낮도 없이 성과를 냈고 라운지가 아닌 지점으로 인정을 받아 인테리어와 총무를 받을 수 있었다. 지금 생각하면 눈물이 난다. 쉬지도 못하고 경주마처럼 달렸다. 안정적인 곳에서 일할 수 있는 게 얼마나 중요한지, 그때 라운지로서의 시작은 무척 쉽지 않았노라고 이제야 고백한다.

주말도 없었고 퇴근 시간도 없었다. 창고같이 책상만 덩그러니 놓여 있었지만 우리만의 사무실이라는 이유로 그냥 좋았다. 만약 지금의 단장님이 계시지 않았더라면 이 모든 걸 이룰 수 없었을 것이다. 리쿠르팅이 시급했다. 아무리 우리가 잘해도 직원 수가 많지 않으면 조직은 클 수도 없고 힘도 없을 거라 생각했기 때문이다. 6명이 한꺼번에 나오면서 내가 있던 곳에서는 나를 경계하기 시작했고 나도 그곳에서는 리쿠르팅을 굳이 억지로 하고 싶지 않았다.

지금도 마찬가지이다. 하지만 후배들이 수소문을 해서 나를 찾아오기 시작했고 더 활발한 리쿠르팅을 위해 돈을 투자해 지역 광고를 내고 보만세 카페 활동을 하기 시작했다. 내가 보만세 카페에 쓴 글을 보고 개인적으로 연락이 오기 시작하면서 면담을 하고 리쿠르팅이 되었다. 이 모든 것은 에이플러스에셋과 우리 조직에 대한 확신이 있었기에 가능했다. 현재는 60여 명 가량이 함께 일을하고 있다.

▣ 영업도구가 좋은 회사

35개 전보험사를 비교하는 데 있어 '보험료 한장 비교'는 필수이고 '간편추천플러스'를 통해 언더라이팅의 결과를 가지고 고객에게 제일 유리한 조건으로 바로 안내할 수 있다. 에이플러스에셋은 그룹사여서 보험뿐만 아니라 헬스케어, 상조, 부동산 등의 자회사를 통해 여러 가지 상황에 대해 고객과 할 얘기가 너무 많았다.

영업마케팅 도구는 정말 중요하다.

고객을 클로징하고 계약하게 만드는 조건은 단순하고 명확하다. 고객이 본인들에게 도움이 되고 유리하다고 느끼면 된다. 고객 입장에서 명확하게 이해가 되면 된다. 그 영업의 기회가 대리점에 있었고 영업마케팅 도구가 에이플러스에셋에 있었다.

6명으로 시작한 라운지에 30여 명의 팀원들이 생겼고 매출이 올라가면서 사업단으로 승격이 되었고 좀 더 넓은 사무실로 이전을 하였다. 3년만에 낸 성과였다. 처음부터 많은 사람들이 시작해서 이룬 게 아니었기에 더욱 의미가 있었다.

🚚 책임지는 역할

▣ 누군가를 책임진다는 것

사업단이 되면서 나에게 EM을 하라는 제의가 들어왔다. EM은 에이플러스에셋에만 있는 제도이자 하나의 시스템이다.

Educaion Manager, 즉 교육매니저로 신입들을 전담해서 코칭해주는 스텝이다. 원수사에는 코치와 SM, 매니저, 멘토 같은 역할들이 있으나 GA는 거의 없다. 대부분 경력직들이 이직하기 때문이고 그런 체계를 둘 수 있는 시스템을 가진 GA가 없기 때문이다. 반면 에이플러스에셋은 좀 달랐다. 에이플러스에셋에 무경력분들이 입사를 많이 할 수 있는 이유도 여기에 있다. 누구나 기존 GA의 약점으로 '교육'을 손꼽기 때문이다. EM의 역할은 신입정착율은 물론 실적에도 많은 영향을 끼친다. 그래서 회사에서는 EM들에게 많은 기대와 역할을 부여하고 있는데, 이는 타 GA에서 부러워하는 시스템이다. 본부장님과 단장님의 계속된 권유가 있었고 내가 리쿠르팅한 사람들에 대한 책임감으로 고민하다 마침내 EM을 맡기로 하였다.

▣ EM으로의 나

관리자에 대해 부정적이었던 내가 EM을 맡으면서 긍정적으로 생각하기로 한 건 '책임감' 때문이었다. 내가 에이플러스에셋에서 5년 근속을 하면서 전국에서 직도입한 인원은 현재 30여 명인데, 거기서 파생된 리쿠르팅을 따지면 더욱 많을 것이다. 따라서 사업단 내에 내가

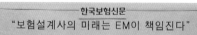
한국보험신문
"보험설계사의 미래는 EM이 책임진다"

'결'이 맞는 사람들과 함께하는 미래
"EM은 '보험설계사의 찬남 매니저'"
〈김민희 에이플러스에셋 일산드림하이브리드사업단 교육 매니저〉

한국보험신문 2024.04.15

리쿠르팅한 사람들에 대한 책임감을 '교육'이라는 수단을 통해 본격적으로 서포트해 주는 게 차라리 낫지 않을까라는 생각이 들었다.

사람이 온다는 건 정말 대단한 일이다. 그 사람의 인생 전체가 오기 때문이다. 나는 항상 이 말을 새긴다.

🚗 본격적인 GA생활

▣ GA로 옮기며

알바로 시작한 보험영업은 대리점에 들어오면서 오히려 현실적으로 다가왔다. 대리점영업은 원수사와 달리 강제적인 게 없다. 그래서 더욱 본인이 잘해야 한다. 그리고 그만큼 더 돈을 벌 수 있다.

누군가 '원수사는 고등학교이고 대리점은 대학교이다'라는 비유를 했는데, 정말 적절한 비유라고 생각한다. 원수사는 시책을 출근과 연결해서 시스템을 만들어 놓는다. 그래서 그 시스템 안에서 제대로 따라가기만 해도 성공할 수 있다. 내가 그렇게 성공했기 때문이다. 출근시간을 지키고 정보미팅에 꼭 참석하고 전화하라고 하면 전화하고 약속 잡으라고 하면 약속 잡으며 보장분석과 꾸미기를 해보라고 하면 밤을 새워서라도 했다. 하지만 대리점은 다르다. 출근을 안 한다고 해서 시책을 안 주지 않는다. 성과를 먼저 본다. 성과만 잘 내면 아무도 터치하지 않는다. 나쁜 말로는 '방치'이고 좋은 말로는 '자유'를 주는 것이다.

에이플러스에셋은 그런 면을 보완하고자 나와 같은 EM시스템을 도입하고 가동 주간, 주간 시책 등을 가지고 관리해 주고 영업을 하게끔 밀어준다.

현실은 생활이다. 원수사에서 쌓여 있던 비례수수료가 350만원가량 됐던 걸로 기억된다. 나는 그 비례수수료가 아까웠다. 하지만 기회비용으로 맞바꾸었다고 생각한다. 기회비용이라는 포인트를 잘 이해해야 원수사에서 대리점으로 이직을 해도 정말 후회하지 않는다.

이직한 후배 신입팀장님들이 말과 표정으로 나에게 물어본다.

"왜 이리 복잡해요. 왜 이리 힘들어요."

당연한 거다. 모든 회사의 상품을 팔 수 있고 비교할 수 있으니 그 기회비용이 어마어마한 것이다.

이직 후 고객들에게 칭찬을 받았다. 잘 옮겼다고.

물론 떠나는 고객들도 생겼지만 시간이 지나고 나니 고객들에게 더욱 다양한 상품을 제시할 수 있기에 나에게 다시 연락하시는 고객분들도 생겨났다.

이직하려는 분들에게 하고 싶은 말이 있다.

"나무 뿌리가 너무 크면 큰 화분으로 옮기거나 아님 아예 정원이나 산으로 옮겨 심어야 한다. 그렇게 하지 않으면 뿌리가 튀어나오고 더 자라지 못한다. 더욱 크게 자라려면 옮겨 심는게 맞는데 그때 부러지고 잘리는 가지가 있는 것 같아도 옮겨지고 나면 새순이 나고 더 크고 예쁘게 자란다."

▣ 하이브리드 조직

이직한 곳은 하이브리드 사업단이었고 하이브리드 사업단에서는

DB영업과 병원라운지 등의 다양한 영업을 할 수 있다. 무료로 받을 수 있는 이관DB는 이관된 기계약 고객들에게 생명과 손보의 특징을 잘 파악해 더욱 정확한 보장분석을 할 수 있게 한다. 손보 원수사에서는 생보 상품들은 다 쓰레기이기 때문에 다 해지 시켜서 손보로 갈아 태워야 한다고 가르친다. 이제 생각하면 흔히들 말하는 가스라이팅을 당했다.

내가 결정적으로 이직을 선택할 수 있었던 건 '이관DB를 원하는 만큼 준다'는 것 때문이었다. 당시 그 약속은 지켜졌고 내가 사용하던 원수사의 보유DB가 아니라 계약이 다 들어오는 이관DB였기에 활동량과 성과는 대단하였다.

이관DB는 보장 삭제를 통해 업셀링 또는 전체 리모델링 등 자유롭게 사용이 가능하다. 하지만 고객 터치와 방문이 이루어지는 게 우선이다. 고객 터치는 이관된 고객의 성향을 잘 파악하고 궁금하게 만들어 마음을 열게 해야 방문 약속이 생기며 종합컨설팅이 가능하다.

병원라운지도 영업활동을 하기에 너무 좋은 곳이다.

내가 근무했던 연세세브란스 안에 있는 연세암 병원라운지는 신세계 같은 곳이었다. 연세암센터라는 브랜드 파워가 있는 곳에서 청구를 도와주면 그곳에 오는 고객들은 나를 '선생님'이라고 불렀다. 설계사가 아닌 선생님이라고 불릴 수 있다니…. 그리고 암환자분들이 90%였기에 중대한 병에 걸린 그분들은 내가 조금만 신경쓰고 친절하게 대해줘도 고마워하셨다. 병원의 보험금 청구 라운지는 청구를 대하러 오는 환자들뿐만 아니라 병원 임직원들도 대상이 되기 때문에 의사, 간호사분들도 고객으로 만들 수 있었다.

▣ 나는 열심히도 하지만 운도 좋았다고 생각한다.

처음 시작한 곳이 DB를 주는 TC조직이었고 그곳에서 좋은 동료들을 만나 개척을 할 수 있었으며 그 개척에서 영업 파이프라인을 만들수 있는 동호회와의 연결을 만들었다. 또한 대형GA로 이직하여 투명한 수수료와 체계적인 교육 환경에서 안정적인 GA로의 이직을 성공적으로 이루었다.

더군다나 남들이 부러워하는 대형 병원라운지에서의 경험과 이관 DB를 활용하는 하이브리드조직에서의 신입 전담 교육매니저라는 EM 직까지…. 하지만 이미 내 글에서 느꼈을 것이다. 기회는 누구에게나 올 수 있다. 하지만 그 기회도 내가 만들어 내는 것이다.

교육매니저를 하면서 얻고 깨달은 게 참 많다.

신입을 리쿠르팅하면서 코칭하고 정착시키기까지는 정말 힘들다. 하지만 그만큼 신입 본인들이 더 힘들 것이라고 생각한다. 내가 그랬으니까 말이다.

▣ EM의 하루

집은 강남 논현동이고 사무실은 일산이다. 매일 아침 나는 6시 30분에 집에서 나온다. 사무실에 7시 30분 전에 도착하면 그때부터 하루 일과가 시작된다. 달력과 다이어리를 확인하여 오늘 교육일정을 체크하고 신입 개별 활동을 짚어본다. 문자와 카톡으로 온 원수사 정보지와 영업 포인트를 나만의 나침판을 가지고 정리하여 사업단 단체방에 올린다.

하루 일정을 체크하고 있으면 8시 30분경부터 개인카톡이나 전화가 오기 시작한다. 신입들의 요청사항이다. 단체방에 올리는 정보를 보고 EM님이 출근을 하셨구나 하고 확인이 되는지 연락이 온다. 개인요청들에 답변을 하고 서포트를 해주고 나면 9시부터 출근하시는 분들이 문을 열고 들어온다.

"안녕하세요~ 어서 오세요"라고 한분도 빼먹지 않고 인사하려고 자리에 서서 문을 바라본다. 교육이 시작되는 9시 30분부터 10시 사이에는 나부터가 집중해서 교육을 듣는다. 그 교육을 듣고 나면 신입분들만 데리고 2부 조회를 해야 하기 때문이다.

신입들의 정착은 교육과 서포트 없이는 불가능하다. 조회와 원수사 교육 후에는 2부 조회를 해야 한다. 고3들을 위한 복습과 쪽집게 강의라고 생각하면 된다.

현재 내가 담당하고 있는 신입만 해도 20명이 넘는다. 점심 이후에는 테마별 신입교육을 진행하는데 커리큘럼은 보험의 기초부터 보장분석, DB터치 노하우 등 보험에 대한 전반적인 내용이다. 내가 진행하는 내용 외에도 사업단에서 잘하고 있는 선배 팀장님들에게 요청해서 특강을 하고 있고 영업마케팅 이사님의 노하우 강의도 거의 빼먹지 않고 넣고 있다. 기초를 다지면서 스킬을 늘려야 할 때는 잘하는 사람을 따라 하는 게 제일 효과적이기 때문이다.

▣ 리쿠르팅 노하우

초창기의 리쿠르팅은 전 소속사의 후배들이 수소문해서 나를 찾아오고 이전 동료들의 소개가 있어 어렵지 않았다. 하지만 그걸로 만족할 수는 없었기에 어떻게 해야 리쿠르팅을 잘 할 수 있을까를 고민했다. 그 결과 나를 브랜드화해야겠다는 생각이 들었다. 한 신입분이 일산에 살면서도 부산에 있는 GA의 관리자 인스타와 카페를 보고 부산으로 가는 걸 보며 나만 잘한다고 되는 게 아니라는 걸 깨달았다. 나를 알리기 위해 보만세 스텝 활동과 외부 강의를 시작했고 김민희 매니저 혹은 김민희 EM으로 나를 찾는 분들이 이어지고 있다.

▣ 신입분들의 문의와 걱정

GA가 왜 좋은지 물어 보는 신입분들이 참 많다. GA는 기회비용도 있지만 배울 게 많다. 또한 영업의 기회가 많이 생긴다. 그래서 돈을 많이 벌 수 있다. 경력이 없는 분들은 '내가 아무 것도 모르는데 어떻게 영업을 나가나요?', '영업을 할 데가 없어요'라는 걱정을 많이 한다. 하지만 고객보다 조금만 더 알면 된다. 그리고 누구나 처음부터 알고 영업하는 이는 없다. 배우면서 영업을 하면 된다. 영업을 할 데가 없어도 영업의 프로세스와 영업의 감을 가지게 되면 개척이든 DB영업이든 할 게 생긴다. 부딪치지 않고 가보지도 않고 부정적으로 생각하는 사람들은 절대 성공하지 못한다.

🗨️ 긍정의 성공

▣ 긍정적인 사람이 성공한다.

내가 가끔 강의 하는 내용이다. 뭣 때문에 안 되고 뭐라서 안 된다. 누구 때문에 나 때문에 안된다. 이런 부정의 말을 하는 분들이 꽤 많다. 이런 분들은 보험영업을 할 수 없다. 너무 단정적으로 말했다고 생각하지 않는다. 실패한 분들은 부정적인 분들이었다.

긍정적으로 해도 힘든 게 영업이고 더군다나 보험은 사람을 상대하는 영업이다.

민원이 들어와도 이 일을 통해 배운다고 생각하고 다시 정신을 차려야 한다. 나는 개인적으로 보험 만큼 쉽게 돈을 벌 수 있는 직업도 없다고 생각한다. 육체적노동 부분만 생각한다면 말이다.

단, 정신적인 부분에 있어서는 절대 쉽지 않은 직업이다. 고객과의 초회 면담부터 마지막 계약 성사까지가 끝이 아니다. 고객이 보험을 유지하고 있는 내내 서비스 정신으로 무장하고 있는 게 우리가 보험으로 돈을 버는 대가이자 자본금이라고 생각한다. 누가 보험업을 자본금 없이 시작해서 재고 없이 끝나는 직업이라고 했던가.

물론 눈으로 보이는 건 그렇다. 작은 상점을 하나 하려 해도 자본금 없이는 아무 것도 할 수 없다. 음식장사도 재료와 같은 남는 재고가 항상 있지만 보험영업은 눈에 보이는 건 거의 없다. 하지만 우리가 보험업을 하는 내내 가지고 가는 고객관리와 서비스 정신이 바로 우리의 자본금과 재고라고 생각한다.

이 때문에 끊임없이 공부해야 하고 고객관리에 힘써야 하며 열정적으로 임해야 한다. 여기에는 긍정이라는 투자가 항상 매일매일 들어와야 한다. 나를 위한 '긍정'이라는 투자가 없었으면 나도 다른 탈락한 이와 마찬가지로 힘들어 하다 그만 두지 않았을까.

신입들은 날 향해 "EM님은 왜 항상 웃으세요? 또 긍정적으로 생각하라고요?"라고 한다.

그럼 나는 그냥 웃는다.

▣ 책을 마무리하며

보험 경력이 오래되지도 않고 연봉이 몇십억 되지도 않는 내가 이 책을 쓰고 있는 것에 대해 스스로 긍정적으로 생각해 보았다.

경단녀이자 전업주부로 끝날 뻔한 내가 영업을 하게 되고 그것도 보험영업을 하여 억대 연봉을 받고 있다. 또한 수 많은 사람들을 리쿠르팅하며 몇십 명의 신입들을 전담해서 교육하고 외부에서도 코칭이 들어 오고 있다. 이러한 나의 이야기를 쓰면, 나와 같은 길을 가고 싶은 사람들에게 도움이 되지 않을까…. 그리고 그런 자격을 유지하기 위해 오늘도 나는 더욱 노력하며 좋은 사람이 되길 힘쓰려 한다.

준비가 되어 있는 사람에게는 기회가 온다. 나에게는 신입들이 나의 기회이자 미래이다.

나는 언제든 신입분들의 이직 상담과 코칭을 해줄 영업력과 이력, 지식이 준비되어 있는 EM(신입전담매니저)이다.

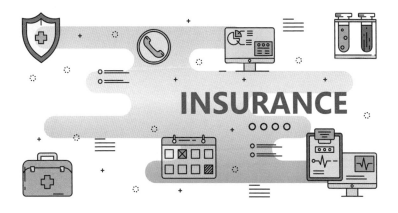

꾸준함은 결국 빛을 발한다

김 용 혁 ✉ rok1136mc@gmail.com

경력

현) 신한금융플러스 감탄본부 오션지점 지점장
　　종합병원 인하우스 보험청구센터 운영

전) 2021년 더블유에셋 지점장
　　2017년 ING생명 입사

자격

· 생명, 손해, 변액보험 판매관리사
· 증권투자권유대행인
· 펀드투자권유대행인
· 퇴직연금모집인

꾸준함은 결국 빛을 발한다

🚚 보험을 사랑하라

보험과의 첫 만남

• 2016년 건강검진 중 아버지의 방광암 진단

나와 내 동생이 각각 중학생, 초등학생이던 시절 아버지는 건강검진 중 방광암이라는 청천벽력 같은 소식을 들었다. 그때 우리 가족의 가장이었던 아버지의 암 진단으로 인해 집안 분위기는 처참했다. 그래도 불행 중 다행은 아버지는 건강염려증이 있으셔서 매년 건강검진을 놓치지 않고 받으셨다는 것이다. 그랬기에 방광암 1기 조기진단과 함께 바로 수술 일정과 항암치료를 계획할 수 있었다. 이와 동시에 그 당시 가입했던 보험증권들을 꺼내어 확인하셨는데 이때가 바로 내가 보험의 소중함을 알고 보험을 사랑하게 된 첫 계기가 되었다.

보장내용은 암 진단금 1억 4천만 원이었고, 납입면제가 가능한 보험도 있었다. 보험으로 그 당시 적지 않은 진단금을 받을 수 있었고, 치료에 집중하며 무난히 완치 판정도 받으셔서 현재까지도 함께 계신다. 어린 나이였지만 이 사건은 지금 다시 생각해도 충격적인 사건이었고, 이 사건을 계기로 내 마음속에는 보험에 대한 좋은 인식이 자리 잡히게 되었다.

· 보험설계사의 시작

수입원단회사의 영업사원으로 사회에 첫 발을 내디뎠다. 이 회사에 들어간 계기는 꽤나 특이하다. 대학교 취업 시즌 때 담당 교수님이 "여자와 말하는 것을 불편해 하지 않고 잘 할 수 있는 사람?"이라고 하셨을 때, 번쩍 손을 들며 "자신 있습니다!"라고 답했다. 그 덕에 면접을 보고 합격을 했는데, 마침 회사 대표님이 같은 해병대 출신이었던 것도 한몫했던 것 같다.

'교수님이 여자와 말 잘할 수 있는지는 왜 물어보셨을까?'라는 의문을 계속 가지고 있었는데, 일을 시작하자마자 이해가 되었다. 수입원단 특성상 거래처들이 백화점에 입점해 있는 의류 브랜드들이었고, 브랜드 본사 디자이너들과 상담을 주로 진행하였는데 그 디자이너의 90% 이상이 여자였다. 자신 있었던 만큼 성과도 잘 냈고, 프랑스 파리에서 개최하는 프리미에르비죵(P.V)이라는 시즌별 원단전시회에 회사 대표로 매년 참석하여 현지에서도 상담을 진행하였다. 사회초년생 치고 급여도 높았고, 업무능력도 인정받았지만, 반대로 단점도 있었다. 이 업 특성상 낮에는 한국 브랜드 거래처들을 상담했고, 오후 6시 이후로는 유럽 원단에 대해 해외 SUPPLIER들과 메일로 소통을 해야 했다. 그러다 보니 업무 강도가 매우 높았다.

이렇다 보니 보통 출근을 7시 30분에 해서 퇴근은 9시, 10시에 하는 게 일상이었고 점점 지치기 시작하였다. 무역을 배웠을 때 아버지가 참 좋아하셨다. 그때 하신 말이 처음엔 힘들지만 잘 배워서 사업 아이템을 찾아 내 사업을 하라고 하셨었다. 그러면서 단순히 힘들어서가 아닌 '이 일을 내 평생 직업으로 할 수 있을까?'를 생각해봤을 때 '이 일을 그냥 열심히 했던 거지 평생직업으로 할 만큼 사랑하지는 않는구나'

를 느꼈다.

이런 고민을 하던 중에 당시 ING생명에서 FC를 하던 중학교 친구를 만난 게 보험업에 발을 내민 계기가 되었다. 오랜만에 봤던 그 친구와 동료 선배들의 첫 모습은 깔끔한 용모와 맞춤정장, 몽블랑펜, 외제차 허세스럽다고도 생각하긴 했었지만 누가 봐도 전문가임을 어필하는 분위기였다. 전문가적인 태도와 말에 나도 모르게 이 직업에 홀려버렸다.

생각해 보면, 학창 시절 나의 장래희망은 줄곧 펀드매니저였다. 항상 되겠다고 생각은 했지만 실천과 준비를 하지 못해서 자연스레 잊고 살던 중에 중학교 친구를 만나 이야기를 듣고 설계사가 하는 일이 뭔지, 고객들이랑 상담하면서 무슨 말을 하고 무엇을 해주는지 등 궁금했던 내용을 세세하게 물어봤다. 당시에는 단순하게 증권사에서 고객들 펀드 굴려주고, 자산 분배, 관리해 주는 걸 보험사에서도 해줄 수 있겠다! 라는 생각을 했기에 잊었던 꿈이 새록새록 떠오르며 다시 가슴이 불타올랐던 기억이 난다. 그렇게 입사 다짐을 하고, 보험현장에 뛰어들었다.

기억에 남는 첫 고객

• 시작과 좌절

보험을 시작하고 만난 첫 고객부터 결코 호락호락하지 않았다. 그 당시엔 DB 개념도 생소할 때라 당연히 지인들 약속을 잡아 상담하고 다녔고, 그 중에 체결까지 한 내 보험 첫 고객이었다. 선배 및 관리자(SM)가 트레이닝 시켜준 RP도 연습한 대로 잘하였고, 저해지 종신보험 계

약까지 퍼펙트하게 진행되었다.

알다시피 저해지환급형 종신보험은 납입기간 전에 해지하면 환급율이 기본형보다 떨어지는 상품이다. 그런데 나의 첫 고객은 철회시점이 지나고 3회차까지 보험료가 입금된 시점에 돈이 필요하다며 해지를 하겠다고 연락이 왔다. 상담했을 때도 분명 다 설명을 했고, 첫 고객이었기에 너무 당황스러웠다. 돈을 무조건 돌려 달라고 난리를 치고, 안 돌려주면 회사든 금감원이든 연락해서 무슨 수를 써서라도 받겠다고 해서 내 돈으로라도 줘야 될 판이었다.

보험을 시작하고 만난 첫 고객이라 설렜던 만큼 좌절도 너무 컸다. 그 당시 부지점장님과 상의를 하며 다시 유지를 할 수 있게 잘 회유해 보려고 했지만 너무 확고하고 생각 자체가 없어서 결국에 품질보증 해지를 맞았다.

첫 계약과 동시에 품질보증 해지라니, 처음 시작부터 이런 시련과 아픔이 찾아오는 걸 보니, 이 일을 하지 말라는 신의 뜻인가 생각도 해 보고 별생각 다하면서 멘탈이 좋지 않았다. 하지만 "한 번쯤 겪을 수 있는 문제를 앞서 먼저 겪은 거라 생각하자. '매도 먼저 맞는 게 낫다'라는 말이 있잖아"라고 생각하면서 이겨내려고 많이 노력했고, 지금 돌이켜 생각을 해보면 처음에 저런 경험이 있었기에 그다음부터 상담이나 RP를 더 세심하고 열심히 준비할 수 있었다. 지금까지도 잊지 못할 좋은 추억으로 남아있다.

첫 원수사에서의 위기와 기회

내가 입사할 당시는 SNS에 재무설계사 열풍이 불며 신입들이 엄청 많이 들어오는 시기였다. 동기들만해도 50명이 넘었는데 1년이 되어 갈 무렵 교육 때문에 다시 모였는데 반 이상이 줄어있었다. 지금은 10% 정도, 5~6명 정도만 보험업에 있는 걸로 알고 있다. 13차월이 지나가면서 동기들도 많이 줄어들고, 영업도 처음부터 승승장구하지 못했었기에 이 일을 계속하는 게 맞나 하는 고민이 되었다. 이러한 고민이 들수록 영업을 계속하며 언젠간 기회가 온다 생각하고 보험과 관련된 공부를 정말 많이 했다. 그 당시 SNS를 보면 자산관리사, 재무설계사라는 명칭을 쓰며 상담하는 설계사들이 많았다. 그런데 실제로 상담하는 걸 들어보면 결국에는 전부 기, 승, 전 보험이었다. 그래서 난 이게 기회라고 생각했고, 남들과 차별화되고 싶었다. 그때부터 보험부터 증권&펀드투자권유대행인, 퇴직연금모집인 등 다양한 자격증을 취득하여 한 단계 더 성장하려고 노력했다. 실제로 증권사에도 코드를 내서 같이 활동을 하였기에, 고객 만족도는 당연히 더 올라갔고, 소개도 정말 많이 나왔었다.

그렇다고 해서 지금 시점에 당장 자격증을 따라는 건 아니다. 영업은 정말 쉬운 직업이 아니다. 항상 위기는 찾아오고, 매일이 고민의 연속이다. 그럴 때 포기하고 좌절하기보다는 내가 어떻게 하면 더 잘할 수 있을지를 고민하고, 영업에 필요한 공부와 준비를 꾸준히 한다면 분명 기회가 온다고 생각한다.

우리는 "부부설계사"이다.

"사랑하는 사람과 사랑하는 일을 같이 한다는 게 얼마나 행복한 일인가!" 부부설계사로 일한 지도 어느덧 8년 차가 되었다. 이 시간들을 같이 보내며 수많은 희로애락을 경험했지만 같이 했기에 더 의미가 큰 것 같다. 물론 같이 하는 것에는 장단점이 있다! 장점으로는 같은 일을 하다 보니 서로 이해해줄 수 있고, 서로 부족한 부분에 대해 상호보완할 수 있다. 배우자는 상담을 잘하지만 상담준비나 전산은 약하다. 이럴 때 난 배우자보다 손이 빨라 전산을 잘 다뤘고 상품이나 보상 등 보험 관련된 지식들을 배우자에게 더 많이 알려줬다.

이렇게 호흡을 맞추고 노력했던 것이 지금 관리자가 되기 위한 첫 발걸음이 아니었나 싶다. 내 업무를 보며 배우자 상담도 같이 준비해주는 경우가 많았는데 이렇게 하면서 집안일과 육아에 최선을 다했고 우린 함께 성장했다. 평범한 직장인이었으면 이 모든 게 가능했을까? 이것 또한 보험의 매력이 아닌가 싶다. 사실 처음에는 관리자의 비전보다 개인 브랜딩을 통하여 나 한사람이면 금융에 관련된 모든 걸 다 해결할 수 있는 고객 옆 설계사가 되고 싶었다.

하지만 보험일을 하면서 또 부부로 같이 하면서 그 생각이 점차 관리자쪽으로 변하였고, 상대방을 도와주고 같이 열심히 노력하고 그만큼 또 성과가 나왔을 때의 쾌감은 정말 말로 표현할 수 없다. 이렇게 같이 일하면서 현재 신한금융플러스 감탄본부에 11명의 지점원들과 재미있게 일하고 있다. 부부끼리 같이 하다가 잘못하면 함께 무너질 가능성도 있긴 하지만 그 고비들만 잘 넘기고 노력하고 나아간다면 부부설계사의 만족도는 점점 더 높아질 거라고 확신한다! 혹시라도 독자분들

중에 이런 고민을 하는 분이 있다면 강력 추천한다.

📽️ 보험영업을 하면서 맞이한 3가지 전환점

첫 번째 중대질환과 사망보험금 청구

보험영업을 시작하면서 처음으로 계약을 진행한 첫 계약자를 잊을 수 없는 것처럼, 첫 암진단비 청구와 사망보험금 청구도 잊지 못한다.

아직까지 암진단금을 포함한 중대질환 진단금이나 사망보험금을 청구해보지 못한 독자분들이 많을 것이다. 나는 보험을 시작하고 생각보다 빠른 시기에 두 가지 청구를 다 경험했는데 그 청구의 피보험자가 바로 '어머니'였다.

보험일을 처음 시작하고, 어머니 보험으로 보장분석을 했었는데 당시 어머니에게는 실비보험조차 없었다. 그래서 손해보험에 실비보험과 종합보험 하나, 그리고 생명사에 3대진단금이 나오는 보험을 가입시켜 드렸었는데 그 당시에 사실 3대질환 보험과 CI종신보험 중 어떤 상품으로 할지 고민을 많이 하다가 보험료 때문에 3대질환보험을 선택했다. CI보험을 무조건 비판하는 설계사분들이 많은데 나는 나쁘다고 생각하지는 않는다.

어머니는 아버지와 달리 나라에서 해주는 검진조차 잘 안받았었고, 뭔가 이상 증상이 있어도 병원을 가지 않는 분이셨다. 증상이 있어 병원을 갔을 땐 이미 유방암 3기 이상이었다. 그렇게 신촌 세브란스병원에서 수술도 못하고, 전이까지 확인되면서 표적치료제를 복용했었고, 치료제가 맞지 않아 항암치료를 하다가 결국 체력이 안 되셔서 1년 정도 치료 후에 별세하셨다. 이 일로 보험일을 하며 크게 느낀 점 2가지가 있다.

1. 보험의 가치
2. 보장의 크기

첫째는 '보험의 가치'이다. 내가 보험을 시작하면서 보험 가입을 안 해드렸다면 실비도 없는 상태로 치료와 생활비를 전부 사비로 처리를 했어야 할 것이고, 산정특례제도가 있기는 하지만 그래도 형편에 따라 어려웠을 수도 있었을 것이다.

"보험금이 없어서 파산한 집은 있어도 보험료 내다가 파산한 집은 없다"라는 말이 있는 것처럼 그전까지는 보험에 대한 정체성이 부족했고, 제안을 할때도 진정한 가치를 느끼지 못한 채 그냥 제안할 때가 많았다. 하지만 그런 부족했던 부분들이 경험을 통해 많이 채워졌고 지금까지도 상담할 때 어머니 얘기를 하곤 한다.

그리고 두 번째는 '보장의 크기'이다. 만약 우리 어머니께 '3대질환 보험이 아닌 CI종신보험을 해드렸으면 어땠을까'라는 생각을 계속 하게 되었다. 그렇다면 진단금도, 사망보험금도 지금보다 더욱 더 많이 나왔을 거고 더 많은 것들을 해드릴 수 있었을 것이다. 보장의 크기도 고객이 원하는 대로만 보험료에 맞춰서만 해주는 게 아닌 고객과 같이 고민하고 대화하며 적절한 보장의 크기와 기준을 잡아줘야 고객을 위한 진정한 보험설계사가 될 수 있다는 것을 한 번 더 깨달은 순간이었다.

법인 대리점(GA)으로 이직

원수사에서 처음 보험영업을 할 때는 법인대리점이 있는지도 모른 채 열심히 하기 바빴다. 여러 시장을 하다가 이때 조리원에 오는 산모 님들을 대상으로 숨은 보험금 찾기와 좋은 보험, 나쁜 보험을 주제로 강연을 하며 조리원 시장을 하게 되었는데 강연까지는 잘 되었지만 2 차 상담의 한계가 느껴졌다. 엄마들은 이곳, 저곳 알아보고 어디가 좋은지 뭐가 좋은지 비교해보면서 상담하는 걸 좋아하는데 상품설명이나 고객한테 전달할 때 제안할 수 있는 것들이 많지 않아서 한계가 있었던 것 같다. 그렇다 보니 강연을 잘하고도 실질적인 계약율은 높지 않았다. 이런 고민을 하던 중에 기고객분들이나 소개고객분들한테 여러 군데 비교해달라는 말을 듣게 되었고, 자연스레 법인대리점을 알아보고 준비하게 되었다. 그렇게 많은 고민 끝에 GA로 이직을 하였고, 처음 이직했을 때는 너무 신세계였다.

항상 같은 전산만 보고 똑같은 것만 하다가 30개가 넘는 보험사를 하려니 처음에 조금 겁은 먹었지만 고객들한테 제안할 수 있는 플랜이 많아져 너무 설레고 즐거웠다. 그리고 대리점을 와서 산모교실, 조리원 강연, 인하우스, 프렌차이즈 컨설팅 등 여러 가지 시장들을 경험해가며 보는 시야도 넓어졌고 지금까지도 계속 도전하고 성장하고 있다. 대리점으로 이직하면 교육도 없고 챙겨주는 사람도 없어 망한다고 하지만 이 말은 어디서 누구랑 하냐에 따라 맞을 수도 있지만 틀릴 수도 있다. 이런 소문에 먼저 지레 겁먹지 않았으면 좋겠다. 지금은 교육에 진심이고 체계적인 대리점들이 많아졌지만 중요한 건 본인이 "아무것도 하지 않으면 아무 일도 일어나지 않는다" 라는 것이다!

나의 값진 또 다른 경력

2020년도는 나에게 많은 일들이 있었던 해다. 전 세계적으로 코로나가 유행을 하기 시작했고, 한국에도 확산이 되면서 영업활동에 큰 타격이 있었다. 같은 해 4월에는 딸 아이가 태어났고, 대리점 이직을 위해 다방면으로 알아보기도 한 시기였다. 이때 고객님한테 전화 한 통이 걸려왔다.

그 당시 고객님은 지방 종합병원에 경영관리실장으로 있었는데 우리 부부에게 지방에서 병원일 하면서 보험도 할 생각 없냐며 스카웃 제안을 한 것이다. 좋았기에 큰 고민 없이 온 가족이 함께 내려가야겠다고 결정했다. 그래서 코로나가 심했던 시기 동안 청정지역으로 넘어가 병원에서 검진센터를 총괄하는 업무와 병원 홍보일을 도와주며 1층 데스크에서 인하우스까지 한 번에 다 진행을 하였다. 보험만 했을 땐 실무적인 부분이나 디테일한 부분들을 모르는 게 많았는데 병원일을 계속 하면서 부족한 부분들이 채워지는 느낌을 많이 받았다. 실제로 그 3년 동안 업무를 하며 배웠던 것들은 지금까지도 고객분들에게 많이 사용하고 있다.

예를 들자면 건강검진 시즌이 되기 전에 안내문자와 함께 상황에 따라 검진항목도 같이 정해서 신청해 드리는 것이다. 그러면서 보장분석을 다시 해드리는데, 검진 받기 전이 걱정이 제일 크다 보니 추가적인 계약들이 나올 수 있는 확률이 높다. 이때 당시 인연으로 암 협회 회원들 세미나라던지 병원 개척을 통한 인하우스 영업을 하려고 지점 내에서 준비하고 있다. 코로나 시절 지방에 내려간 3년 동안 병원의 전반적인 프로세스들과 시장 방향성을 배운 것은 앞으로 내가 이 일을 함에 있어 꼭 필요한 좋은 자산이 되었다고 생각한다.

💬 보험으로 롱런하기

보험영업은 무형의 상품을 파는 것이기에 '영업의 꽃'이라고 불릴 만큼 영업 중에서도 가장 어렵고 힘들다. 지금 써 내려가는 것들은 어쩌면 당연하고 누구나 아는 방법일 수 있다. 하지만 분명 알면서도 지켜지지 않는 것들이기 때문에 한번 더 경각심을 가지고 볼 필요가 있다.

> **하기 싫은 걸 해야 성공한다.**

성공하기 위해서는 항상 하고 싶은 것만 할 수는 없다. 결국 성공하는 사람들을 보면 하기 싫은 것들을 많이 한 사람들이다. 보험영업을 하는 이들 중에 사연 없는 사람이 없을 것이다. 또한 누구라도 보험영업을 하는 근본적인 이유는 소득을 높이기 위함일 것이다. 보험영업에서 설계사들이 제일 하기 싫은 건 단연코 Telephone Approach(T.A) 전화다. 고객한테 전화를 한다는 건 가망고객을 발굴해서 처음 시작하는 단계인 것이다.

> 고객발굴 》》 TA(전화) 》》 AP(초회상담) 》》 FF(정보수집) 》》
> PC (상품설명 및 계약) 》》 CS (고객 관리) 》》 소개

영업프로세스

근데 대부분의 설계사들을 보면 생각보다 TA하는 횟수가 매우 적다. 영업 프로세스에서 가장 처음이 되는 부분인데 TA가 적으면 상담

도 당연히 적을 수밖에 없다. 설계사들이 영업을 하며 고객 응대하고 이것저것 하다보면 TA를 잊을 수가 있다. 그래서 예를 들면 1DAY 》》 10콜/ 20콜/ 30콜 3방(3명 만남) 이렇게 목표를 보이는 곳곳마다 노출시킬 필요가 있다.

물론 신입설계사가 고객도 없는 상태에서 저렇게 하는 건 쉽지 않다. 사실 관리자가 신입설계사에게 고객과의 접점을 만들 수 있는 상품이나 시대가 변화면서 꼭 전화가 아닌 비대면으로도 할 수 있는 방법들을 알려주는 것도 필요하다. 처음 보험 시작했을 때부터 많이 들었던 꿀팁이 있는데, TA를 가장 잘하는 방법은 일단 수화기를 들고 통화 버튼을 누르는 것이다. 처음에 이렇게 전화를 계속하는 습관을 들이지 않으면 나중에는 더 못하게 된다. 사실 경력이 어느 정도 쌓여도 TA를 꾸준히 계속하는 건 쉽지 않다.

그렇기 때문에 결국에 끝까지 하고, 지금 이 순간에도 계속 TA하면서 미팅을 만들어내는 사람들이 성공하는 것이다.

quick tips

목표를 잡을 때 꿀팁 : "역산"

일을 하다 보면 항상 '이 달은 어떻게 하겠다'라는 목표를 잡기 마련인데 목표를 달성하기 위한 방법 중 한 가지를 소개해 보겠다.

> ※예시)
> TA(전화) 10통 》》 AP(초회상담) 5회 》》
> PC(상품설명 및 계약) 3회 》》 청약 1건

청약금액은 상담에 따라 다를 수 있겠지만 전에 내가 했던 영업 프로세스들을 돌이켜보면 "내가 1건의 계약을 받으려면 10통의 TA를 해야 하는구나" 하는 것을 대략 알 수 있다. 이번 달에는 청약 10건을 받기 위해 적어도 TA를 100통은 하겠다! 이런 느낌으로 하면 좋다. 본인이 목표까지 얼마나 해야 하는지, 또 어떻게 해야 하는지 모르겠으면 위 방법대로 하면 영업을 할 때 자연스레 적어도 몇 통의 전화를 돌려야 하는지가 나와 기준으로 활용하기 좋다.

교포영포

보험업계에는 "교육을 포기하면 영업을 포기한 것이다"라는 말이 있다.

보험회사를 선택할 때 '교육 시스템이 얼마나 잘 되어 있는지'가 이직을 결정하는 중요한 요소 중 하나였다. 내부에서 하는 본부 교육 이외에도 시간이 날 때면 지금도 좋은 외부교육, 줌 교육이 있으면 거의 수강을 하는 편이다. 나도 부족한 부분이 있기 때문에 배워서 지점원들에게 교육을 해주곤 한다. 항상 나부터 발전하려고 노력을 많이 한다.

설계사들 입장에서도 단순한 상품교육 뿐만 아니라 여러 방면의 교육을 듣다 보면 상대방의 방법을 간접적으로 경험할 수가 있는데 여기서 맞는 부분들을 자기에게 적용해가다 보면 나만의 색깔을 만들기가 참 좋다. 이것이 교육의 가장 큰 장점이다. 그리고 요즘 보험 시장은 정말 상품들이 많이 변한다. 하루에도 몇 번씩 변한 건 없는지 살피고 상품에 대한 지식을 늘리며 영업을 해야 한다.

이런 지식들이 없이 영업에만 집중할 경우 그달 이슈라든지 트렌드를 놓치는 경우들이 생길 수 있고, 혹시나 고객이 내가 아닌 다른 설계사를 만났을 때 나의 부족하거나 모자란 부분이 쉽게 노출될 수 있다. 그래서 항상 영업활동을 하는 도중에도 교육은 놓지 말고 주기적으로 계속 들어야 한다.

건수영업의 힘

"벤츠를 팔 거면 군고구마부터 팔아라."

우리 회사 카페테리아 벽면에 쓰여있는 말이다. 보험영업에서 롱런을 하고 싶다면 제일 먼저 보유 고객 수가 무조건 많아야 한다. 처음 고객과 미팅해서 종신보험, 종합보험을 판매하면 물론 좋겠지만 쉽지 않은 상황이 많다. 그럴 때 운전자보험이나 화재보험, 상해플랜 등과 같은 1만 원, 2만 원짜리 보험들로 접근을 하면 소액이긴 하지만 다가가서 말하기도 훨씬 편할 것이다.

결국 이런 소액건들이 쌓이고, 고객관리를 하면서 종합보험이 나오고 또 단기납 이슈가 나올 때 종신보험도 판매 할 수 있는 고객 풀이 형성된다. 이에 대한 좋은 예시가 현재 내가 속해있는 본부에서도 나타나고 있다. 2023년 기준 감탄본부 연도대상 매출 1, 2, 3등과 건수 1, 2, 3등을 똑같은 팀장님들이 수상을 했는데 이는 본부의 건전함과 정도영업을 한다는 것을 증명하는 또 하나의 지표가 된다. 큰 계약 몇 건으로 1등을 하고 수상을 하는 방식이 아닌 꾸준히 건수를 늘리며 고객을 확보하고, 농부같이 다 뿌려놓고 그걸로 성과를 또 이루는 패턴이 훨씬 좋다. 실제로 1등, 3등을 한 팀장님이 우리 지점에 있어 코칭하며 영업하는 방식을 계속 보게 되는데 결국은 누가 더 전화 많이 하고, 많이 접촉하는지에 달린 싸움이다.

영업을 잘하는 데 있어 엄청난 마법이나 무언가가 있는 게 아니다. 그냥 남들보다 더 전화하고, 더 미팅하는 과정을 계속 꾸준히 쌓는 것이다. 시간이 지나고 나면 그 모든 게 열매가 되어 나타나기 때문에 매일 꾸준하게 계속하는 것이 중요하다.

보험설계사로 8년간 일을 하면서 지켜볼 때 보험영업시장의 설계사들 간에도 점점 양극화가 심해지고 있다.

잘하는 설계사들은 꾸준히 잘하고, 못하는 설계사들은 몇 달 혹은 몇 년 적당히 벌다가 결국 퇴사를 하게 된다. 이런 일을 겪지 않으려면 보유 고객 수를 늘리는 건 필수이고, 그 고객분들이 이탈되지 않게 고객관리도 꾸준히 해야 한다.

일은 즐겁게, 슬럼프는 짧게

보험회사는 항상 분위기를 좋게 만드려고 노력한다. 그 이유는 일하는 분위기가 고객과의 상담에까지 이어지기 때문이다. 항상 나도 관리자로서 분위기에 신경을 많이 쓰는데 같은 본부, 같은 지점, 같이 일하는 옆자리 동료 분위기에 따라 실제 업적이 좌지우지되는 것을 볼 수 있다. 최대한 일하는 분위기를 만들려고 하고, 동료들끼리도 으쌰으쌰 해보자 하는 분위기, 여행시책이 걸렸다면 다 같이 달성해서 즐기자고 하는 분위기 등 이런 것들이 필요하다. 항상 보험설계사는 사람 간의 관계 속에서 일을 해가기 때문에 고객뿐 아니라 사무실에서부터 긍정적인 마인드와 즐거운 텐션들이 필요하다.

혹시나 같이 일하는 관리자나 동료들이 불편하거나 부정적인 말들을 많이 한다면 진지하게 이직을 고민해 볼 필요도 있다. 누구나 일을 하다 보면 슬럼프를 겪기 마련이다. 하지만 이를 어떻게 극복하는지에 따라 당장의 소득이 결정된다. 내가 신입시절에 듣고 지금까지도 공감하며 지점원들에게도 해주는 말이 있다.

> 하루 쉬면 이틀이 힘들고
> 이틀 쉬면 4일이 힘들고
> 1주일 쉬면 보름이 힘들다.

이 말인즉슨 슬럼프가 올 때 조금 쉬었다 갈 수는 있지만 결국에 슬럼프가 왔을 때 빨리 이겨내지 못하면 더 큰 슬럼프가 온다는 것이다. 영업을 하면서, 특히 보험영업을 하면서 항상 잘될 수는 없고, 슬럼프가 온다는 건 무언가 열심히 했다는 것의 증거이기도 하다. 슬럼프는 공평할 정도로 누구에게나 다 오는 것이기에, 본인이 이 직업에 대해 확실한 방향과 목표만 있다면 슬럼프가 또 하나의 발판이 될 거라 확신한다.

두려워하지 말라

나는 크리스천으로서, "두려워하지 말라"라는 말을 참 좋아한다.

이 말은 성경에서 가장 많이 나오는 말 중 하나인데, 내가 이 문장을 좋아하는 이유가 있다. 루마니아 루터교회의 리차드 범브란트 목사님은 루마니아 공산주의자들에 의해 옥에 갇히며 17년 동안이나 옥살이를 하였다. 헌데 그도, 사람인지라 가끔 절망에 빠지곤 하였는데 그때 성경에서 '두려워하지 말라'는 말씀을 찾아보게 되었다고 한다. 놀

랍게도 그가 성경에서 찾은 '두려워하지 말라'는 말씀은 365개였다고 한다. 이는 마치 우리의 1년, 즉 365일을 시사하는 게 아닐까? 그만큼 '매일매일 두려워하지 말라'라는 메시지로 느껴졌다. 그 이후로 우리 지점에서는 이 말을 서로에게 해주곤 한다.

처음에는 좋은 모습만 생각하고 두려움 없이 시작하는 경우도 많지만 시간이 지나고 영업을 하다 보면 두려운 순간이 올 수 있다. 특히나 보험영업은 주변에서 성공한 사람보다 중간에 그만두고 실패하는 사람들이 대부분이고, 응원보단 말리는 사람들이 훨씬 많기 때문에 그런 생각들이 더 들 수 있다. 그렇게 생각하는 설계사분들에게 나는 내가 보험영업을 시작하고 경험했던 것들을 쓰며 그 안에서 많은 메시지들을 전달하고 싶었다.

나 또한 처음 시작했을 때는 누구보다 자신 있었고, 잘할 수 있을 것 같다는 생각이 들었다. 누굴 만나도 무섭지 않았다. 하지만 막상 시작하고 나니 현실은 달랐다. 힘들 때도 많았고, 매번 '이번 달은 누굴 만나서 이야기하고, 뭐 먹고 살지?'라는 생각을 하지 않은 때가 없었던 것 같다. 고생도 많이 하고, 힘든 일도 많았지만 생각해 보면 감동하고, 감사하고, 뿌듯했던 적도 많았다. 보험영업으로 1% 안에 들기는 쉽지 않다. 하지만 억대연봉을 받는 방법은 어렵지 않다.

이렇게 좋은 기회를 통해 책까지 집필하게 되었지만 나 또한 기라성 같은 선배님들 사이에서 8년째 성장하고 있는 한 사람일 뿐이다. 보험을 사랑하고 포기하지 않고 꾸준히 목표를 향해 나아가면 분명 좋은 결과가 있을 거라 확신한다.

이 책을 읽는 모든 분들의 영업활동을 응원하며 이 글을 마친다.

지속 성장 가능한 영업시스템 구축 : 평생 억대연봉으로 사는 비법

남 성 철  cheernsc@hanmail.net

경력

현) 위드에셋 대표
　　ICM 연구위원
　　유안타증권 투권인

전) 처브라이프 본부장
　　미래에셋 지점장

자격증

· IFP(종합자산관리사)
· CHFC
· AFPK
· 펀드투자상담사
· 증권투자상담사
· 종합 자산관리사
· 국제 ISO 심사원
· 글로벌 ESG 컨설팅위원

목차

1장　프롤로그 : 돈을 버는 시스템 이해
2장　경험 스토리 : 역경과 극복이야기
3장　억대연봉의 6대 성공요소
4장　지속 성장 가능한 영업시스템을 만들다
5장　집필을 마치며

지속 성장 가능한 영업시스템 구축:
평생 억대연봉으로 사는 비법

🚒 프롤로그 : 돈 버는 시스템을 이해하자

내 이야기를 하기 전에 내가 2000년대 초반 읽었던 로보트 기요사키의 저서 〈부자 아빠 가난한 아빠〉의 '현금흐름 4분면'에 대한이야기를 먼저 하려 한다.

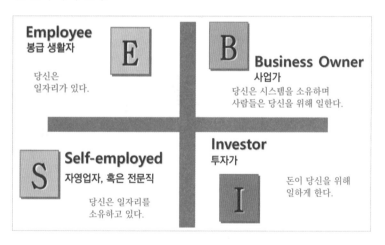

우리는 모두 돈을 버는 일을 하면서 위 4분면의 한 곳에 속해있다. 어떤 사람은 한 곳에, 어떤 사람은 네 곳 모두에 속해 있을 수도 있다. 중요한 건 부자가 되려면 어느 사분면에서 소득이 발생하게 할 것인지를 알고 있어야 하는 것이다.

우선 각각의 영역에서 어떻게 소득을 발생시키는지를 알아보자.

E : (봉급생활자) - 대부분이 속해 있는 영역, 자신의 시간과 노동을 돈과 바꾼다.

S : (자영업자 또는 전문직 종사자) - 스스로 대표라 생각하지만 역시 여기에 속한 사람들도 봉급생활자와 같이 본인의 시간과 노동을 돈과 바꾼다.

B : (사업가, 대표) - 타인의 노동력 또는 본인의 시스템에 의한 소득을 창출한다.

I : (투자가) - 돈이 돈을 버는 시스템을 소유하고 있다.

여러분은 어느 영역에 속해서 돈을 벌고 있는가? 자 그럼 다시 질문 해보겠다. 어느 영역의 소득을 벌고 싶은가? 그렇다. 사업가(B) 되어 그 냥 사장님이 아닌 시스템을 가진 사장님이 되어야 할 것이다. 그리고 최종적으로 모은 자산으로 돈이 돈을 벌게 하는 시간과 경제의 자유를 모두 누릴 수 있는 투자자(I)의 위치까지 소득영역을 만들면 된다. 매일 혼자 영업을 힘들게 하는 게 아니라 시간이 지나면 시스템으로 인해 자 동으로 영업이 되게 해야 한다. 나의 사례는 자동화된 영업시스템에 대 한 이야기이다.

자산관리사의 최고의 핵심이 무엇인지 아는가? 투자자(I)가 될 수 있다는 것이다. 그것도 내 돈이 아닌 타인의 돈으로 돈을 버는 시스템 을 만들 수 있다는 것이다. 당장 나는 10억, 100억을 가진 자산가가 아 니지만 고객의 자산을 관리해줌으로 돈이 자동으로 들어오는 시스템 을 만들 수 있다. 이것이 내가 종합자산관리사를 꿈꾼 이유이자 현재 진행 중에 있는 '시스템'이다. 당신은 대표이다. 모든 책임을 져야 하는 그 어려운 길을 선택했다는 걸 명심하고, 시스템을 구축하길 바란다.

💬 역경지수 (경험은 실패를 극복한 역사의 스토리 묶음이다)

경험스토리: 역경 1탄
실패야 와라! 밟고 일어설 테니(음식물 쓰레기 더미 위에서 울부짖었다)

지금도 그날의 사건은 나에게 영화 속 한 장면처럼 생생하다. 2011년 9월의 마지막 날, 다음 날이 추석인데 나와 내 동생은 명지대학교 용인캠퍼스 사천성 중국집 옆 쓰레기 더미 위에 있었다. 심지어 음식물 쓰레기 한 트럭을 분리해서 손으로 하나하나 음식물 쓰레기 봉투에 넣고 있었다.

당시 음식물 쓰레기 분리 작업을 하면 5만 원을 준다는 건물주의 말을 들은 후, 나와 내 동생은 쓰레기 분리수거를 하고 있었다. 우리는 장화를 신고, 고무장갑을 끼고 이쑤시개, 담배꽁초를 음식물에서 골라내어 새로운 봉투에 담고 있었다. 금방 끝날 줄 알았는데 진도 상황을 보아하니 하루 종일 할 것 같다. 괜히 한다고 했나? 동생까지 불러서 겨우 5만 원에 하루 종일 이 작업을 해야 할 것 같았다. 잠시 허리를 펴고 보는데 저쪽에서 차량 한 대가 올라오고 있다. 서서히 보이는 차량 상부, 앞유리, 본넷…. 차량이 점점 완성채로 보이기 시작한다. 무쏘였다….

당시 무쏘 신사라며 광고하던 그 차량…. 차량 앞 범퍼에는 당시 유행하던 스택으로 만든 방호장치가 멋들어지게 보인다. 맞다. 저 차는 아버지 차다. 그 차량이 나랑 내 동생이 있는 곳으로 왔고 우리는 시선을 마주치게 되었다. 당시 강원도에 사시던 아버지 어머니께서 아들이 장사하는 곳을 처음으로 방문한 것이다. 대학 졸업한 아들이 호프 장사를 한다 하니 "내가 호프집 차리라고 대학 보냈냐"고 그렇게 만류하신 아버지 어머니께서 아들 잘하고 있는지 보겠다고 오신 것이다. 그것도 개업하고 1년 반 만에 처음으로 말이다. 그날 나와 내 동생은 호프집이 아닌 음식물 쓰레기 더미 위에서 부모님을 맞이했다.

지금 생각해도 말이 안 된다. 지금까지 한 번도 안 오시던 부모님은 왜 그날 우리 가게에 오신 걸까? 왜 나와 내 동생은 하필 그 시간에 그 자리에 있었을까? 왜 그 차는 다른 곳에 주차하지 않고 우리 앞으로 지나간 걸까? 아버지 어머니는 아무 말 없이 아들의 호프집을 한 바퀴 둘러보신 후 추석에 보자고 하시며 올라가셨다.

멋지게 성공하는 CEO의 모습을 보여 드리려 했는데, 반대를 무릅쓰고 시작한 호프집 장사에서 처음 보여 드린 장면이 동생까지 데리고 쓰레기 분리 수거하는 모습이었다. 아무 말 없이 강원도로 내려가신 부모님의 가슴에 시퍼런 멍을 남긴 것 같았다. 이제껏 한 번도 말썽 없이 부모님께 잘해오던 아들이었는데, 단 한 번 만에 엄청난 상처를 드린 것 같았다. '그래, 반드시 성공해서 이 아픔을 기쁨으로 바꾸어 드리리라'라고 음식물 더미 위에서 외쳐봤지만, 현실은 더 비참했다.

추석 내내 가게에는 손님이 한 명도 없었다. 대학교 앞 상권이라 주말, 명절, 방학에는 적자를 면치 못하고 있었다. 그렇게 3년을 열심히 일했지만 마이너스 5천만 원에서 시작한 내 첫 사업은 2003년 총 3억 원의 빚을 남긴 후 청산했다.

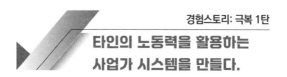

경험스토리: 극복 1탄
타인의 노동력을 활용하는
사업가 시스템을 만든다.

사업은 실패하지 않았다. 단지 시련과 아픔으로 성장하는 법을 배웠을 뿐. 나는 앞서 이야기한 것처럼 다른 현금흐름을 준비하고 있었다. 3년간 3억의 빚을 졌지만 이후 3년간 나는 그 빚을 다 청산했다.

내 옆에는 나를 믿어준 사람이 있었다. 자신의 학자금 대출금까지 나에게 빌려주면서 나를 믿어준 지금의 아내, 그리고 내가 준비한 또 다른 현금흐름 시스템의 사업들이 자리를 잡아갔다. 나는 동시에 10개의 사업부서를 운영했다. 학교 매점, 탑텍 주식회사, 행사 이벤트, 도시락사업, 월세방 운영까지 하루에 2~3시간만 자면서 내가 몸으로 사업화할 수 있는 사업들을 하나씩 만들어갔다. 그럼에도 통장에 돈은 없었다. 누나를 보증인으로 해서 나의 소득은 매월 카드사에 빚을 갚는 데 사용되었다. 나는 모든 빚들을 차근차근 갚아나갔다.

또다시 3년의 시간이 지나서 2006년이 되었다. 나의 자산 현황은 마이너스 3억에서 0원이라는 기적을 이뤄냈고, 이때도 나의 사업화 시스템은 잘 작동하고 있었다. 월급은 겨우 150만 원이었지만 직장을 다니면서도 내 다른 사업체는 잘 돌아가고 있었다. 내가 일하지 않아도 작동하는 시스템을 구축해둔 덕분이었다. 매점에서 3명의 직원이 일을 했고, 여관은 내가 없이도 장기월세방으로 소득을 잘 만들어줬다. 매월 월세방에서 250만 원, 매점에서 200만 원, 월급으로 150만 원, 총 매달 600만 원 정도의 고정 소득이 있던 나의 신혼생활은 그렇게 0원에서 시작하는 신혼생활의 즐거움을 만들어주었다. 이제 빚을 청산했으니 돈을 모으는 일만 남아 있었던 것이다.

이렇게 결혼하고 1년 뒤 신혼생활은 안정을 찾아갔지만 마음 한편에서는 계속해서 두려움이 고개를 들고 있었다. 직장도, 현재 운영되는 사업체도 온전한 나의 소유가 아니었기 때문이다. 그러던 중 한화생명에서 직무설명회를 듣게 되었는데 그날 이후 나의 운명은 다시 바뀌었다. 나는 보험영업에서 내가 그토록 원하던 돈이 돈을 버는 투자자의 시스템을 볼 수 있었다. 바로 그달 나는 직장도, 사업체도 모두 그만두고 보험회사 신입사원으로 입사했다.

경험스토리: 역경 2탄
쌍둥 아범의 시련

2007년 12월, 새로운 영업의 세계로 도전장을 내밀었다. 영업에는 자신이 없었지만 열심히 하는 것은 그 누구보다 자신이 있었다. 그래서 기존에 다니던 직장뿐 아니라 매점, 여관 등 나의 사업시스템을 모두 처분하고 이제 보험영업이라는 하나의 직업에 몰입하기로 결정한 후 뛰어들었다. 그만큼 간절하기도 했고, 희망도 컸다. 교육 첫 달 100명이 넘는 동기 교육생이 있었고, 나는 거기서 반장을 했다. 선배들을 쫓아 다니며 성공사례를 들었고, 이번에는 정말 실수 없이 성공해 보고 싶었다. 이제는 혼자가 아니라 가족을 이룬 가장이었기에 내 가족에게까지 시련을 주고 싶지는 않았다. 최선을 다해 성공하리라 다짐했다.

그런데 시련은 언제나 믿었던 곳에서 시작되는 걸까? 나를 리크루팅한 부지점장이 입사 3개월 만에 나에게 이직을 권유했다. 같이 타보험회사로 이동하자는 것이다. 나는 회사도, 내 사업체도 다 정리하고 당신을 믿고 보험업을 시작했는데 고작 3개월 만에 이직을 하자는 것인가? 신입인 나에게 보험회사 부지점장, 지점장은 높게만 보였다. 단지 열심히 하면 돈을 많이 벌 수 있다고 해서 입사했는데 불과 3개월 만에 사건이 생긴 것이다. 부지점장을 따라서 이동을 해야 하는 것인가?

여기 남으면 나와 전혀 관련도 없는 다른 분들이 나를 가르쳐주고 챙겨 줄까? 내용을 알고 보니 당시 부지점장들은 부지점장 발령받고 월 급여 300만 원을 1년 동안 보장받고 있었는데, 내가 입사하고 3개월이 되는 시점이 딱 1년이 되는 때였던 것이다.

보장기간 동안 팀원을 잘 꾸려내어 업적을 올리거나 지점장까지 승진을 해야 하는 것 이지만, 나를 뽑은 부지점장은 나를 하나의 돈벌이 수단으로만 치부했던 것이다. 당시 2~3명의 적은 팀원으로는 본인의 소득을 보장할 수 없으니, 다른 회사로 이직하여 다시 보장기간을 연명하려고 한 것이다. 보험회사의 좋지 않은 구조를 처음 알게 된 날이었다. 나는 부지점장을 따라 이동하지 않았다. 하지만 이곳에는 더 이상 나를 케어해줄 지점장도 관심과 애정을 가지고 도움을 줄 부지점장도 없었다. 영업을 시작하고 3개월은 아내에게 생활비를 줄 수 있었지만 오픈빨이 끝난 후 나에게 다가온 시련은 정해진 수순이었다.

내가 FC로 일하는 3년 동안 SM(부지점장)이 6명 바뀌고 지점장이 3명 바뀌었다. 그럼에도 나에게 관심을 가지고 도와준 관리자는 없었다. 그도 그럴 것이 나는 본인이 뽑은 사람도 아니고 영업 실적도 형편 없는 하위 FC였으니까 모두 내가 언제 그만둘 것인지 궁금해하고 있었다. 아니 사실 나는 해촉 유예 동의서를 3달에 한 번씩 작성하고 있었다.

상황이 이렇게 안 좋았지만 하늘은 나에게 두 배의 축복을 내리셨다. 아내가 임신을 한 것이다. 그것도 한 번에 번에 두 명을 출산하는 쌍둥이를 임신했다. 나는 쌍둥이 아빠가 되었다. 하지만 그 기쁨도 잠시였다. 보험영업을 시작하고 1년 반 동안 아내에게 생활비를 못 주고 있었다. 빚 지지 않으려 내 체크카드에는 한 달에 25만 원을 넣어 놓고 밥도, 술도 고객분께 얻어먹고 있었고, 가끔 발생하는 실적으로는 겨우 내 활동비만 쓸 수 있었다. 결국 아내에게 생활비를 못 준 지 1년 반이 넘었다. 그때까지도 아내는 나를 믿어주고 용기를 주었다.

잘할 거라고, 자기는 해낼 거라고 말이다.

하지만 쌍둥이를 낳은 후에는 상황이 바뀌었다. 아내는 쌍둥이 육아로 직장을 포기해야 했고, 그간 우리 집의 유일한 소득원이었던 아내의 소득이 사라졌다. 이제는 아내도 나에게 용기를 줄 수 없었다. 쌍둥이는 어떻게 키울 것이며 또 대출은 어떻게 상환할 것인지, 현실적인 걱정이 더 커지고 있었다.

하루는 집에 갔는데 아내가 종이 한 장을 내밀었다. 이력서다. 100만 원이라도 좋으니 직장을 들어가라는 거다. 할 만큼 했으니 이제 직장 들어가서 쌍둥이 생활비를 벌어오라는데 할 말이 없었다. 할 수 있다고 조금만 기다려 달라고 한 것도 벌써 1년이 넘었다. 이야기해도 믿음도 안 생길 거라는 생각이 들었다. 나도 나를 믿을 수 없는 시기였다.

해촉 유예 대상자는 당시 지점장 특별지시 사항으로 오전 7시에 출근해서 8시까지 심화 교육을 받고 사업계획서를 추가 제출해야 하는 지침이 있었다. 밤새 아픈 쌍둥이를 데리고 응급실을 오간 날에도 나는 아내와 아픈 아이들을 두고 이른 새벽 출근길에 올랐다. 미팅룸에는 싸늘함이 감돌았다. 나는 나름 이번 달 영업 목표와 영업 달성 전략을 정리한 A4 두 장짜리 자료를 가지고 있었다. 단둘이 독대하는 1:1 미팅 자리였다. 어떤 설계사는 매일 아침 이 시간마다 강의와 설계 내용을 듣지만, 나는 매일 아침 이 부지점장에게 잔소리와 회사를 나가라는 말만 듣고 있다. 오늘도 내 이야기가 마쳤을 때 내 사업계획서는 하늘을 날아서 바닥에 떨어졌다. 드라마에서나 보던 서류 던지기가 내 눈앞에서 펼쳐졌다. "지난달도 목표 제출해놓고 실적은 0원이었잖아. 이렇게 목표 잡는다고 실적이 나오냐? 쌍둥이 분유값은 어떻게 벌 거냐?"

보험영업은 당신이 이야기하는 재무설계랑은 다르단다. 지인들에게 연락해서 술 사주고 무릎 꿇고 간 쓸개 다 빼주면서 부탁하는 거란다. 나도 FC 때 손님 모시고 노래방 가고 어렵게 술 마시면서 부탁해서 겨우 종신보험을 받았단다.

내가 2008년 5월부터 2010년 1월까지 1년 반 동안 벌어들인 총소득은 겨우 1천 500만 원 정도였다. 집에서는 못난 가장이 됐고, 회사에서는 무실적 영업사원이었지만, 나는 내가 이룰 목표를 믿고 꾸준히 달려갔다. 과연 이 시장에서 진짜 내가 원하는 자산관리 영역을 만들 수 있을까?

경험스토리: 극복 2탄
해촉 대상 FC에서 전국 3등 FC로 올라가다

나를 가르치는 사람은 없었지만 나의 목표는 명확했다. 젊어서 했던 사업실패의 시련이 열심히만 해서는 부자가 될 수 없다는 걸 알려줬기에, 현명하게 돈 버는 방법을 알아내야 했다. 나는 영업보다는 고객의 고민을 해결해주고, 부탁이 아닌 컨설팅을 통해 보험을 청약할 수 있다고 믿었다. '나처럼 열심히 사는 사람들에게 금융지식을 더해주어 부자로 되는 길을 안내하자'라고 생각했다. 그렇다고 내 스펙에 바로 증권사에 들어가서 자산관리사가 될 수는 없으니 보험영업에서 시작해서 하나하나 배우면서 나의 역량을 키워가면 될 거라 생각했다.

나는 고객의 미팅에서 보험에만 국한되지 않고 투자에 대한 이야기를 했으며, 재무설계를 통한 인생 전반에 걸친 기간별 시기별 목표금액과 상품들을 설계해 주고 있었다. 계약이 나오지 않았지만 내가 하는 일을 옳은 일이라고 믿고 꾸준히 일하고 있었다.

1. 첫 법인 계약, 최초로 월 1,000만 원 초과 소득 달성

당시 뉴욕생명에서는 1, 2, 3월 업적에 대한 해외여행 시책이 있었다. 해외시책이 문제가 아니었다. 나에게는 생존의 문제가 걸려 있었다. 집에 생활비를 줘야 하고 회사에서는 짤리면 안 되는 시기였기에 2년 동안 실적 없던 내가 3월에 지점 1등을 달성했다. 첫 법인 계약도 이뤄냈다. 우리가 말하는 CEO플랜 퇴직금 마련 플랜으로 청약을 해냈다. 오랜 기다림 끝에 나온 계약은 나로 하여금 다시 일어날 수 있게 해줬다.

1년 반 동안의 나의 총 소득은 1,000만 원 미만이었다. 당연히 가정에 생활비를 못 주고 있었지만, 이달 이후로 나의 상황은 완전히 바뀌었다. 3월 업적에 대한 수당이 4월 급여일에 지급되었을 때 나는 모든 남자들이 꿈꾸는 로망을 실현하기로 했다. 아내를 태우고 은행을 들러 그 달의 수당 1,500만 원을 모두 1만 원권으로 인출했다. 아직도 함께 나온 이유를 모르는 아내를 데리고 다시 집으로 향했다. 아니 은행에 같이 갔으면서 봉투 뭉치 하나 보여주고 다시 집에 급히 가자고 하니 아내의 표정이 황당하다.

나는 집 침대에 1,500만 원을 모두 뿌렸다. 그동안 기다려줘서 고맙다고, 이건 지금까지 못 준 생활비니 자기 마음껏 사용하라고…… 오랜 고생 끝에 드디어 한 건 한 날이었다.

2. 썸머, 전사 3등 달성하고

영업 성장 성과가 한 번 올라오고 나니 몇 달간은 계약들이 계속 이어졌다. 그래도 소득이 되는 정도였지 큰 성장의 계기가 된 건 7, 8월 썸머 시책 달성 때였다. 이 두 달 동안 나는 상속세 플랜과 의사 자산관리 플랜으로 고액의 계약을 이뤄냈다. 거액의 일시납도 청약했고, 세금을 줄여주는 플랜도 하나씩 할 수 있는 능력이 생겼다. 그해 여름 나는 전국 순위 3등을 달성했다. 이번 시책으로 일본 후쿠오카 여행을 갈 수 있게 되어 그간 고생한 아내와 나에게 실망하고 계실 부모님과 함께 여행을 가려 했다. 그런데 문제가 있었다. 아직 두 살밖에 안된 쌍둥이들은 어떻게 하냐는 것이었다.

회사에서는 초등학생 미만은 여행 참석이 불가능하다는 통보를 해왔고, 나는 결국 아버지, 어머니, 아내 이렇게 3명이 동반 여행을 하겠다고 회사에 보고를 했다. 그러고는 내 지인 여행사 사장님께 연락해서 우리의 비행기 좌석에 쌍둥이 아이들을 붙여달라고 부탁을 했고, 나는 회사의 스케줄과 상관없이 두 돌 된 쌍둥이와 부모님, 아내와 함께 일본 여행을 갈 수 있었다.

첫 보험 여행사 시책에 전국 3위라는 타이틀까지 얻었기에 만찬에서 나는 사장님과 합석하는 자리로 배정을 받게 되었고, 시상식은 화려했다. 그동안의 걱정과 시름을 모두 떨쳐내는 시간을 보냈다. 이후에도 가족들과 함께 해외여행을 계속 같이 다녔다. 미국, 호주, 태국, 이탈리아 등 함께 여행을 하면서 그동안 가족들에게 하지 못했던 봉사를 할 수 있었다.

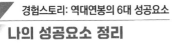

경험스토리: 역대연봉의 6대 성공요소
나의 성공요소 정리

지면을 통해 나의 긴 역경의 시간을 이야기해 보았다. 한 번에 다 이뤄도 될 것 같은데 꼭 시련을 경험한 후에 이루게 된다. 더 단단하게 성장하라는 뜻일까? 여러분은 나의 경험을 통해 무엇을 생각했는가? 단순히 영업이 힘들다는 것? 누구나 영업을 할 수 있긴 하지만 아무나 성공하는 것은 아니다.

내가 성장시킨 FC 중에는 체질부터 영업맨인 분도 있었고, 영업 첫해부터 mdrt, 다음 해에는 cot를 하면서 지금까지도 승승장구하는 분도 있다. 각자의 체질이나 환경 성격에 따라 성공인자가 다른 것이다. 그럼에도 불구하고 억대연봉이 될 수 있는 비결은 존재한다. 이제 그 내용을 정리해보자.

1. FC SHIP(본인 직업에 대한 바른 철학)

보험은 사랑이다. 그냥 사랑이 아닌 가족사랑. FC-ship은 고객에 대한 사랑이다. 보험의 진정한 가치를 고객에게 전달하는 것으로서 "같이의 가치"를 실천할 수 있게, 가족이 함께 행복한 삶을 살아갈 수 있게, 혹시 모를 인생의 안 좋은 이벤트들에 대비하여 보험이라는 안전장치를 해줌으로 어떠한 경우라도 가족의 행복이 유지될 수 있게 하는 게 설계사이자 관리인의 역할이다.

보험설계사는 단순히 보험을 파는 게 아닌 이 사랑의 가치를 전달하는 사람이다. 그리고 내 스스로도 내 가족에 대한 사랑을 실천하는 행동가여야 한다. 기존에 내 관리자들은 보험에 대해 이야기할 때 내가

chapter

03

을의 입장에서 부탁 및 판매해야 한다고 때론 무릎을 꿇어서라도 청약하게 하는 거라며 나를 가르쳤지만 나의 직업철학은 그렇지 않았다.

보험은 고객이 본인과 본인 가족을 위해 가입하는 것이지 절대 FC를 위해 가입하는 게 아니다. 그러니 제발 이 글을 읽는 분들은 고객에게 부탁하지 않았으면 한다. 그리고 고객님들은 친척이, 친구가 보험설계사라고 하더라도 도와준답시고 무턱대고 가입하지 않았으면 한다. 그건 그 지인이 제대로 된 FC로 성장하기도 전에 그만두게 만드는 지름길이 될 수 있다. 지인일수록 더 물어봐야 한다. 왜 이렇게 설계했는지를 물어보고 따져서 그 사람을 훈련시킬 필요가 있다.

보험설계가 한 가정에 평생의 위험요소를 막아내는 위대한 일임을 깨닫는다면, 스스로 그 작업이 얼마나 고귀한 일임을 느낀다면 진심 어린 보험설계를 할 수 있다. 그 철학이 있어야 고객의 보험설계에 대해 밤을 새우면서 고민하게 된다. 우리는 내 고객의 가정에 평생 동안 발생할 수 있는 위험을 방어해주는 군인이다.

2. 안되면 될 때까지(FC의 사명은 고객의 보험금이 지급될 때까지 일하는 것)

필승 해병 703기 남성철 "안되면 될 때까지" 포기하지 않고 성공할 것이다! 나의 첫 번째 보험 고객은 나의 사랑하는 둘째 누나이다. 마음도 착하고 동생들을 잘 아껴줘서 나의 첫 번째 고객님이 되어주었다. 여러 건의 청약을 한 후 누나에게 질문을 했다. "누나 내가 이 나이에 새롭게 보험영업을 하는데 누나는 여러 보험설계사를 만나봤잖아. 내가 어떤 보험설계사가 되었으면 좋겠어?"

"음~ 성철아 내가 이렇게 보험청약을 했는데 사인을 하고 나면 사람들이 연락을 안 하더라. 그리고 몇 달 있다가 담당 FC가 바뀌었다고 문자가 와. 너는 사인해준 고객에게 더 잘해주고, 절대 일 그만두지 말고 끝까지 이 일을 하기만 한다면 좋은 설계사가 될 거야." 우리 누나는 나에게 이 이야기를 해준 걸 기억하지 못하겠지만, 나의 첫 고객이 말해준 이러한 내용들은 나의 FC철학이 되었다. 나는 지금도 누나가 이야기한 좋은 FC가 되기 위해 노력하고 있다.

3. 꾸준함, 간절함(꾸준함은 습관을 만들고 습관은 성공의 씨앗이 된다)

성공의 법칙 중 kash 이론이 있다. 지식, 태도, 스킬, 성공의 습관이라는 이 4가지를 하나하나 컨트롤 해나가면서 성장하는 것이다. 맞는 이야기이지만 가장 중요한 성공요소를 찾으라면 나는 꾸준함과 간절함을 이야기 하겠다. 어떤 상황에서도 아침에 출근하고, 배움을 멈추지 않고, 내가 정한 목표를 향해서 꾸준하게 달려가야 한다. 보험이라는 영역은 단기 상품으로 잠깐 팔고 사라지는 상품이 아니다. 상품의 특성상 고객의 한 평생을 같이 관리해주고 관계를 해야 하는 직업이다. 고객들은 이 꾸준함에 반하게 될 것이다. 다소 실력이 떨어져도 꾸준하게 고객에게 문자를 보내고 연락을 하는 당신을 믿을 것이다. 내 역경의 스토리를 읽은 분이라면 내가 지금껏 수많은 역경을 어떻게 이겼는지 그 비결이 궁금할 것이다. 정답은 꾸준함이다.

나는 지금도 매월 1회 고객관리 문자와 이메일, 블로그로 월간 시황과 펀드 운영, 보험상품의 변경 정보들을 보내고 있다. 나는 매년 1회 고객과 애뉴얼 플랜을 실시하고 있다. 나는 지점장, 본부장일 때도 고객분의 실손보험 청구를 직접 해드렸다. 나는 지금도 아침 7시에 헬스클럽에서 아침운동으로 일을 시작하고 하루 최소 3명을 만나려고 노력한다.

나는 지금도 보장분석을 철저히 한다. 때론 며칠, 몇 주가 걸리더라도 고객에게 딱 맞는 보장을 찾을 때까지 수십 개의 보장 설계를 한다. 이러한 과정을 통해 내가 만족스러울 때 비로소 고객에게 제안을 하고 있다. 힘들지만 변칙이 아니라 원칙을 지키는 꾸준함이 핵심인 것이다.

4. 나의 지식이 늘어나면 고객의 자산이 늘어난다.

프로필에서도 알 수 있듯 나는 36살 이후 여러 개의 금융자격증을 취득했다. 나는 매년 2개 이상의 금융자격증 취득을 목표로 공부했고 나의 공부 장소는 늘 지하철, 버스였다. 책과 펜을 들고 시험 문제를 풀어가며 이동 시간과 장소를 도서관으로 만들었다. 자격증이 늘어날수록 판매 가능한 상품과 상담 스킬이 늘어났다. 또한 자연스럽게 고객도 늘어나고 고객의 자산도 늘어났다.

지금도 매년 1000만 원에 가까운 교육비를 내고 법인 교육, 세무교육, 노무 교육 등을 배우고 있다. 내가 배움을 멈추는 순간, 내 고객의 자산도 멈춘다. 지금은 책보다는 동영상 강의를 많이 듣고 있다. 여전히 나의 공부 장소는 지하철과 버스이다. 신상품이 나오면 영상으로 시청하고, 설계를 해서 실제 고객에게 전달 가능한지 검증을 해보고 현장에 적용한다. 시대가 변화한다. 금융상품도 변화한다. 변화에 가장 좋은 상품을 선별해서 고객에게 전달하는 것, 이것이 바로 진정한 '정보'이다.

5. 소득의 다각화를 실천하다.

현재 내 소득의 80%는 보험영업 수수료, 10%는 증권사 수수료, 나머지 10%는 강의료나 고객관리 수수료, 법인 컨설팅 수수료이다. 이 중 점차 증권사 수수료 비중을 높여 가고 있다 최종 목표는 60세에 증권사 수수료로 월1,000만 원을 넘겨 증권사 소득만으로 억대 연봉을 만드는 것이다.

처음부터 보험영업만 하는 게 아니라 종합자산관리사를 하겠다고 다짐하고 FC를 선택했다. FC는 Financial Consulting의 약자이다. 그렇다면 보험만 파는 게 아니라 실제 재무컨설팅도 할 수 있어야 한다. 또한 이러한 방식으로 일을 해야 소득의 다각화가 이루어져 FC로 롱런할 수 있다. 종종 보험 경력 20년 된 FC분들을 만나서 이야기하곤 하는데 아직도 증권사 업무를 모르는 분들이 있다. 어떤 소득 구조인지도 모른다. 그런데도 아직 퇴직연금 모집인 자격증을 취득하지 않고 있다. 그러면서도 매월 신계약에 대한 스트레스를 호소하고 있다. 문제는 알고 있으나 해결책을 못 찾고 있는 것이다.

자격증 취득하고 증권사 업무를 해보라. 처음에는 소득이 적지만 증권사의 소득은 관리 고객의 총자산에 비례하여 수수료를 받는 구조이다. 60대까지 관리 자산을 100억만 만들어 보아라. 그렇게 되면 당신은 매월 증권사에서 평생 연금소득처럼 수수료를 받을 수 있다. 신계약이 한 건도 없어도 자산 관리만으로 꾸준하게 소득을 창출할 수 있다. 이렇게 안정적인 소득을 마련해두면 왜 FC를 그만두겠는가? 고객의 자산도 늘리고 나도 부자가 되는 것, 누차 이야기하지만 돈이 흐르는 시스템을 잘 만들어야 부자가 될 수 있는 것이다.

6. 영업이 아닌 교육 시스템을 만든다(지속적 억대연봉 시스템의 비밀)

이제 업적이 어느 정도 실현되고, 영업에 자신감이 생기게 되면 누구나 걱정하기 시작하는 게 있다. '이 업적이 꾸준히 나올 수 있을까?' 신규시장을 계속 발굴해야 하는 보험 영업의 특성상 매달 꾸준한 업적을 하는 건 사실상 쉽지 않다. 이러한 문제를 가장 먼저 해결한 보험회사 활동 관리 시스템이 sit plan 작성과 3W 문화일 것이다. 매주 주간관리로 자신을 관리하고 업적을 관리할 수 있는 것. 그러나 2년간 업적이 거의 없었던 나에게는 적용이 안되는 시스템이었다. 결정적으로 나는 보험을 판매하는 게 아니라 고객 자산관리를 기반으로 하는 재무설계를 추구하고 있었으며, 모든 미팅에서도 재무설계가 기반이 되고 있었다.

고객의 ff를 확인하고 니즈를 발굴하고 목표를 설정해서 인생 라이프 사이클에 맞춰서 플랜을 짜고 pt를 했다. 그러다 '이렇게 하면 진짜 내 고객이 부자가 될 수 있을까? 변액 상품이 투자 수익을 낼 수 있는 수많은 관리 방법을 안내했지만 고객이 실현할 수 있을까?' 의문이 생겼다. 그때쯤 좋은 영업교육이 있다고 해서 참석한 머니트리 교육이 나에게 새로운 관점을 만들어 주었다. 고객에게 상품을 파는 게 아니라 금융교육을 해줌으로써 고객 스스로 상품을 관리할 수 있게 하는 것이었다. 컨셉은 좋았지만 실제로 만들어 내기까지는 수많은 시행착오가 생겼다.

주위의 FC분들은 "누가 그 강의를 돈 내고 들으며 4~5번 만나면서 자산관리 강의를 듣겠나? 그 시간에 종신보험 하나 더 판매하는 게 좋겠다"라고 했지만, 나는 나름 고객분께 내 교육시스템을 안내하고 직접 강의하면서 불필요한 내용은 삭제하고 필요한 내용을 업로드하며 실제 자산관리에 필요한 5개의 강의를 만들었다. 물론 "행복한 부자로의 여행" 교육프로그램은 4주간의 교육 일정을 가지고 있지만 금융상품뿐만 아니라 내가 관리자로서 마인드 컨트롤에 이용했던 목표 관리, 자신에 대한 믿음 등도 담아 심오한 교육시스템으로 완성해 갔다.

내 첫 교육대상자는 우리 작은 누나의 친구분이셨다. 지금은 익숙해진 나의 교육프로그램은 이렇게 탄생하게 되었다. 이 교육시스템에 대한 보다 구체적인 이야기는 뒤에서 더 나눠보기로 하자.

💬 행복한 부자로의 여행(지속 성장 가능한 영업시스템을 만들다)

책 제목에서도 이야기했듯 일회적으로 억대연봉자가 되는 게 아니라 평생 억대연봉을 받는 시스템을 구현할 수 있다면 어떨까? 내가 추구해온 영업시스템이 바로 이와 관련된 내용이다. 이젠 이러한 시스템이 완성되었고, 더불어 나의 독보적인 매출 시스템으로 자리를 잡았다. 또한 이 시스템을 활용하여 자산가가 된 사람들이 점점 생겨나고 있다. 고객이 부자가 되고 나도 부자가 되는 시스템, 자 그럼 나의 "행복한 부자로의 여행" 다같이 함께 출발해 보자!

나의 시스템의 핵심은 아래그림의 내용이다. 고객을 학생으로 여기고 금융교육을 하는 것이다. 내가 선생님이니 갑과 을을 굳이 따지자면 내가 갑이다. 나는 첫 상담 때마다 고객에게 질문한다. "저를 왜 만나러 오신 건가요? 보험을 가입하시기 위함인가요? 아니면 자산을 모으시기 위함인가요? 그렇다면 부

자가 되는 방법은 무엇일까요? 좋은 금융상품을 가입하는 것일까요, 아님 돈을 관리하는 시스템을 구축하는 것일까요?" 이러한 질문을 던지면 100% 모든 고객이 돈을 관리하는 시스템에 대해 배우겠다고 한다. 나는 일정 금액의 교육비를 받고 고객에게 강의를 진행한다. 다음 페이지의 표가 내가 사용하는 금융강의의 커리큘럼이다.

"행복한 부자로의 여행"은 내가 자체 제작한 교재와 금융관련 서적을 가지고 학교 교육처럼 진행한다. 매주 1회 총 5번의 교육을 한다. 보통 내가 재무설계를 해서 고객에게 안내할 거라고 생각하는데, 그렇지 않다. 고객이 스스로 pt를 준비해서 나에게 발표를 하는 방식으로 진행된다. 놀랍지 않은가?

고객이 FC인 나에게 직접 '나는 보험은 이렇게 가입하고 단기, 중기, 장기 저축은 이렇게 할 것입니다. 그리고 노후에는 어떤 삶을 살 것입니다'라고 발표한다. 또한 스스로 보험을 가입하고, 스스로 펀드를 설

5대자산 만들기 커리큘럼

날자	강의 내용	재무설계 기본교육	교재	과제들
첫미팅	·오리엔테이션 ·공과 목표설정 ·인생 5대 자금 설계 ·Fact Finding 작성	·현금흐름 4분면	인생은 돈 관리다.	·본인의 인생 계획 짜기 ·인생 5대 자금계획 구체화 ·보험 증권 찾기 ·책 읽어오기
1차교육	·현금흐름 배분 기준설정 ·통장 포개기 활용법 ·저축 목표금액 정하기 ·저축 배분 기준설정	·복리의 이해 ·72의 법칙 ·자산과 현금흐름 관계	교재 읽기	·본인의 지출현황 상세기록 ·통장 포개기 실천 ·인생 3대 목표 설정
2차교육	·노후자산 만들기 - 노후준비 4단계 - 연금의 종류 및 이해	·코스트에버리지 ·경험 생명표 이해	교재읽기	·행복한 노후 꿈꾸기 ·지인에게 연금강의하기
3차교육	·예비자산 만들기 ·보장자산 만들기	·은행의 비밀	교재읽기	·CMA 만들기 ·자동차, 화재보험 점검 ·지인에게 예비자산 강의
4차교육	·투자자산 만들기 ·주택자산 만들기 ·전체 포트폴리오 흐름이해	·포트폴리오 이동	교재읽기	·주택청약가입하기 ·지인에게 펀드 추천 ·PT 자료 만들기
프리젠테이션 미팅	·각 개인별 인생 설계 및 저축plan 발표 ·전체 과정 review, 회식	·저수지 투자 이동		지인 소개하기

정한다. 이렇게 계약한 보험 유지율은 어떨까? 이 시스템이 가진 영업의 핵심요소는 크로징이 없는 자동판매 시스템이다. 나는 보험가입, 펀드 가입을 권하지 않는다. 고객이 스스로 판단해서 가입하게 할 뿐이다. 그럼 소개는 어떻게 할까? 위 표의 우측을 보면 지인에게 연금강의, 지인에게 펀드추천, 지인 소개하기가 숙제로 제시되어 있다.

학교에서 공부하는 것과 똑같은 방식이라고 생각하면 쉽다. 나는 금융강의를 3단계로 나누었다. 나를 만나기 전에 예습을 할 수 있도록 사전에 교재를 나눠주고 해당 파트를 읽어오게 한다. 그래야 그날의 주제 강의를 들을 수 있다. 실제 강의를 듣고 나면 집에 가서 한 주 동안 복습의 단계로 나에게 배운 내용을 지인에게 설명하는 숙제를 낸다.

고객이 이걸 정말 한다고? 실제로 해보면 고객이 매우 충실히 과제를 수행한다는 것을 알 수 있다.

이렇게 나는 나의 금융제자들을 키웠고, 이들은 자산관리를 스스로 하는 시스템을 구축했다. 더불어 이들은 나의 최고의 영업사원이 되어 스스로 영업을 해주고 있다. 고객을 교육하면서 컨설팅하는 시스템의 장점을 요약하면 다음과 같다.

1. sit plan을 할 필요가 없다. 한 달 스케줄이 바로 결정된다.
2. 자동청약, 자동 소개 시스템이 작동한다.
3. 제안서 만드는 노동력이 사라진다(pt는 고객이 한다).
4. 세미나 셀링이 가능하다.
5. 결정적으로 나의 영업시스템은 진짜 돈 관리하는 시스템을 교육하는 것이기에, 고객은 나를 통해 스스로 자산관리를 할 수 있게 되고, 더 나아가 부자가 되는 방법을 배울 수 있다.

내 강의를 들으면 고객이 돈을 스스로 관리하고 벌 수 있기에, 누구라도 나를 소개하지 않을 이유가 없다. 지금의 나는 이 시스템을 배우기 위해 찾아오는 고객들에게 시스템 강의를 진행하기만 하면 되는 단계까지 도달하게 되었다. 다년간의 노하우로 완성된 이 시스템은 현재도 나에게 지속적으로 억대 연봉을 벌 수 있게 해주는 핵심 시스템이자, 고객으로 하여금 진짜 부자가 될 수 있도록 하는 시스템으로 기능하고 있다.

이 책을 본 당신이 해야 할 건 열심히만 사는 게 아니다. 시간이 지날수록 편리해지고 쉬워지는 자동영업 시스템을 만드는 것이다. 쉽지 않은 길이지만 꾸준히, 그리고 간절히 노력한다면 꼭 고객과 내가 함께 부자가 되는 시스템을 만들 수 있을 것이다.

집필을 마치며

본 책 집필에 공동저자로 참여할 수 있게 된 건 내게 있어 좋은 경험이 되었다. 힘든 시기를 함께해 준 내 아내와 지금 잘 성장하고 있는 쌍둥이에게 사랑한다는 말을 하고 싶다. 그리고 내 고객들에게도 감사의 인사를 전한다. 내 능력이 지금과 같지 않았을 때에도 나를 믿고 지금까지 해준 고객들에게 항상 고맙다. 이후로도 지속적으로 함께할 수 있도록 더욱 노력할 것이다.

고객과 함께 부자가 되는 회사 (With Asset 자산관리)

대표 남 성 철

야! 너도 할 수 있어 ~
회사원이었던 나도 하고 있어

박 노 학 haki99@naver.com

경력

현) 영진에셋 여의도사업단 사업단장
      펀드관리연구소 대표
      NH투자증권 투자권유인

자격

· 펀드투자상담사   · 증권투자상담사
· 변액보험판매사   · IFP종합자산관리사
· AFPK재무설계사   · 연세대학교 사회교육원 경공매 과정수료
                        · 서울대학교 은퇴설계코칭전문가 과정수료

활동

· 네이버카페 [흥부야제테크하자] 공식자산관리사
               [한국재무설계센터] 공식자산관리사
               [보만세] 대표강사 및 스텝
· MTN 김생민의 비즈정보쇼 출연
· SBS biz pick up 트렌드스페셜 출연

"야! 너도 할수 있어~ 회사원이었던 나도 하고 있어"

💬 소도 언덕이 있어야 비빈다

나의 사회생활은 혼돈 그 자체였다. 계획도 없었고 자본도 없었고 희망도 없었다. '소도 언덕이 있어야 비빈다'라는 속담이 꼭 내 얘기인 것 같았다. 비빌 언덕이 없으니 하는 일 마다 잘 안되는 것 같았고 그 핑계로 하루하루가 그냥저냥 아무 생각 없이 출근 퇴근만 반복하며 의미 없이 지나갔다. 시간만 흘러가는 느낌이었다. 열심히 성실하게 일하면 잘 된다고 배웠는데 현실은 많이 달랐다.

그렇게 나의 20대는 지나갔고 2005년 29살이 되었다. 한 달 뒤면 30세. 그 와중에 5년 가까이 만난 여자 친구와 2005년 11월 결혼하기로 했다. 지금까지 살아온 것처럼 산다면 내 인생은 지금 현 상황에서 더 나아지지 않을 것 같았다.

당시 중소기업을 다니고 있던 나는 나보다 적게는 몇 년, 많게는 몇 십 년 먼저 입사한 상사들을 보며 생각했다. '내 미래가 저건가?' 희망이 없어 보였다. 가난하게 살았던 나는 빨리 부자가 되고 싶었다.

결혼을 앞둔 상황이었기 때문에 결혼 전에 뭔가 변화를 주지 않으면 방법이 없을 것 같았다. 무자본으로 내 장사나 사업을 할 수는 없었고 소득을 높이려면 세일즈밖에 방법이 없었다. 자동차 딜러, 카드 영업사원 등 고민만 커져 갔다. 어떤 일을 해야 하나 고민만 반복하고 있었는데 운명인지 오래전 알고 지낸 친구에게 전화 한 통을 받았다.

"어떻게 지내? 지나는 길에 한번 들릴게. 밥이나 먹자."

회사 근처로 찾아온 친구와 만나 밥을 먹으며 이야기를 나누다 보니 약 1년 전에 보험회사에 취업했다고 하는 것이다. 그 당시엔 남자 설계사가 많지 않기에 궁금한 것이 많았다.

"너 그래서 얼마 벌어?"

"월 350만 원 정도 벌지."

내 월급이 200만 원 조금 넘을 때였다 보니 1년밖에 안된 친구가 350만 원 번다는 얘기를 들으니 귀가 솔깃했다.

"우리 영업소에 연봉 1억 되시는 팀장님도 계셔."

"그래? 정말?"

다음 주에 바로 소장님 면접을 보고 그달에 바로 입사 결정을 하였다. 입사 결정을 한 가장 큰 이유는 친구도 350만 원을 버는데 나도 그 정돈 벌 수 있겠지 하는 자신감과 연봉 1억 버시는 분이 같은 영업소에 있다는 것, 딱 2가지였다. 지금 생각하면 무모했기에 용감할 수 있었던 것 같다.

배상책임보험으로 개척하기

그렇게 시작한 보험은 막막하기만 했다. 인간 관계가 나쁘진 않았지만 만날 사람이 많지 않았다. 지금 생각해 보면 참 고마운 친구가 몇 명 있었다. 아무리 배운 대로 TA를 하고 약속을 잡아도 스케줄은 항상 비었다. 그럴 때마다 친한 친구를 만나 시간을 때우게 되었다.

조그만 사업을 하던 친구는 거래처 다닐 때 나를 데리고 다녔다. 그리고 나를 소개하면서 명함을 줄 수 있는 기회를 만들어 주었다. 물론 다 계약으로 이어지지는 않았지만 종종 계약이 나와 주었고 그 바탕이 소개 영업을 하는 데 발판이 되어주었으므로 지금 다시 생각해도 참 고마운 친구였다. 이제 와 생각하면 이 친구가 나에게 첫 번째 키맨이 되 준 셈이다. 영업에 있어 키맨은 정말 중요하다. 보험 설계사에게 키맨은 지속적으로 사람을 소개 해주는 사람이다. 그렇기에 내 주위에 어떤 사람을 키맨으로 두어야 할지, 끊임없이 고민할 필요가 있다.

또 다른 한 친구는 전 직장 동료였는데 찜질방인테리어 업체들을 담당하던 친구였다. 그 당시 찜질방은 기본 몇천 평 정도의 큰 규모로 오픈하는 경우가 많았다. 전국적으로 붐이 일던 때였다. 주말엔 손님이 수천 명씩 다녀가는 등 찜질방 사업이 가장 번창 하던 때였다. 내가 다니던 회사는 손해보험사였다. 신입교육 때 화재보험과 배상책임보험을 배우고 나니 찜질방 개척을 해보면 괜찮겠다는 생각을 하게 되었다.

친구의 도움을 받아 수도권 찜질방 오픈정보를 미리 받아 공사 중인 찜질방을 무작정 찾아다녔다. 수많은 보험설계사들 명함이 있었지만 타이밍만 잘 맞으면 사장님을 만날 수 있었고 설명만 잘하면 계약으로도 이어졌다.

보통 다른 설계사들은 화재보험 설명만 하는데 난 수천 명이 가족 단위로 오니 사건 사고가 엄청 많을 것이라고 생각했다. 그래서 시설소유자배상책임보험을 좀 더 적극적으로 설명을 하였고 실제 내 예상대로 주말이면 손님이 급격하게 늘면서 사건 사고도 많았다.

화상 사고, 발 끼임 사고, 미끄러져 넘어지는 사고 등 사고가 날 때마다 달려가 고객들과 합의도 봐주고 보상청구도 모두 직접 처리 해주었다. 당시 고객들은 나를 찜질방 직원으로 알고 있었을 정도로 민원이 나오지 않도록 일 처리를 해주었다. 이를 본 사장님들은 나를 더 신뢰하셨고 소개도 많이 해주셨다.

아무리 바빠도 보험청구 및 사고처리를 직접 나서서 했던 것이 소개로 이어진 것이다. 그 당시 알게 된 고객들과는 아직까지도 좋은 관계를 맺고 있다. 바쁘다고, 때론 멀다고 보상청구를 직접 도와주지 않는 동료들을 볼 때마다 '저렇게 해서는 오래 못 갈텐데'라고 생각했다. 나만큼은 끝까지 초심을 잃지 말고 영업해야 겠다는 다짐을 했다.

당시 나와 같이 일을 시작했던 동료들은 거의 떠나고 지금은 몇 명남지 않았다. 돌이켜 보면, 보상청구를 직접 해주지 않은 것이 오랫동안 일을 하지 못한 이유 중 하나가 아닐까 생각하게 된다.

"본인 거래처를 소개해 준 친구"

"찜질방 오픈정보를 알려준 친구"

이 모든 친구들이 지금 나의 보험영업의 발판을 만들어준 중요한 키맨이다.

덕분에 신인 첫해에 신인상도 받고 약 3년간 손해보험에서 나름 인정받으며 영업을 잘 해나갈 수 있었다.

 quick tips

1. 키맨을 선정할 때는 나를 가장 믿어주는 친구나 가족, 지인들이 좋다.

2. 키맨을 선정했다면 소개해줄 사람에게 어떤 도움(이득)을 줄 수 있는지 명확하게 알려야 한다.

3. 보상청구는 무조건 직접 만나서 대면으로 처리하라. 청구를 도와주었다면 반드시 소개 요청을 하라. 요청하지 않으면 소개는 나오지 않는다.

🖥 체계적인 보장분석

당시 손해보험에서는 주로 자동차보험과 건강보험리모델링을 통해 영업을 하였다. 물론 지금도 마찬가지겠지만 건강보험 특약의 종류가 많고 주로 지인을 통해 가입을 하다 보니 본인이 가입한 보험에 대한 이해도가 굉장히 낮았고 보장의 질이 많이 떨어지는 게 사실이었다.

소개를 받은 대부분의 고객들은 알아서 잘 설계해달라고 얘기 한다. 주변 선배들을 보면 고객이 요청하는 것만 설계해주고 그저 가입시키기에 급급했다.

당시 나는 영업을 잘하는 사람들은 어떤 방식으로 일을 하는지 알고 싶었다. 전화도 해보고 찾아가 보기도 하고 강의도 듣고……. 일 잘하는 사람들은 기존 보험을 분석하고 보장의 범위가 적은 보험, 갱신형 보험, 보상받기 어려운보험, 만기가 짧은 보험 등을 찾아 각각의 단점을 고객에게 알기 쉽게 설명하고 가족 단위로 보험을 받아 왔다.

chapter

04

어떻게 하면 짧은 시간에 명확하고 이해하기 쉽게 설명하여 가족 계약 모두를 가져올 수 있을지 고민하기 시작했다. 고객이 원하는 상품만 설계해 주면 편하고 계약은 쉽게 나오겠지만 가족 계약을 받기 위해선 기존에 가입한 보장을 먼저 설명해주는 과정이 선행되어야 한다는 것을 알았다.

"고객님 세상에 다 되는 보험은 없습니다. 보험료를 많이 낸다고 보상이 다 되는 것도 아닙니다. 그렇기에 보장이 안 되는 영역이 무엇인지 알고 계신 것이 중요합니다. 보험 가입을 요청하셨지만 가입하시기 전에 무엇이 안되는지 확인한 후 진행을 도와드려도 될까요?" 처음 소개받은 고객이든 알아서 해달라고 하는 고객이든 친한 친구든 가족이든 처음 만나면 항상 이 멘트로 상담을 시작하였다. 그래야 계약 하나로 끝나지 않고 가족 계약으로 이어졌기 때문이다. 하지만 계속 고민이 생겼다.

'어떻게 하면 쉽게 설명할 수 있을까?'

'어떻게 하면 고객이 쉽게 이해하고 기억할 수 있을까?'

당시만 해도 PPT자료나 보장분석 프로그램이 없었다. 퇴근 후 사무실에 앉아 PPT자료를 만들고 엑셀을 이용해 보장분석 프로그램을 만들기 시작했다. 당시 선배들은 내게 그런 건 다 필요없다는 말을 해왔다. 하지만 포기하지 않았다. 시간이 흐를수록 PPT자료는 심플해지고 고객들이 이해하기 좋은 자료가 되었다.

엑셀로 만든 보장분석 자료는 보장이 되는 영역과 그렇지 않은 영역을 한눈에 파악할 수 있게 해주었다. 그리고 현재 가입된 상황과 새로 제안한 보장 또한 쉽게 비교할 수 있게 해주었다.

"이렇게 간단하고 이해하기 쉽게 설명을 들은 건 처음입니다."

물론 그전보다 준비 시간이 2배로 늘고 힘은 들었지만 반대하는 사람들을 모두 만나 설명을 하기 시작했더니 시간이 지나면 지날수록 체결률이 높아지고 5만 원으로 끝날 계약이 30만 원, 50만 원 등 가족 단위로 나오기 시작했다.

그 이후 당연히 청약철회도 거의 사라졌다. 이렇게 억대 연봉을 달성할 수 있었던 것은 나만의 세일즈북 자료와 엑셀로 만든 보장분석 자료 덕분이었다. 자료를 통해 이해하기 쉽고, 오랫동안 기억할 수 있게 했기 때문에 이러한 결과가 나온 것 같다.

우리에게 주어진 시간은 하루 24시간, 한 달 30일로 모두 똑같다. 한정된 시간에 만날 수 있는 고객의 수에는 제한이 있다. 당연히 각 상담의 계약 금액을 올려야 한다. 방법은 가족 단위로 계약을 받는 수밖에 없다. 그러기 위해선 강력한 무기가 필요했고 나의 무기는 세일즈북과 보장분석프로그램이었다. 난 그전에 한 번도 컴퓨터 학원을 다녀 본적이 없었다. PPT와 엑셀을 사용할 줄도 몰랐다. 하지만 내가 필요하니 어떻게든 배우게 되더라. 모르는 것은 핑계가 될 수 없다.

quick tips

1. 고객은 유치원생이다. 쉽고 간단명료하게 설명할 수 있어야 한다.

2. 이미지 자료와 동영상 자료를 적극 활용하자.

3. 나만의 자료를 끊임없이 업데이트하자.

하면 된다. 그냥 배우면 된다.

🚘 재무설계를 만나다

그렇게 앞만 보며 2년간 영업을 했다. 하지만 아직도 목이 말랐다.

안양에 살던 고객이 있었다.

자녀가 있었는데 선천성 질병을 갖고 태어난 아이였다. 그리고 부부는 조그마한 치킨집을 운영하고 있었는데 경제력으로 그리 여유가 있는 상황은 아니었다. 그런데 보험료가 부담이 된다고 하면서도 종신보험은 꼭 유지하고 싶다고 했다. 종신보험을 가입시킨 설계사는 같은 교회에 다니는 오빠라고 하였다.

칭찬을 많이 하여 궁금하였다. 보험료 부담을 느끼면서도 종신보험을 꼭 유지하고 싶다고 하는 것은 담당 설계사가 유능하기 때문이란 생각이 들었다. 그 설계사는 어떤 방식으로 영업하는지가 궁금해졌다. 그래서 소개를 부탁 하였다. 우연인지 그 설계사는 나랑 동갑이었고 보험 시작도 나랑 비슷한 시기에 했으며 말도 잘 통했다. 그때부터 생명보험 설계사들이 궁금해지기 시작하였다.

보장도 좋지 않고 죽어야 나오는 보험을 어떻게 판매를 하는지, 건당 보험료가 손해보험의 몇 배나 되는데 어떻게 영업을 하는지 물었더니 그분은 "재무설계를 통해 저축하는 방법과 저축한 돈을 지킬 방법을 알려주며 영업을 해!!!"라고 했다.

처음 든 생각은 '와 멋있다!!!'

지금 생각하면 좀 웃기지만 정말 그 당시엔 멋있게 영업한다는 생각이 들었다. 지금까지 내가 해왔던 영업과는 완전히 다른 방식이었다.

저축은 은행원이나 하는 얘기인 줄 알았다. 나도 저축을 얘기할 수 있다고? 그날부터 공부를 하기 시작했다.

우연인지 당시 영업소장님께서 생명보험협회에서 주관하는 'IFP 종합관리사'라는 자격증이 있는데 영업소에서 비용을 댈 테니 오프라인 강의를 들어 보라고 하셨다. 매주 주말에는 오프라인 강의를 듣고 평일엔 영업을 하면서 공부를 하자니 쉽진 않았다. 하지만 목표가 생기니 즐거웠다. 그렇게 시험에 합격을 하고 자격증을 취득하였다.

"그래 이제 나도 재무설계를 통해 영업을 할 수 있어!"

하지만 손해보험사에서는 불가능한 일이었다. 그래서 이직을 결심하게 되었다. 당시 미래에셋증권 박현주 회장이 국내에 펀드를 알리고 엄청난 수익률로 돈을 쓸어 담을 때였다. 마침 생명보험사를 인수하여 미래에셋생명을 설립하여 변액유니버설저축보험을 주력으로 영업을 하고 있었다. 미래에셋생명이 재무설계 영업하기엔 좋을 것 같았다. 그렇게 하여 손해보험사에서 3년간의 영업을 마무리하고 미래에셋 생명으로 이직을 하게 되었다. 1년 가까이 종합자산관리사 공부를 하면서 펀드와 변액에 대해 어느 정도 이해를 하고 있었고 또한 변액시험도 면제받게 되어 바로 영업을 시작할 수 있었다.

생명보험사에 가서 가장 먼저 한 것은 일 잘하는 선배를 찾아 벤치마킹한 것이다. 그중 한 선배가 대학동문록 연락처를 가지고 전화 약속을 잡아 영업을 한다는 것을 알게 되었다. 지금은 상상도 할 수 없는 일이지만 그 당시엔 동문록에 나와있는 연락처로 전화를 하여 영업을 해도 크게 문제가 되지는 않았던 것 같다.

다음날 바로 청계천으로 달려갔다.

청계천에 중고서적을 판매하는 곳이 있었다. 대학동문록 몇 권을 사가지고 와 다음날부터 전화를 돌렸다.

"선배님 미래에셋 다니는 박노학입니다. 대학동문들께 무료재무설계를 해드리고 있습니다. 한번 찾아뵙겠습니다."

100통 전화를 돌리면 1~2건 약속이 잡혔다.

그간 내가 만났던 고객들의 직업군은 전업주부나 일반 중소기업 직장인이 많았는데, 이런 방법을 사용하니 대기업이나 이름만 대면 알 만한 큰 기업을 다니는 고객들을 많이 만나게 되었다. 제대로 된 재무설계만 한다면 계약은 어렵지 않게 나왔다. 손해보험에서의 건당 보험료가 5만 원 내외였다면, 생명보험에서는 기본 50만 원, 100만 원이 되었다. 당연히 내 소득도 같이 올라 갔다. 이후 본격적으로 영업하기 위해 비서를 채용해 매일 콜을 돌리게 하고 난 상담만 다니게 되었다.

한번은 수원에 위치한 이름만 대면 알 만한 건설사에 다니는 고객님과 약속을 잡고 오전 일찍 방문을 한 적이 있다. 보통은 방문하면 접견실로 오라고 하는 것이 통상적이다. 그런데 이번엔 달랐다. 임원실로 들어오라는 것이다. 대형건설사 임원실로 오라고 하니 덜컥 겁이 났다. 하지만 정신 차리고 비서의 안내를 받고 들어가 평상시 하던 대로 상담을 진행 하였다. 다행히 마음에 드셨는지 그 자리에서 배우자에게 전화를 걸어 "미래에셋생명에 다니는 친구 보낼 테니 약속 잡아"라고 하셨고, 3일 후 사모님과 상담을 진행했는데, 그때 영업 시작한 이래로 가장 큰 계약을 받을 수 있었다.

생명보험으로 이적한 후 6개월 만에 받은 가장 큰 계약은 월납 750만 원짜리 계약이었다.

그 이후 재무설계를 더 제대로 해야겠다고 느껴 '펀드투자상담사' 자격증을 따게 되었다. 펀드투자상담사의 장점은 증권사에 펀드투자 권유인 등록을 할 수 있고 내 이름으로 CMA계좌를 개설해 줄 수 있으며 마찬가지로 내 이름으로 증권사에서 판매하고 있는 펀드를 가입시켜줄 수 있는 것이었다. 재무설계를 통해 단기자금은 CMA, 중기자금은 적립식펀드, 장기자금은 변액유니버셜, 변액연금으로 포트폴리오를 완성시킬 수 있었다.

일반 보험설계사에서 진정한 재무설계사가 될 수 있는 발판을 만들었던 것이다. 그 이후 AFPK와 증권투자상담사까지 취득하게 되었다. 물론 자격증이 있어야 재무설계 영업을 할 수 있는 것은 아니다. 하지만 난 남들과 다른 차별점을 가지고 싶었다. 남들은 바쁘다고 미루고 포기 하였지만 난 틈틈이 공부를 하여 차별화에 성공 하였다.

사실 이런 자격증은 주변에 꽤 많기에 특별한 것이 아니라고 얘기할 수도 있다. 하지만 내 주위에 영업하는 사람들 중에 이 자격증을 모

 quick tips

1. 벤치마킹은 실수를 줄여준다. 일 잘하는 동료는 어떻게 일하는지 분석해라.
2. 전문성을 길러라. 노력 없이 되는 것은 하나도 없다.

두 갖고 있는 설계사는 10%도 안될 것이다. 그렇기에 내 기준으로 봤을 때는 차별화에 성공한 것이다.

🖥 셀프 브랜딩

개인정보보호법이 강화되면서 동문록을 이용한 TA가 어려워 지게 되었다. 마침 친한 선배가 블로그 DB로 영업하는 곳으로 이직을 하게 되었다.

그 당시엔 블로그로 DB를 만드는 것이 정말 생소하던 때다. 인터넷이 익숙한 사회초년생들이 재테크 방법이나 저축 방법 등을 인터넷으로 검색하여 블로그에 포스팅된 정보를 보고 무료재무상담을 신청하는 것이었다.

정말 많은 사회초년생들이 전국적으로 재테크 정보를 검색하는 것을 보고 이 시장도 곧 포화가 되겠다는 생각이 들었다. 이 당시엔 블로그 DB가 정말 남아 돌던 때라 대부분 설계사들이 DB로 상담만 했지 직접 블로그를 만들어 운영할 생각은 하지 못했다. 그러나 난 달랐다. 틈틈이 블로그를 운영하며 상담 후기를 모았다.

2~3시간 재무상담을 하고 나면 대부분 고객들은 왜 이렇게 좋은 정보를 무료로 알려주시냐는 반응을 보였다. 그때부터 상담이 끝나면 항상 이런 멘트를 남겼다.

"도움이 정말 되셨다면 카톡으로 짧아도 좋으니 상담 후기를 남겨 주세요." 그 상담 후기들을 캡쳐하여 내 블로그에 모아가기 시작하였다. 어느 정도 후기가 모이기 시작하니 이 후기들을 보고 상담 신청

펀드관리 연구소
무료상담 후기

하는 고객들이 자연스레 생기기 시작하였다.

의도한 바는 아니지만 DB가 만들어지기 시작한 것이다. 또한 상담 후 고민하는 고객들에게 모아놓은 상담 후기를 보여주니 클로징이 자연스럽게 되는 경우도 생기게 되고 상담 전에 블로그 상담 후기 링크를 보내주면 상담 약속이 캔슬되는 경우도 줄게 되는 등 여러 가지 경쟁력이 생기기 시작했다. 그래서 좀 더 전문적으로 블로그를 운영해 봐야겠다는 생각을 하게 되었다.

당시 변액상품 펀드변경 관리가 안 되어 민원이 많았던 점에 착안하여 '펀드관리연구소'라는 이름으로 블로그를 운영하며 변액보험 펀드관리를 통해 계약자를 관리하였다. 그러자 온라인상에서는 펀드관리연구소 연구소장으로 자연스럽게 셀프 브랜딩이 되었다. 지금은 금소법으로 인하여 적극적으로 블로그를 운영하고 있진 않지만 아직도 네이버에 '펀드관리연구소'를 검색하면 블로그가 검색이 된다.

셀프 브랜딩을 통하여 얻는 이점은 일반설계사와 차별을 두어 좀 더 전문가처럼 보일 수 있다는 것이다. 초보설계사일수록 나를 전문가로 보느냐 아니냐의 차이가 상담에 있어 얼마나 큰 차이를 가지고 오는지 알고 있을 것이다. 물론 상담 내용이 당연히 좋아야 하겠지만 나를 전

 quick tips

1. 블로그, 인스타, 페이스북, 유튜브 등 본인에게 맞는 방법을 찾아 브랜딩을 해보자.
2. 브랜딩은 농사와도 같다. 1년 뒤, 3년 뒤, 5년 뒤를 보고 시작해라.
3. 잘 하려고 하지 말고 대충이라도 끈기 있게 해라.

문가로 브랜딩하게 되면 클로징률의 차이도 확실히 생기게 될 것이다.

마무리 하며

현재는 (주)영진에셋 여의도사업단을 운영하며 후배 양성에 힘을 쏟고 있다. 시대가 변한 만큼 영업방식과 방법이 달라져야 한다고 생각하는 분들도 있을 것이다. 하지만 기본은 변하지 않는다. 튼튼하고 견고한 기본기를 가지고 있다면 어떤 영업환경에서도 살아남을 수 있다. 지금 이 시간에도 누군가는 연봉 1억을 받고 있고 누군가는 고민만 하고 있다. 고민할 시간에 행동으로 옮겨 보도록 하자.

이 글을 읽는 초보설계사님들께 도움이 된다면 내가 사용했던 세일즈북과 보장분석 프로그램, 그리고 재무설계 교육을 공유하도록 하겠다.

> ### quick tips
>
> ※억대연봉을 목표로 하는 초보설계사들에게 전하는 5가지 꿀팁
>
> 첫 번째 – 내 지인이나 고객 중 나를 도와줄 수 있는 키맨을 만들자
>
> 두 번째 – 아무리 바빠도 보상청구는 발 벗고 나서서 직접 해주자
>
> 세 번째 – 세일즈북과 나만의 보장분석 프로그램으로 쉽고 간단 명료하게 설명하자
>
> 네 번째 – 재무설계를 통해 '보장+재테크'라는 두 마리 토끼를 모두 잡자
>
> 다섯 번째 – 셀프 브랜딩을 통해 전문성을 부각시켜 나만의 차별점을 만들자

※상담 전 고객에게 보내는 카톡메시지 Tip

펀드관리연구소

안녕하세요.
펀드관리연구소 입니다.
무료재무상담 신청이 되셔서 연락드립니다.
상담 전 잠시 유선으로 상담 안내 연락드리도록
하겠습니다.

8:29AM

펀드관리연구소

상담에 도움이 될만한
파일과 동영상을 보내드립니다.
꼭 미리 보시기를 부탁 드립니다.

8:31AM

펀드관리연구소

은행예금 할수록 손해
https://www.youtube.com/watch?v=7KjZ
3amrPSI

펀드관리연구소

제가 개인적으로 운영하는
펀드관리연구소 입니다.
머니투데이 '김생민의 비즈정보쇼'
박노학의 펀드관리연구소 소개
(재무설계의 모든 것)
https://youtu.be/VXf0J6XNGTQ

8:33AM

 펀드관리연구소　　　Send

지금도 성장 중인
나의 보험 세일즈 이야기

박 아 름 ✉ dkdud1437@naver.com

경력

현) AIA프리미어파트너스 전주지점 지점장
   (주)드림기업지원센터 대표
   ISO 9001,14001,45001 심사위원
   중소기업, 병의원 등 약 50여 곳 법인 컨설팅 중

전) 2019년 09월 ~ 2023년 07월 굿리치 GA BM
   2017년 11월 ~ 2019년 08월 지사형 GA BM
   2015년 02월 ~ 2017년 10월 미래에셋생명 FC, FM, SM
   2011년 02월 ~ 2015년 01월 미래에셋생명 TFC

지금도 성장 중인
나의 보험 세일즈 이야기

🚗 어려웠던 어린 시절의 이야기

2000년도, 11살 여름쯤이었던 것 같다. 나는 아빠를 따라 재개발 예정인 아파트에 행운의 편지를 돌리러 나섰다.

"이 편지는 영국 런던에서부터 시작되어 몇 백 년 동안 내려왔으며… 이 편지를 읽고 77부를 출력하여 돌리면… 3명만 따라 편지가 퍼져도… 3명만 따라 돌려도…."

편지의 끝에는 계좌번호가 적혀 있었고, 그때 나의 아빠는 계좌번호에 돈을 입금하고 첫째 딸인 나를 데리고 행운의 편지를 돌리러 집을 나섰다. 아빠를 따라 선선한 밤공기를 맞으며 그렇게 편지를 돌리면 우리 집도 부자가 될 수 있는 줄 알았다.

그 무렵 내가 사는 지역은 신도시 개발로 부동산이 들썩였는데 오래된 동네, 낡은 주택인 우리 집에도 아파트 분양 광고 전단지가 하루에 수십 장씩 쌓였다. 동생들과 방바닥에 옹기종기 앉아 분양 광고 전단지를 보며 "이 방은 네 방이고 이 방은 내방, 여기는 엄마 아빠 방으로 하자"라며, 조잘거리는 것이 그 당시의 가장 큰 즐거움이었고 아빠 엄마는 곧 우리도 아파트로 이사를 갈 수 있을 거라고, 더 이상 겨울에

098

거실이 추워서 한 방에 모여 앉지 않아도 된다고 하셨다. 그런데 무슨 일 때문인지 우리 집은 낡은 주택 그대로였다. 나중에 성인이 되어서야 당시 아빠가 어렵사리 모은 돈을 사기 당해 이사갈 수 없었다는 사실을 알게 되었고 그때에도 우리는 여전히 그 집에서 나올 수 없었다.

아빠는 우체국 집배 공무원이셨고 엄마는 평범한 가정 주부셨던 우리 집은 아이가 셋이라 그리 부유하지 못했다. 아니 가난한 쪽에 가 까웠을 것 같다. 많이 배우지 못하셨고, 원래부터 돈이 많던 집안도 아 니라, 살면서 사기도 당하고 손해 보는 일을 많이 겪으셨다. 그저 아빠 가 퇴근하시면 온 가족이 둘러앉아 함께 밥을 먹고, 주말이면 가족끼리 함께 근교로 나들이를 나가는 게 행복인 가정이었다.

그런데 나는 청소년기를 거쳐 꽤 오랜 기간 철이 들기까지 우리 집 이 가난했고, 부모님이 힘들었고, 안 좋은 사정이 있었다는 걸 하나도 모르고 자랐다. 부모님은 최대한 당신들이 할 수 있는 지원을 하시며 자식들에게 어려운 모습을 보여주고 싶지 않으셨던 것 같다. 내가 하고 싶은 것을 꺾는 말씀은 전혀 하시지 않으셨고 당신 자식들 만큼은 해보 고 싶은 것 마음껏 해볼 수 있게 하고 싶으셨던 것 같다.

없는 살림에 하고 싶다고 하는 것은 어떻게든 하게 만들어 주셨고 항상 사랑과 관심으로 응원해 주셨기 때문에 자식들이 모두 어긋나지 않고 잘 자라지 않았을까 하는 생각이 든다.

2024년도 현재 나는 25년 전의 나의 아버지와 똑같이 11살의 딸을 두고 있다. 하지만 나의 딸은 나를 따라서 행운의 편지를 돌리러 다니 지도, 아파트 전단지를 보며 아파트에 살아봤으면 좋겠다는 말도 하지 않는다.

우리 기준에 넓고 좋은 아파트에 살고 있고, 좋은 차를 타고, 먹고 싶은 음식이 있으면 언제든지 먹고, 가고 싶은 곳이 있으면 가는 삶을 살고 있다.

얼마 전 아이가 물었다.

"엄마! 우리 집 금수저야?"

"응? 왜~? 그런 말은 어디에서 배웠어?"

"아니, 내 친구 수지가 그러는데 내가 금수저래! 우리 집이 엄청 넓고 내가 가지고 싶은 걸 다 가지고 있어서!"

천진난만한 딸의 얼굴을 보니 어렸을 적 나의 모습이 떠올랐다.

나는 금수저니 뭐니 그런 건 몰랐는데, 너같은 친구를 부러워했던 적은 있었단다. 어린 시절에는 아파트에 사는 친구들이 참 부러웠고, 청소년 시절에는 집에 컴퓨터가 있고 최신 핸드폰을 사는 친구들이 참 부러웠다.

없는 집안이라 그저 만족하며 살아야 했는데도, 나는 대학을 서울로 가고 싶다고 부모님께 대들며 우겨댔고 4년제 집 근처 대학에 갔으면 좋으련만 결국 공무원 대출도 받지 못하는 서울에 있는 비싼 예술전문대를 가느라 부모님을 더욱 힘들게 했다. 서울에 가서 혼자 살 때도 부모님이 주시는 용돈으론 생활비가 모자라 알바를 하며 살았는데, 그럼에도 항상 돈이 부족했다. 하고 싶은 건 많았는데 돈은 없었으니……. 서울의 고층 빌딩을 바라보며 하염없이 꿈만 키웠다.

저런 좋은 곳에서 일하는 사람들은 어떤 사람들일까?

참 부럽다.

기억나는 일화 중 하나는 막내 동생이 서울에 놀러왔는데 통장에 4,800원밖에 없어서 밥도 배부르게 먹지 못한 적이 있었다. 그 당시 1,100원짜리 회전초밥 4접시를 동생을 먹이고, 나는 배부르다고 옆에 앉아 물만 마셨던 기억이 난다. 그리고 동생을 태워 보내는 버스를 바라보며 혼자 눈물을 훔쳤다. 그때부터 내 꿈은 돈을 많이 버는 것이었다.

지금은 동생과 가끔 웃으며 이야기 한다. 그때 기억나? 우리 그랬었는데….

나는 가난한 집에서 태어났지만 한 가지 부모님께 물려받은 가장 큰 자산으로 생각하는 점이 하나 있다. '노력 없는 대가는 없다'라는 것을 잘 알고 있다는 것이다.

'노력하지 않아도 성공할 수 있잖아? 불법을 해도 잘되면 되잖아?' 이런 생각을 하지 않는다. 그보다는 '돈은 정당하게 땀 흘려 벌어야 하며, 세상에 당연한 것은 없다'라는 생각을 한다. '내가 베풀면 돌아오고, 피해를 줘도 돌아온다. 주는 만큼 받게 되는 것이다'라는 생각은 힘든 세상을 살아가는 데 있어 많은 도움이 된다.

🗨 보험 세일즈 입문 이야기

그렇게 치열했던 학창 시절과 20대 초반을 보내고, '돈을 많이 벌 수 있는 일, 지금 내가 가진 스펙에서 할 수 있는 일은 무엇인가?'라는 생각 끝에 보험 텔레마케팅을 시작했다.

사실 서울에서 대학교를 졸업하고 그 당시 삼성생명에서 대졸(초대

졸)신입 육성 프로그램의 SA라는 영업조직을 뽑았는데 여기서 아무 준비도 안된 상태에서 겁도 없이 첫 보험 영업을 시작했다가, 6개월 일하고 700만 원의 빚을 졌다. 그 당시 그 돈은 매우 큰 돈이었고, 또 갈 곳도 없어 고향으로 내려와 보험 TM(텔레마케팅)을 시작한 것이다.

삼성생명에서 영업을 처음 시작했을 때는 아무것도 모르는 백지 상태이다 보니 영업이 제대로 될 리가 없었다. 그때 나이 23살……. 지금으로 보면 2003년생이 영업을 시작한 것이다.

당연히 제대로 이해하지도 못하는 나이였지만 그 어린 23살의 나이에도 지점의 MDRT, 명인, 선배들을 보며 이 업이 돈을 벌 수 있다는 판단은 했던 것 같다. 폭삭 망한(?) 내 마음을 잠시 달래고자 고향으로 왔는데, 결국 다시 선택한 것은 보험 세일즈였다. 180만 원 받는 사무직 일은 죽어도 하기 싫었고, 남 밑에서 눈치보며 네네 거리기도 너무 싫었다. 그렇다고 진득하게 2~3년 앉아서 공부를 하기도 싫었고……. 내가 일한 만큼, 내 능력만큼 평가받는 일을 하고 싶었고, 무엇보다 지금 당장 돈을 많이 벌고 싶었다. 그런데 내 스펙에서 지금 내가 바로 할 수 있는 일은 세일즈밖에 없었다.

당장 자본금이 필요한 일도 아니고, 내 몸과 노력만으로 능력껏 돈을 많이 벌 수 있는 일!

미래에셋생명 보험 TM에서 첫 텔레마케팅 일을 시작했다. 처음에는 300만 원만 벌면 만족해야지, 하면서 일했는데 열심히 하다 보니 얼굴을 보지 않고 전화로 내용을 듣고도 계약을 하신 내 고객님들이 많아졌고 나도 재미가 붙어 진심을 다해 열심히 하게 되었다. 처음에는 매달 5건, 7건 계약하던 건수가 어느 순간 10건, 15건이 되더니 이제 매달 20건, 30건 이상 하는 지점의 경력자이자 상위권 TFC가 되었다. 내 급여는 300만 원에서 500만 원을 지나 매달 700만 원 이상이 되었다. 그 당시 정말 만족하며 즐겁게 일했던 것 같다.

그렇게 약 4년을 열심히 재밌게 일을 하다 결혼을 하게 되었고 아이가 생기면서, 매일 9시까지 출근해서 6시까지 일해야 하는 TFC 직업에 대해 고민하게 되었다. 출퇴근도 자유롭게 내 스케줄에 맞추면 얼마나 좋을까? TM을 하던 당시에는 고객들에게 전화로만 계약을 했지만 같은 지역에 계신 분들은 왕왕 직접 만나 얼굴 보고 계약을 하기도 했다. 그런데 만나보니, 전화로는 2만 원짜리 상품을 가입하던 고객이 대면 후 20만 원을 가입하는 것이 아닌가!

그 달의 소득이 두 배가 된 것은 당연한 이야기였다. 여러 가지 이유로 고민을 하다 같은 회사의 대면 지점을 소개받게 되었다. 그 당시 다행히 우리 지역은 TM과 대면 지점이 바로 옆 건물에 위치하고 있어 접근성도 좋았고, 미래에셋생명이라는 회사가 같기 때문에 같은 상품을 세일즈할 수 있는 장점도 있었다.

그렇게 아이를 낳고 27살에 보험 대면 영업을 제대로 시작하게 되었다. 출산 후 두 달만에 복귀를 했고, 정말 또 열심히 했던 것 같다. "다시 돌아갈래?"라고 물어보면 돌아가고 싶지 않을 정도로. 그 시간을 거쳐 지금의 내가 되었기에 돌아갈 수도 없겠지만 다시 힘든 그 시간으로 돌아가고 싶지는 않다.

그러나 나의 보험 인생의 첫 기반을 미래에셋생명에서 시작하였기에, 제대로 배울 수 있었고 이 점에 대해 무척 감사한 마음을 가지고 있다. 좋은 회사에서 좋은 교육으로 성장할 수 있어서 참 좋은 시간이었다.

미래에셋에서 대면 영업을 처음 시작하면서 나는 영업보다 리쿠르팅에 더 소질을 보였다. 처음에 친구 한 명과 같이 시작했는데 이게 어느 순간 두 명이 되고, 네 명이 되고, 그러다 FM(Field Manager)이 되고, 점점 늘어나 팀원이 12명이 되니 28살에 SM(Sales Manager)으로 정식 위임이 될 수 있었다.

단기간의 성장이었고, 그 당시 주목받는 최연소 SM으로 매 순간 최선을 다했던 것만큼은 명확하다. 그렇게 미래에셋생명에서 매니저로서 성장해 나갈 때 보험 업계에는 GA의 물결이 들어섰다.

나는 잘 몰랐는데 그때 당시 정보력이 빠른 사람들은 이미 대리점으로 대거 이탈하는 상황이었다. 여러 이야기가 있었지만 고민 끝에 나도 변화에 휩쓸려 그렇게 보험 대리점(GA)의 시장에 들어서게 되었다.

내가 처음 GA에 진입한 2017년을 시작으로 그 당시 GA는 매월이 파격적(?)이었다. 시책이 익월 800%에, 20만 원만 2개월 연속 달성해도 해외 여행을 보내주고, 월납 50만 원을 하면 안마의자를 주는 등……. 보험사에서 선물과 시책이 쏟아졌다. 게다가 지사형 대리점이다 보니 수수료도 높아 급여도 만족스러웠고 즐겁게 일했다. 그래서 정말 또 열심히 일했다. 보험 실적도, 리쿠르팅도, 모든 일에 최선을 다했다. 당시 지점장으로 일하고 있었는데 10명 남짓하던 지점원들은 30명 가까이 늘어났고, 부지점장도 3명이나 두며 즐겁게 일했다.

그렇게 열심히 하던 와중에 미래에셋생명 임원 출신의 대표님이 법인 영업 조직을 구축하셨다는 소식을 듣게 되었다. 법인 영업? 나와는 이야기라 생각했고 내가 할 수 있는 영역이 아니라고 생각했다. 그러던 중 나를 좋게 봐주셨던 분의 추천으로 리치앤코(현 굿리치) 법인 영업

조직을 소개받게 되었고, 정말 한순간의 찰나에 모든 것을 내려놓고 회사 이동과 함께 법인 영업 시장에 들어가게 되었다.

지금 돌이켜보면, 진득하게 이루어놓은 것을 좀 더 누리면서 일해도 좋았을 텐데……. 조금 더 고민해도 좋았을 텐데……. 하는 생각이 들지만 20대의 나는 항상 새로운 것에 도전하고 싶은 갈망과 열정이 있었다. 그리고 당시 내가 조직을 관리하며 신입 팀원들이 1년도 안되어 그만둘 때 내가 이들을 끝까지 책임지지 못했다는 생각에 들었던 자괴감도 일정 부분 해소할 수 있었던 선택이었다.

내가 더 특별하고 남들과는 다른 장점을 가지고 있었다면 조직 관리에 있어서도 내가 좀 더 이끌어주고, 돈을 잘 벌 수 있도록 가이드 해줄 수 있었을텐데……. 그런 고민과 여러 상황 끝에 나는 '다시 한번 영업에 도전해 보자!'라는 마음을 먹게 되었고 2019년도에 그렇게 다시 법인 영업이라는 새로운 시장에 들어서게 되었다.

🚚 첫 법인 영업 시작 이야기

처음에 법인 영업을 배우는 것은 정말 어려웠다. 공부할 것이 매우 많았고 용어 자체가 낯설고 힘들었다. 정관이 뭐고, 그 안에 들어가는 내용들, 변경된 세법안, 근로기준법, 고용지원금의 형태와 충족요건, 자금, 무형자산을 활용한 자산재평가, 특허와 인증 등 머리가 너무 아팠고 '이게 무슨 소리지? 괜히 시작한 건가?'라는 후회가 매일 들었다. 잘 유지하던 조직관리나 할 걸. 그러나 알아갈수록, 공부할수록, 배워갈수록 뭔가 재미있었다. 새로운 시장을 알아가는 그 깨달음! 이런 영업 방법이 있다고? 이건 내가 제대로 이해하면 평생 먹고 살 수 있는 기술이다!

새로 선택한 회사는 수수료를 낮게 주는 대신 (지사형GA보다 정말 적었음) 교육과 DB를 제공해주었는데, 나같이 영업경력이 충분하지 못해 성장해야 하는 보험 설계사에게는 수수료보단 경험과 지식, 시장을 주는 방식이 합리적이라고 생각했다.

그리고 그 선택은 지금도 후회하지 않는다. 회사를 통해 돈 주고도 살 수 없는 경험과 지식, 그리고 고객을 얻었기 때문에.

매일매일 새로운 법인 업체 대표를 만나 상담을 했다. 준비는 많이 했지만 업체 대표님이 원하는 방향이나 문제 파악을 제대로 할 수 없으니 상담이 계약으로 잘 이루어질 수 없었다. 내가 지금 무슨 이야기를 하는 것인가.

일단 첫 미팅 때는 최대한 웃으며 경청하려고 노력했고 메모해서 회사에 돌아와 그 말을 찾아보고 선배들에게 물어보며 이해해 나갔다. 처음에는 몰라도 아는 척을 몇 번 해봤는데 금방 들통나기도 하고 내 표정에 자신이 없다 보니, 뭔가 어색했다. 그래서 그냥 모르면 모른다고 솔직하게 이야기했다. 그리고 "대표님, 이 부분은 제가 잘 모르는 분야라, 오늘은 대표님 말씀 상세하게 듣고 다음에 해결책을 가지고 오겠습니다"라고 하며, 최대한 그 부분을 찾아보고 해결해보려고 노력했다. 그런 모습이 대표님들께 오히려 좋게 보인 것 같다.

사실대로 이야기하는 솔직함과 패기 넘치는 열정. 어떤 대표님께서 상담하실 때 하신 말씀이 기억에 남는다.

"젊은 사람과 일하는 것이 좋다. 정보력도 빠르고 변화에 민감하고, 급변하는 세상이니 사고가 열려있다. 단 성실하다는 전제하에."

정말 맞는 말씀이라는 생각이 들어 나의 장점으로 삼고, 성실하고 거짓되지 않게, 패기있게 일하려고 노력하고 있다.

혼자 하는 일이 아니라 함께 하는 스토리

처음 법인 영업을 시작하려고 마음을 먹었을 때, 먼저 시작한 선배들의 조언을 듣고 일단 경영 컨설팅 회사를 차렸고 이에 따라 전문가 파트너를 구축해야겠다고 생각했다.

나는 법인이라는 사업자를 대상으로 전체적인 종합 컨설팅을 하는 사람인데, 각 분야의 전문가들은 자격증을 가지고 업무를 수행하는 그 분야의 전문가이기 때문에 법인 영업을 전문적이고 명확하게 수행하려면 각 분야 전문가가 꼭 필요했다. 그러나 내 직접적인 인맥에서는 그런 똑똑한(?) 사람들이 없었고 고민 중에 일로 몇 번 통화했던 노무사가 떠올랐다. 지금은 비즈니스 파트너를 넘어서 여러 부분에서 많은 조언을 해주며 찐친으로 지내고 있는데 그 당시에는 알 길이 없어 무작정 그의 사무실을 찾아갔다.

"안녕하세요, 저 이렇게 법인 컨설팅을 하고자 회사도 만들었고 열심히 일해보려고 하는데 혹시 저와 함께해 주실 수 있나요?"

지금 와서 이야기하지만, 그때는 "얘 뭐지?"라고 했단다. 그렇지만 나는 그때 그렇게 할 길밖에 없었고 일단 가서 부딪혀보자! 하는 마음뿐이었다.

나도 처음 법인을 설립했었지만 그 당시 노무사도 개업 초기였기 때문에 이야기가 잘 통했다. 또 나이가 비슷한 함께 일하는 회계사와 변호사도 소개해주었다. 노무 이슈가 있는 업체에 여러 번 상담 동행도 해주었고, 나도 노무 자문이 필요한 경우 업체를 소개해주며 신뢰를 쌓아갔다. 금전적인 계산을 하지 않고 서로 돕자! 하는 마음으로 시작하다 보니 좋은 관계가 될 수 있었다.

또 그 당시 개업한 변리사도 있었는데 SNS를 통해서 활동하는 모습을 보고 직접 미팅을 요청해 이후 함께 일하게 되었고 6년 차인 지금도 잘 협업하고 있다. 다들 젊고 비슷한 또래에 서로 윈윈 할 수 있는 비즈니스를 하다 보니 잘 맞았던 것 같고 성향이나 결이 비슷해 업무적으로나 개인적으로 고민이 있을 때 진심으로 조언과 응원을 해준 그들에게 매우 감사하며 고마운 마음이 크다.

단순히 비즈니스를 넘어 진심으로 잘되길 바라며 금전적 이익보다 성공과 성장을 바라는 든든한 사람들이 있어 매 순간을 성장해 나갈 수 있었던 것 같다. 그렇게 함께한 비즈니스 파트너들은 현재 (주)드림기업지원센터를 중심으로 노무, 세무, 법무, 특허, 인증까지 전부 원스톱 상담이 가능하도록 시스템을 구축해 두었다.

그리고 나에게는 정말 은인같은 친구가 한 명 있다. 미래에셋생명에서 영업을 하던 시기에 고객으로 소개를 받은 친구였는데 그 당시에는 백화점 의류 매장에서 직원으로 일하던 친구였다. 항상 밝은 모습과 적극적이고 긍정적인 모습이 기억에 남았다. 처음에는 보험 계약자로 인연이 되어 이 친구의 성장을 지켜보았는데 매장 직원으로 시작해, 매니저로, 점장으로 한 단계씩 성장해 나가며 본인 매장을 두 개, 세 개, 이렇게 차근차근 늘려나갔다. 그리고 여러 해를 서로 근황을 묻고 잘 지내던 중, 할 말이 있다고 했다.

"나 법인 만들려고. 법인을 만들면 네가 관리해 줘!" 그 친구는 목표가 명확했고 본인이 무엇을 하고자 하는지에 대해 확실하고 자신이 있었다. 대단하다 정말.

일한 것에 대해서는 확실하게 하는 성격 탓에 법인 계약을 한 것은 당연하고 법인 설립에 대한 여러 가지 실무를 이 친구를 통해 진행해 볼 수 있었다.

이후 법인을 설립하고 계속 승승장구해 현재는 관리하는 의류 매장이 30여 군데가 넘고 직원도 40명이 넘는다. 최근에는 건물도 사며 지속적인 성장 플랜을 구축 중이다.

고객으로 인연을 맺어 함께 시간을 보내며 인생의 동반자로서 이 친구를 만난 것은 내 인생의 행운이었다.

"영업은 한 사람 만나러 가는 과정이다." 미래에셋생명에서 처음 영업을 배울 때 진심으로 존경했던 이무완 대표님께서 강의 때 하신 말씀인데, 아직도 나의 영업 좌우명으로 삼고 있다. 그 대상이 고객이든, 친구이든, 소개자이든, 누구가 되었든 어떤 사람을 만나서 최선을 다한다면, 그 사람이 나에게 어떤 보답을 할지는 아무도 모르는 일이라고 생각한다. 베푸는 만큼 돌아온다. 이 말은 사람 간의 만남에도 적용이 되고 틀림이 없다.

🗨 첫 법인 계약 이야기

처음 법인 계약을 했던 기억이 아직도 생생하다. 전북 고창에 있는 식품 제조업체였는데 토지 현물출자의 이슈로 상담을 요청해주셨다.

현물출자? 법인 영업 생초짜였던 나는 일단 인터넷에서 열심히 알아봐 상담을 하러 갔다. 직원 30명에 당시 매출액은 60~70억 정도를 하는 중소기업이었다. 업체 대표님은 젊은 분이셨고, 원래 다른 일을 하고 계셨는데 커져가는 아버지 회사를 물려 받게 된 것이었다.

상담 요청 내용은 선대 대표님의 개인 소유지 땅 위에 회사 공장이 지어져 있어, 토지는 개인 소유, 건물은 법인 소유, 또 토지의 일부는 법인 소유 이렇게 뒤죽박죽되어 있는 부분이 매우 신경 쓰이고 복잡해 정리를 하고 싶다는 것이었다. 그래서 개인 소유 땅을 법인에 출자하는 형식으로 법인 자산화를 하고자 했다.

일단 첫 미팅 때는 최대한 모두 들었고 내용을 잘 메모한 뒤 다시 오 겠다고 했다.

어떻게 할지 고민하다가 회계사를 찾았다.

"저 이런 상담을 받았는데 너무 어려운 내용이라, 한 번도 안 해봤 는데 혹시 저랑 같이 가서 상담 좀 해주실 수 있을까요?" 그 당시 별로 친하지도 않던 회계사에게 부탁을 했다. 거절할 법도 한데, 회계사는 흔쾌히 미팅에 동행해 주었다. 2차 미팅때는 회계사와 동행하여 토지 현물출자 이슈와 대표님의 세무적 고민에 대해 이야기를 나누었다. 현 물 출자도 그렇지만 가지급금과 차명 주식 정리에 대한 세무적 고민도 있으셨다. 이후 회계사는 본인과 거래하는 법무사를 소개해주어 한 달 간에걸쳐 여러 방면으로 배워나가며 업무를 처리했다.

워낙 오래된 토지이고 평가를 받은 적도 없어서 감정평가사를 통해 감정 평가를 하고 그 뒤에 토지를 출자하여 법무사가 등기 작업 등의 업무를 처리했다. 그 이후에 재무제표 작업은 회계사가 가이드를 주어

마무리 하였다. 교육으로 듣는 것보다 실제로 직접 업무를 처리해 보니 훨씬 이해도가 높았다.

업체와의 3차 미팅 때 내가 보험 가입금액을 제시해야 했는데 처음 진행하는 법인 계약이다 보니 얼마를 해야 할지 감이 오지 않았다. 지금이야 얼마에 얼마, 딱 나오지만 기준금액이 없는 상태에서 '200만 원 정도면 될까? 너무 큰가? 근데 들어가는 업무 처리 비용만 해도 200은 해야 하는데, 그냥 100만 원만 할까?' 이런 고민을 했던 것 같다. 그래서 내가 선택한 금액은 안전하게(?) 경영인 정기보험 월납 100만 원이었다. 월납 200만 원이면 비싸다고 할 것 같았고 안 한다고 하면 너무 힘이 빠질 것 같았다.

대표님께 이러이러한 내용으로 현물출자에 대한 이슈를 해결해드리는 것으로 100만 원의 보험 상품 가입을 제안드렸다. 그 이야기를 하면서 얼마나 떨리던지, 마음이 두근두근 했다. 대표님께서는 며칠만 시간을 달라고 하시더니 가입하겠다고 연락을 하셨다. 경영인 정기 보험 100만 원을 계약했고, 회계사가 준 가이드대로 첫 업무를 성공적으로 마무리했다.

업무 처리 이후에도, 매달 꾸준히 인사드리며 정성을 다해 관리했다. 사실 100만 원 계약 수수료보다 업무를 처리하기 위한 사업비 지출이 더 클 정도로 내게는 남는 것이 없었는데 그때는 일단 하고 보자! 시작이 중요하다! 라는 생각뿐이었다.

나에게 첫 법인 계약이기도 하고 디비로 세 번 만나고 큰 계약을 해주심에 대한 감사함이 더 컸다. 그러한 진심을 가지고 정성을 다해 찾아뵈며 관리했다. 그러자 대표님께서는 2년이 지난 후에는 경영인 정기보험 200만 원을 추가로 가입하셨다. 그리고 2년이 지난 작년에는 단기납 종신보험 월납 보험료 600만 원의 큰 금액의 계약을 하셨다. 나는 4년 동안 첫 업무인 현물출자 이슈를 시작으로 특허, 자금, 인증 기업 선정 등 내가 이 회사의 경영지원 직원인 것처럼 열심히 일했다.

합하면 월납 1,000만 원 가까이 되는 큰 금액을 계약하셨는데 대표님께서는 항상 나를 존중해주시며 도와주셔서 고맙다는 말씀을 해주신다. 현재까지도 좋은 관계로 지내고 있으며 늘 내 업무의 1순위이실 정도로 돈독한 비즈니스 관계를 정립하고 있다.

이런 것이 바로 개인이나 법인의 영역을 떠나 진정한 세일즈로서의 성장이 아닐까? 처음에 내가 얻고자 하는 이익을 계산하지 않고 일단 먼저 내가 줄 수 있는 것을 생각했고, 내가 베풀면 반드시 돌아온다는 기본 신념을 가지고 일하니 반드시 계약으로 돌아온 것 같다. 당시 욕심을 부려 계산을 앞세웠다면 계약이 안될 수도 있었고, 됐다 하더라도 추가계약으로 이어지지 않았을 수도 있다.

'진심은 통한다'라는 말을 스스로 체득하니 이 말을 믿지 않을 수 없다. 인간은 경험을 통해 성장한다. 처음부터 모든 일을 잘하는 사람이 있을까? 모든 일은 학습과 경험을 통해 알 수 있다고 생각한다. 나 또한 처음에는 많이 헤매고 어려웠지만 포기하지 않았고 매달 매달 열심히 했던 노력으로 이렇게 안정적인 자리에 위치하게 된 것 같다. 누구나 다 할 수 있고, 잘할 수 있다.

그렇게 첫 법인 계약을 시작으로 4년 동안 매달 1~2건의 법인 계약을 꾸준히 체결했고, 현재 약 40여 군데의 법인/개인/병원 사업자를 관리하고 있다.

늘 새로운 업체를 상담할 때마다 드는 마음이지만 처음 보는 나를 믿고 계약을 하고 일을 맡겨주시는 대표님들이 참 감사하다. 그 신뢰에 보답하기 위해서라도 언제나 최선을 다하려고 노력한다.

🚌 새로운 회사에서의 성장 이야기

굿리치라는 회사에서 법인 영업을 한창 배워가며 현장감을 익혀갈 때 새로운 개인 영업 총괄로 조직 변화를 거쳤다. 그리고 2023년 여름, 회사에서 한 번 더 조직 이동이 이루어졌다. 총괄의 대대적 이동이었고, 나는 그 당시 사실 안 가고 싶었지만, (영업을 하고 있었기 때문에 조직에 대한 비전이나 관심이 없었음) 현재 본부장님과 함께 하기 위해 현재 에이아이에이 프리미어파트너스라는 회사로 이동하게 되었다.

이 회사에 처음 왔을 때 우리 본부장님과 나눴던 대화가 아직도 기억이 난다.

지점장 자격 유지 최소 인원이 지점원 5명 이상인데 3명이라 이거 어떻게 할래?

제가 3명 못 하면 되죠.

안돼. 누구라도 데려와.

아니, 누구를 데려와~~!!!

여기서는 이렇게 시작했다. 그런데 지금은 매달 새로운 분들이 함께해 주어 10개월 차인 지금 11명의 팀원이 함께 하고 있다. 내가 법인 영업이라는 특화된 장점을 가지고 있기 때문에 우리 지점에 사람이 오고, 또 그런 영업을 원하시는 분들이 함께 하고 있다고 생각한다.

4년 전 법인 영업을 선택하게 된 이유, 단점에 대한 보완이 이루어진 것 같아 괜시리 마음이 찡하고 스스로가 뿌듯하다. 내가 정답은 아니겠지만 보여주는 퍼포먼스와 주변의 도움, 그리고 우리 팀원들의 열심, 나의 진심이 통했다고 생각한다. 그래서 조직적으로도 성장을 하고 있고, 영업적인 결과도 보이는 것 같다.

법인 영업을 하시는 선배님들 중에는 조직보다 수수료가 중요하다고 말씀하시는 분들이 많다. 나보다 많은 경험과, 오랜 시간 속에서 그런 판단을 하셨을 것이라고 존중한다. 그러나 나처럼 이제 시작하는, 성장 중인 사람에게는 조직이 꼭 필요하다. 내가 여기에서 그렇게 피부로 느꼈고 결과도 그랬다. 주변의 인정과 선의의 경쟁, 교육과 시스템, DB 등 조직이 주는 힘은 돈 얼마와 바꿀 수 없을 만큼 그 가치가 매우 크다.

우리 회사에도 수수료가 적어서 불만이라고 하시는 분들이 있다. 그럼 나는 사실 본인이 아까워할 정도의 퍼포머인가? 라는 생각을 하게 된다. 나는 한 달에 200~400만 원의 월납을 하는데, 그럼 내가 손해 보는 수수료가 더 큰데? 여기 회사 1등은 한 달에 1,000만 원, 2,000만 원을 하는데, 그럼 그 사람이 다른 데와 비교해서 적게 가져가는 수수료는? 비교가 가능하다고 생각하고 하는 불만인 건가? 솔직히 조금 안타깝다는 생각이 든다.

더 잘하는 사람들이 그럼에도 불구하고 조직을 선택한 이유를 알았으면 한다. 어디서 일을 하던 본인의 마음가짐과 행동이, 태도가 중요하다는 것은 내가 굳이 말하지 않아도 모두 알 것이다.

우리 팀은 지점장인 내가 제일 열심히 하다 보니 팀원들도 자연스럽게 따라 열심히 하고 그런 부분들이 긍정적인 시너지를 내고 있는 것 같다. 일할 수 있는 환경과 일할 수 있도록 하는 교육, 동기부여, 관리, 모든 것을 해주고 있는데 일을 하지 않는 것은 솔직히 이해 되지 않는다.

영업인은 영업 성과로 일하고 있다는 것을 증명해야 한다. 작년에는 6개월 일한 것으로 MDRT를 달성했고, 올해는 이미 MDRT를 넘어 COT를 목표로 하고 있으며 우리 지점원들도 11명 중 6명이 MDRT Challenger로 3차월 미만의 신입을 제외 하면 거의 모든 인원이 MDRT를 목표로 하고 있다.

요즘 팀원들과 조인웍을 하며 법인 계약을 하고 있다. 밤늦게까지, 혹은 주말에도 열심히 하는 모습들을 보면 한순간도 나태해질 수가 없다. 잠자는 시간을 빼면 매일 일 생각만 할 정도로 일에 빠져 있는데, 이 시간이 힘들거나 괴롭기보단 어떻게 하면 더 잘할까? 이건 이렇게 해야지! 이렇게 생각하고 있는 진정한 '워커홀릭'의 시점인 듯하다.

조직관리와 영업, 두 가지 방향에서 고민을 하고 있다. 조직을 관리하거나 리쿠르팅 하는 부분에도 많은 시간이 필요하고, 법인 상담을 하기 위해서도 오랜 시간이 필요하다. 시간은 하루에 24시간, 정해져 있는데 이 모든 것을 하려고 하니 너무 힘들고 스트레스도 많이 받았다. 왜냐하면 둘 다 '잘'하고 싶어서. 그래서 주변에 자문도 구하고 매일 고민했고 책도 많이 읽었다. 그러다 최근에 내가 내린 결론은 이것이다. "그냥 하자!" 물론 어느 정도 중요도는 있겠지만 무엇 하나를 선택하려고 하지 말고 그냥 '둘 다 하자'라는 결론을 내렸다.

지점장으로서 디테일이 떨어진다, 관리가 부족하다, 관심이 없다. 이런 피드백을 들을 때마다 처음에는 진심을 몰라주는 것 같아 속상했지만, 결국 답은 정해져 있었다. 내가 이 일을 내려놓지 않는 이상 계속

해야 하고, 그렇다면 그 안에서 더 나은 방법을 선택하는 것이다. 못하는 부분은 나아지도록 노력하고, 나를 대신해줄 수 있는 사람을 만드는 것! 그렇게 해서 다시 수정하고 보완해서 성장하는 것! 이 것이 내가 내린 결론이었다.

드라마 대행사를 굉장히 재밌게 봤는데 거기에서 나온 대사가 아직도 기억에 남는다.

길이 없으면 어떻게 합니까?

길을 만들어야죠.

아뇨, 그 것은 제대로 해보지 않은 사람들이 하는 말입니다. 그냥 하던 일을 계속하면 됩니다. 그러다 성공하면 사람들이 그것을 길이라고 부르니까요.

지금 나는 나만의 길을 가고 있고, 성장했다. 그리고 더 크게 성장할 것이다.

어려웠던 시절을 버텨 현재 지금의 내가 되기까지, 늘 그랬듯이 절대 포기하지 않을 것이기 때문에 나는 지금처럼 이렇게 열심히 최선을 다할 것이다. 혹시 나의 이야기를 읽는 누군가가 계신다면, 선배님이든 후배님이든 이 길을 걷고 있는 누군가가 계신다면, 해주고 싶은 말이 있다. 그냥 하세요! 당신이 가는 그 길이 옳은 길입니다!! 그리고 베푸세요! 만나는 모든 사람에게. 그러면 그 베풂이 돌고 돌아 다시 당신에게 돌아올 것입니다!

아직도 성장 중인 나의 이 이야기를 읽는 모든 사람들 또한 성장하기를 진심으로 바란다.

아무나 시작할 수 있지만,
누구나 성공할 수는 없다

박 혁 순 hyuk0589@naver.com

경력

현) 신한금융플러스 감탄지사 지점장

전) 2016년 AZ금융 서비스 부지점장
2014년 AZ금융 서비스 입사

아무나 시작할 수 있지만,
누구나 성공할 수는 없다

보험업을 시작한지 딱 10년 차가 된 시점에서 좋은 기회가 생겨 이렇게 글을 쓰게 되었다. 글을 잘 쓰는 사람은 아니지만 나의 경험담이 누군가에게 도움이 되길 바라는 마음이다.

모든 일이든 계기가 중요한데, 본인이 보험을 시작한 계기를 돌아보면 그 당시 31살이었고 직업에 대한 고민을 한창 하고 있었다. 4년간 식당을 운영하다가 자영업의 길이 생각보다 고되고 힘든 일이라는 걸 뼈저리게 경험했다. 투자한 돈과 일하는 시간을 따졌을 때 순수익이 많지 않았다.

오전 11시 출근해서 밤 12시에 퇴근하기에 일상생활은 아예 없었고, 당시 20대 중반이었던 나는 열심히 일해도 성공할 수 없다는 교훈을 얻었다. 식당을 그만둘 때쯤 머릿속에는 내가 돈을 투자하지 않고, 열심히 한 만큼 돈을 벌 수 있는 일을 하자는 생각만 있었다. 그러다 우연히 보험일 같이 해보지 않겠냐는 친구의 권유에 한번 해보자는 가벼운 마음으로 보험일을 시작하게 되었다. 그렇게 가벼운 마음으로 시작한 일이 올해로 10년째다. 신입교육 때 들었던 내용 중 기억에 남는 문장을 공유하고 싶다.

> { "아무나 시작할 수 있지만, 누구나 성공할 수는 없다" }

🔖 보험은 정착이 어렵다

시작은 너무나 쉽게 할 수 있었다. 그러나 막상 현실은 처참했고 어려운 점이 많았다. 보험일을 하던 사람들이 왜 금방 그만두는지 감이 왔고, 내가 진짜 잘할 수 있을지에 대한 의심이 들었다. 보험은 6개월 이상 해봐야 길게 일할 수 있을지를 안다고 하던데, 당시 나를 가장 어렵게 했던 부분을 정리하면 다음과 같다.

첫째는 인맥이다.

31살이면 보통 주변에 직장을 다니는 지인들이 있기 마련이다. 그러나, 나는 4년간 가게에만 매달려 있었기에 그 전의 인맥관계들은 거의 끊기다시피 했었다. 보험은 인맥으로 시작을 해야 한다고 생각을 했는데, 막상 시작하고 누구에게 먼저 갈까 생각해 보니…… 그 대상자가 생각보다 너무 없었다. 어떻게 누구에게 먼저 시작을 할지 막막했다.

둘째는 돈이다.

그동안 계속 일을 했지만, 돈을 모아오지 못했다. 하루살이마냥 벌어서 쓰는 패턴이었기에 모아놓은 돈이 없었다. 보험업은 회사 출근했다고 돈을 주는 곳이 아니기에 성과를 내야 하는데, 현재 모아놓은 돈이 얼마 없어서 3개월 내에 결과가 나와야 생활이 가능했다. 마음이 조급했고 조바심이 나기 시작했다.

셋째는 지식이다.

보험일이 생각보다 배워야 할 게 너무 많았다. 예전에 가게에 왔던 설계사분들은 상품권유만 해서 부담스러웠던 게 생각났다. 지인에게 상품가입을 부탁 하기보다는 전문적인 지식을 바탕으로 영업을 하고 싶었다. 그런 지식을 쌓으려면 생각보다 시간이 너무 많이 필요했다. 영업도 해야 하고 틈틈이 공부도 해야 하는 상황이었다.

이런 상황을 어떻게 극복했는지 생각해보면 그냥 악착같이 했던 것 같다. 내 나름의 방법이 도움이 되었으면 좋겠다.

🚗 속도보다는 방향이 중요하다

내가 살아온 환경은 갑자기 바꿀 수가 없기에 당장 인맥이 없없는 건 어쩔 수 없었다. 그래서 나는 새로 만들자고 생각했다.

새로운 사람을 만나기에 가장 좋은 기회는 모임이었다. 그중에서 내가 좋아하는 분야로 모임을 나가보자고 생각했고, 운동모임과 친목 모임을 나가보기 시작했다. 결론만 얘기하자면 모임에서 인맥을 만드는 건 성공했다. 모임에서 알게 된 사람들이 친해져서 지인이 되고, 그 지인들이 결국 인맥이 되어 나의 고객이 되었고, 소개도 해주었으며, 나와 같이 일을 하게 된 사람도 생겨났다.

우여곡절이 많았지만 핵심적인 부분만 추려보자면, 친목모임에서는 술을 마시게 되는데 술자리에서는 보험 얘기, 절대 금지다. 아무리 궁금해서 물어보더라도 술자리에선 절대 얘기 하지 않고 궁금하면 나중에 따로 물어보라고 한다. 좋은 얘기라도 그 자리에 부정적인 사람이 꼭 한 사람씩은 존재하기 때문이다. 결국 사람이 많은 자리에서 보험 얘기를 하면 좋지 않게 이야기가 마무리되곤 한다. 가끔 의욕이 넘치는 설계사들이 와서 누군가 보험 얘기를 물어보면 열정을 다해서 답변하는 모습을 볼 수 있다. 그런데 며칠 뒤면 나가있다. 불특정 다수가 모인 자리에서 보험으로 긍정을 끌어내기란 불가능에 가깝다.

모임을 나갈 거면 활동을 꾸준하게 열심히 해야 한다. 가끔씩 시간이 될 때 나가서 활동하면 효과도 없다. 내가 그 모임에서 존재감이 있는 사람이 될수록 나의 인지도가 커진다. 인지도가 있어야 주변에 사람들이 생겨나고 영향력이 생긴다. 학교 다닐 때에도 특출나게 외모가 뛰어나거나, 언변이 좋아서 재밌는 친구들 주변에 사람들이 많이 있지 않은가. 모임도 하나의 소규모 사회이고 그 안에서 내가 중심이 될 수 있다면 그 사람들을 내 사람으로 만들 수 있다. 그래서 모임을 한다면 내가 좋아하는 것보다, 내가 잘할 수 있는 분야의 모임을 나가야 한다. 그래야 나의 영향력이 커질 수 있다.

조급해하지 말고 시간을 투자하면 무조건 인맥이 생기는데 그 안에서 나와 잘 맞는 사람 1~2명만 생겨도 성공이다. 많은 사람과 두루두루 다 친해질 필요가 없다. 오히려 1~2명이 알아서 나에 대한 좋은 얘기를 퍼뜨려 줄 것이다. 그렇게 모임이 1개, 2개 늘어나게 되면 자연스레 나의 키맨들도 늘어나게 된다.

즉 나는 모임이라는 불특정 다수가 모인 집단에서 나의 키맨을 만들었고, 리쿠르팅도 하게 되었으며 보험일을 하면서 오히려 인맥들이 늘어나게 되었다. 그 인맥들과는 지금도 연락을 하고 있으며, 나의 소중한 지인들이 되어있다.

인맥을 늘리고 있어서 좋긴 한데, 중요한 건 계약을 받아서 돈을 벌어야 했다. 고민이 되었던 건, 소수의 지인한테 계약을 받으려고 했다가 거절하면 만날 수 있는 지인이 없어진다는 것이었다. 그래서 고민 끝에 지인한테 계약을 받기보단 소개를 받아보자는 생각으로 RP를 준비했다. 지인한테 보험영업을 한지 얼마 안 된 내가 소개를 받을 수 있는 방법은 다름 아닌 RP였다. 보험사에 입사해서 RP라는 상담스킬을 처음 배웠는데, 처음 듣고선 보험이란 게 이런 거였구나, 내 보험도 잘 되어있는지 확인해 봐야겠다는 생각이 들었다. 이러한 나의 생각을 지인에게 전하면, 소개를 받을 수 있겠다는 확신이 들었다.

RP를 들을 때는 이해가 되었는데, 막상 내 입으로 뱉으려고 하니 너무 엉망이었다. RP 연습한 녹음본을 들었을 때는 너무 창피했다. 그래서 연습했다. 아침 7시 출근해서 밤 10시까지 RP 연습만 2주 동안 했었다. 연습하고 녹음본을 듣거나 같이 연습하는 신입한테 서로 테스트를 했다. 그리고 관리자한테도 RP 테스트를 받아서 통과가 되어서야 준비가 끝났고 총 2~3주 정도 걸렸던 것 같다. 마음은 조급했지만 서둘러서 실패하기보다는 제대로 준비해서 지인에게도 인정받고 싶었다. 이렇게까지 미친 듯이 몰두해서 공부하고 준비한 건 살면서 처음이었던 것 같다. 그렇게 준비가 끝난 뒤 지인에게 소개받기 위한 영업을 다니기 시작했고, 그때의 주무기는 실손보험의 진실이었다.

실손보험이 뭔지도 모르고 가입했던 사람들이 많았기에, 실손보험에 대해서, 즉 갱신형, 전기납, 보상 내용에 대하여 구체적으로 알려주었다. 엄청난 혜택이 있는 실손보험이지만 보험료는 고작 1만 원대라고 알려주었다. 다들 반응이 그런 보험이 1만 원밖에 안 하느냐는 반응이었다. 20대에 종신보험에 실비를 가입하면서 10만 원을 내고 그 외

수술비나 진단비가 없는 보험들도 있었고, 적립보험료가 10만 원 이상 들어간 종합보험도 있었다. 불필요한 부분을 줄이면서 보장은 그대로, 보험료는 절감하는 방법을 알려주었고, RP를 통해 실비 외에 보험들에 대한 얘기도 해주었다. 성공적이었다. 물론 당장 계약은 실비만 했지만, 어찌되었든 지인들도 긍정적인 반응이었다. 보험을 시작했으니 만나면 상품권유 할 줄 알았던 내가 실비에 대한 얘기와 RP를 통해 보험의 정보를 알려주니 유익했다고 했다. 그리고 소개가 한 명씩 나오기 시작했다. 소개하는 방법도 간단했다. "실비 얼마 내? 실비보험 상담받아 봐. 너도 눈탱이 맞고 있을 거니까 확인해 보고 보험료 줄여줄 거야!"

그렇게 1~2개월간 실비 가입위주로 상담을 했는데 고객들이 늘어나게 되었다. 만약 상품가입 위주로 지인들에게 어필했다면, 당장 몇 건의 상품계약은 할 수 있었겠지만, 롱런은 절대 할 수 없었을 것 같다. 지금도 항상 생각한다.

{ "속도보다는 방향이 중요하다" }

처음에 어렵게 느껴졌던 인맥은 모임을 통해서 천천히 늘어갔고, 지인에게 소개를 받기 시작하니 상담을 하는 횟수가 늘어갔다. 그 사이에 매일 공부를 하면서 바로바로 실전에서 활용하니 말하는 스킬도 업그레이드가 되고 자연스러워 지기 시작했다. 평소 전혀 공부를 안 하던 내가 유튜브나 책을 보면서 공부를 하는 모습을 보며 스스로 대견했다. 사람은 궁지에 몰리면 이렇게도 바뀔 수 있구나 싶었다.

그렇게 초반 3개월이 지나면서부터 실비 외에도 암보험, 종합보험, 종신보험, 연금보험 등 여러 가지 보험상품에 대한 실적이 생기기 시작했다.

소득도 조금씩 늘어가니 이대로 꾸준히 성장해 봐야겠다는 생각을 했었다. 그렇게 1년이 지났을 때에 나는 고실적자는 아니었지만 나름 꾸준히 중위권에 머무는 정도는 되었던 것 같다.

입사하고 초반에 고실적을 치고 3개월이 지나 하향세가 되면서 1년을 버티지 못하고 퇴사하는 사람들을 보게 되었다. 그런 사람들을 보면서 오히려 난 롱런을 해야겠다는 생각을 했던 것 같다. 똑같은 상황이라도 어떻게 생각하느냐가 중요한 방향성을 제시해준다고 믿는다.

보험영업을 하면서 성공의 방정식이 있겠지만 나름 각자만의 정답이 있다. 그래서 나는 성공하는 비결보다는 실패하는 방법에 대해서 얘기해 보려고 한다. 이런 행동은 피하라는 뜻이다.

chapter
성실하지 않으면 실패한다

보험영업을 한다고 하면 보통 주변에서 이런 생각을 많이 한다. 월급 받는 거 아니니까 자유롭게 출퇴근하면서 편하게 일해도 되는 거 아니냐고 말한다. 출퇴근을 자유롭게 할 수 있는 건 맞다. 그런데 자유롭게 출퇴근하며 일하는 게 독이 되는 경우가 많다.

보험은 계약을 한다고 끝이 아니다. 계약 후에 증권전달을 해야 하고 무슨 일이 생겼을 때 청구업무도 해줘야 하고, 변경업무도 해줘야 한다. 고객은 설계사의 시간을 고려하지 않는다. 주말이든 저녁이든 새벽이든, 본인이 필요할 때에 연락을 하곤 한다. 고객에게 해줘야 하는 업무를 하다 보면 시간이 부족하다. 영업도 해야 하고, 고객을 관리도 해야 하기 때문이다. 그런데 자유롭게 쉬면서 일을 한다면, 해야 할 일을 놓칠 수밖에 없고 고객은 불만이 쌓여가게 된다. 그러면 고객이 점점 줄어들 수밖에 없다. 설계사는 장소에 구애받지 않고 자유롭게 일할 수 있지만, 성실하지 않으면 실패할 수밖에 없는 직업이다.

2 chapter
한탕주의는 피해라

보험을 하면서 놀랄 정도의 큰 소득을 월페이로 받는 걸 보게 된다. 문제는 그로 인해 생기는 한탕주의를 경계해야 한다는 것이다. 한 달 열심히 일하고, 한 달 쉬고, 다시 한 달 일하고, 다시 쉬는 패턴으로 일하는 사람들을 본 적이 있다. 일을 잘했던 그들은 항상 자신감이 넘쳤다.

처음에 그런 사람들을 보면 솔직히 부러웠다. 한 달 일해서 큰 수당을 받고, 그다음엔 쉬엄쉬엄 일하고 여행 다니면서 지내는 모습이 부러웠다. 물론 그게 나쁘다는 건 아니다. 그렇게 할 수 있는 환경이 되고 여유가 있다면 그것도 좋다고 생각한다.

그렇지만 보통 일반의 보험설계사는 그렇지 못하다. 사연 없는 설계사가 없다. 다들 간절하게 업을 시작했다가 큰 소득을 받게 되면, 고소득이 나오는 상품 위주로 영업을 한다. 그러다 보면 결국 고객의 풀이 떨어져서 힘들어하는 모습을 보곤 했다. 차라리 매달 꾸준하게 목표를 달성하는 사람이 롱런을 하고, 경력이 쌓이면서 저절로 소득이 높아지는 케이스가 오히려 더 이상적인 모습이다.

3 chapter
부정적인 사람과 친해지지 말아라

보험 설계사는 멘탈이 중요하다. 고객에게 치이기도 하고, 업무 스트레스가 생각보다 많은 직업이다. 그중에서도 가장 주의해야 될 건 바로 사람이다.

회사에서 일을 하다 보면 같이 일하는 사람들 부류 중에도 부정적인 말을 자주 뱉는 사람들이 있다. 이런 사람들은 뭘 해도 불만이다. 내가 멘탈이 좋을 때는 그런 사람들의 말을 걸러듣고, 또 신경 쓰지 않으니 상관이 없다. 하지만 내가 힘들 때에는 부정적인 언어가 나에게도 전염된다. 이는 몸이 안 좋을 때 병에 잘 걸리는 것과 비슷하다. 반대로 긍정적이고 희망적인 사람들이 많다면 내가 힘들 때 그 사람들로부터 힘을 얻고 다시금 뛸 수 있는 에너지를 얻게 된다. 그래서 난 부정적인 사람하고는 말도 섞지 말라고 한다. 피해라 나를 위해서!

🗨 나의 노하우

각자만의 노하우가 있겠지만 내 스스로 가장 중요하게 생각하는 포인트를 공유하고 싶다. 무슨 일이든 기준을 잡아야 꾸준히 할 수 있고 꾸준히 해야 성장할 수 있다고 생각하기 때문이다.

1 chapter
Key-Man을 만들어라

키맨은 보험업에서 가장 중요한 성공 포인트라고 생각한다. 키맨은 말 그대로 성공의 문을 열어주는 조력자이다. 나의 조력자인 키맨을 5명 이상 만들어야 성공한다.

아무리 영업을 잘하는 사람이라고 해도 하루 24시간은 공평하게 흘러간다. 내가 하루에 3명을 만난다면 30일 동안 총 90명을 만날 수 있을 것이다. 그런데 나의 키맨이 매일 1명씩 나에 대한 홍보를 해준다면 나의 활동량이 매일+1이 되는 것이다. 나를 홍보해주고 소문내주면서 상담을 잡을 수 있는 키맨을 만들어라. 성공의 문을 열어줄 것이다.

나도 아직 10년 차이지만 아직도 상담 소개가 들어온다. 요즘도 90%가 소개로 인해서 상담한 고객들이다. 소개시장은 아직도 끝나지 않았고 무궁무진하다. 나의 최고의 키맨은 신입시절부터 현재까지 10년간 꾸준히 소개를 해주는 고객이다. 아마 대충 세어봐도 20명이 넘게 소개를 해주었다. 친인척부터 지인, 직장동료들까지 주변 지인들을 소개해주었고 대부분 계약을 체결했다. 이 고객 또한 시작은 소개로 만나서 시작되었고, 실비상담을 통해서 계약을 했던 고객이었다. 고객이 되고 5년 정도 지나 결혼을 하셔서 결혼식을 갔는데, 친인척들 어르신들 중 1/3은 내 고객이어서 가족처럼 인사를 계속 했던 기억이 난다. 이렇듯 키맨은 나에게 무한한 시장을 제공해 줄 것이다.

1명을 소개해주었다고 해서 키맨이라고 부르기는 어렵다. 내가 생각하는 키맨은 최소한 5명을 소개시켜준 사람이다. 이런 키맨이 5명이 된다면, 매달 소개가 꾸준하게 들어오게 되는 경험을 하게 될 것이다. 영업을 하면서도 반드시 키맨 독수리 5형제를 만들어야 한다.

스스로 자문해 봐야 한다. 현재 나에게는 키맨이 있는가, 몇 명이 있는가? 키맨을 만들지 못한다면, 계속해서 가망고객을 발굴하기 위해서 스스로 움직이고 뛰어야 한다. 키맨을 만들기 위해 고민하고 시간을 투자하자!!

2 chapter
나만의 무기를 만들어라

금융감독원이 발표한 2022년 기준 대한민국 보험설계사가 58만 명이라고 한다. 엄청난 숫자이고 이 사람들이 사실 보이지 않는 경쟁자라고 봐도 무방하다. 그럼 이 많은 설계사들 중 고객이 나에게 계약해야 될 이유가 있는지를 생각해 보자.

예를 들어, 청구를 잘해줘서 전문가적인 느낌을 주고 고객이 만족한다면, 그 고객은 이 설계사에게 가입하길 잘했다고 생각할 것이고, 그 생각을 주변에 퍼뜨려 줄 것이다. 청구나 보험의 관리를 잘 받지 못하는 지인이 있다면 단연코 내 설계사를 소개해줄 것이다. 고객이 만족했기 때문이다.

이 설계사의 무기는 바로 전문적인 청구지식이 될 것이다. 이렇게 성실하게만 일해도 고객 소개가 점점 늘어날 것이다. 누군가는 고객에게 꼼꼼한 설계사가 되려고 한다. 보장받을 수 있는 내용을 정리해주고, 새로운 상품이나 나에게 도움이 될 만한 정보들이 있을 때 나에게 보내준다면 고객은 만족해할 것이다.

나에게 최신 정보들을 알려주면서 나를 꾸준히 챙겨주면 이 사람에게 가입하길 잘했다고 생각할 것이다.

또, 자동차사고가 나면 처음부터 끝까지 잘 처리해주면서 소개를 잘받는 케이스도 있다. 자동차사고는 특히나 고객의 고마움이 더 커지게 된다. 이렇게 자동차사고 처리를 잘해주면서 생긴 만족감이 인보험까지도 이어지는 경우가 많다. 고객은 나의 특별한 하나의 장점만 발견해도 그 부분으로 만족하게 된다.

보험 업계에서는 무기가 다양한 사람보다는 1개의 강력한 무기로 고객에게 어필하는 사람이 잘 되는 경우가 많다. 고객에게 청구를 잘해주는 설계사가 되거나, 꼼꼼한 설계사가 되거나, 아님 잘 챙겨주는 설계사가 되는 등 나만의 무기를 만들어야 된다.

3 chapter 분위기를 만들어라

보험은 설계사의 멘탈이 중요하기 때문에 일하는 환경이 굉장히 중요하다. 내가 집중을 못하게끔 정치를 한다거나 말이 너무 많은 환경은 걸러야 될 것이고, 내가 일에 집중할 수 있는, 수입을 올릴 수 있는 환경에서 일하는 것이 중요하다.

주변 사람들의 구설수가 싫어서 혼자서 일하는 사람들도 있다. 그만큼 환경이 중요하기에 주변 사람들과 환경을 잘 갖추어 놓는 것도 잘되는 방법일 수 있다. 회사에 출근해서 일할 때 긍정적인 영향을 주는 동료가 있는 반면, 그렇지 못한 사람도 있을 것이다. 긍정적인 사람을 보고 따라가며 매달 목표를 달성하기 위한 하루를 보내야 한다. 그럼 주변에 그런 사람들이 생겨날 것이다. 그렇게 하루가 일주일이 되고, 일주일이 한 달이 되면서 매달매달이 순식간에 지나가게 될 것이다. 일만 하기에도 바쁘다!!

🔊 사람이 미래다

보험업 신입시절, 나의 생활패턴은 7시 30분에 출근해서, 오전교육을 듣고 9시 이후에 나가서 2~3명과 미팅을 했고, 늦더라도 회사에 와서 하루 일과 복기 및 공부를 꾸준하게 하는 것이었다. 정말 고되고 피곤한 시간이었다. 당장 돈도 안되었기에 열심히 일하면서도 불안했었다. 그럼에도 버틸 수 있었던 건, 내 옆에 같이 그렇게 뛰고 있는 사람들이 있었기 때문이었다.

일정이 끝나고 밤에 회사에 들어와도 항상 사람들이 있었다. 그래서 당연히 나도 그런 분위기에 동참하여 열심히 할 수 있었던 거 같다. 혼자서만 일을 했다면 얼마 못 가 지쳐 나가떨어졌을 것 같다는 생각도 든다.

지금도 같이 일하는 사람들과 분위기가 정말 중요하다고 생각을 한다. 나와 같이 활동하는 사람도 중요하고, 나를 이끌어주는 사람도 중요하다. 나를 이끌어주는 사람이 곧 내가 되고 싶은 미래의 모습이라면 금상첨화다. 내가 배울 수 있는 게 많은 사람이 주변에 있다면 잘될 수밖에 없다. 나부터 그런 사람이 되고자 하면 된다.

> 누군가가 나에게 배울 게 있는 사람이 된다면
> 내 주변에도 그런 부류가 많아지게 될 것이다.

누군가는 성실하게 매일 출근해서 꾸준하게 성장하는 사람이 있을 것이고, 누군가는 기발한 아이디어로 다양한 영업을 하는 사람도 있을 것이다. 이런 다양한 사람들이 모여서 일하니 얼마나 재밌는 직업인가 싶다.

내 나름의 생각을 적어내려간 이 내용은 어찌 보면 보통 보험하는 사람들이라면 알 수 있는 기본적인 얘기이기도 하다. 그럼에도 중요하다고 생각한다. 나는 고객에게 청구 잘해주는 설계사가 되고 싶다. 그래서 항상 그 부분을 인식시키고 어필한다.

고객에게도 계약을 하면서 청구할 일이 생기거나 도움드릴 일이 생기면 바로 얘기해 달라고 얘기한다. 보험은 내가 보험청구를 하기 위해 가입하는 거나 마찬가지라고 생각을 한다. 그래서 청구할 일이 생길 때는 최선을 다해서 케어해 드리도록 할 테니 바로바로 연락주셔야 한다고 얘기를 하면 싫어하는 고객을 본 적이 없다.

인보험은 아니지만 자동차 보험 또한 인보험으로 연결되는 중요한 통로이다. 자동차보험의 보상체계를 기본에서 조금만 더 알고 있어도 고객에게는 도움이 되는 설계사가 될 수 있다. 물론 사고 시 처음부터 끝까지 케어를 해준다면 더할 나위 없이 좋을 것이다.

그동안 DB영업도 해보았고, 행사장에 나가서 브리핑 영업, 개척을 하기 위해 돌아다니며 건물을 타기도 했었지만 결국 나에게 가장 좋은 영업방식은 소개영업이었다.

기존의 고객들에게 도움을 주면서 만족감을 주고 소개를 받는 게 나에겐 가장 쉬웠다. 한번 고객은 절대 놓치지 않으려고 한다. 상담을 하고 계약을 하지 않은 고객이 있다면 청구라도 도와줄 테니 언제라도 연락주시라고 하고 주변에서 보험청구 관리 못 받는 분들도 소개해달라고 꼭 얘기를 한다. 그중 몇 명은 다시 돌아올 것을 믿는다. 물론 모든 고객이 나를 소개해주진 않는다. 하지만 소개를 한 번이라도 해준 사람이라면 시간이 걸리더라도 두 번 세 번도 가능하다는 소리다.

그런 고객은 놓치지 않고 따로 안부인사라도 한 번 더 보내도록 한다. 보험계약을 하면서 소개를 못 받고 있다면 뭔가 놓치고 있는 게 있을 가능성이 높다. 하나씩 차근차근 확인해봐야 한다. 최소 한 가지씩만 바꿔도 분명 결과가 달라질 것이다.

AI가 점점 발전하면서 직업이 줄어들고 있다고 한다. 보험을 가입한 사람들이 그렇지 않은 사람들보다 압도적으로 많으며 보험은 이미 포화된 레드오션이다. 주변에서 많이 들려오던 소리다. 그럼에도 잘되고 있는 사람들은 꾸준하게 잘되고 있고 포화된 시장이라고 해도 매달 신계약을 몇백만 원씩 하는 사람들은 항상 있다. 무조건 안 되는 일이 아니라 나의 방향만 잘 잡고 나아간다면 분명히 성공할 수 있는 직업이다.

보험은 누구나 시작할 수 있고, 아무나 성공하긴 어렵다고 하지만, 분명 누구든 억대 연봉 이상을 만들 수 있는 직업이라고 생각한다. 흔한 보통의 설계사인 나도 달성했다면 분명히 누구나 가능할 것이다. 할 수 있다는 생각부터 시작해서 모든 설계사가 성장하는 매일매일을 보내길 바라고 오늘도 파이팅을 외치며 글을 마친다.

미친 듯이 즐겨라!

봉 재 훈  psfineservice@naver.com

경력

현) 피에스파인서비스 본부장(RM)

전) 굿리치 TM 부분 광주 기네스
　　동양생명 TM 부분 신인상 수상
　　LG U+ 유통점 점장
　　LG U+ 유통점 및 직영점 점장교육 이수
　　LG U+ 유통점 영업 부문 최고 성장률 1위 달성
　　LG U+ 영업 전국 1위 다수

미친 듯이 즐겨라!

🗨 열정은 절대 배신하지 않는다

　평범한 듯 보이지만 평범하지 않은 삶이었다. 부모님의 지인들은 내게 이런 말을 종종 하셨다. 나의 부모님은 법이 없어도 잘 사실 분들 이라고 말이다. 부모님께서는 내가 봐도 정말 그런 면모를 지니고 계셨 다. 아들 기 안 죽이려고 당신들의 모든 시간과 인생을 나에게 맞추셨 다. 여기까지만 보면 나는 참 행복한 사람인 것처럼 보일 것이다.

　나는 어렸을 때 남들이 한 번 겪기도 힘든 경험을 3번이나 했다. 집 안에 빨간딱지가 붙는 경험이었다. 집안이 파산하는 경험을 초등학교 6학년, 중학교 3학년, 고등학교 3학년, 총 3번이나 겪었다. 나의 아버 지는 원체 거절을 못 하는 성격이셨다. 특히 지인들, 주변의 아는 사람의 부탁에는 더욱 약한 모습을 보이셨다. 마음이 여리셨던 아버지는 보증 을 세 번이나 섰고, 그 결과로 우리 집에는 3번의 빨간딱지가 붙었다.

　안 좋은 상황이 계속되자 나는 아무 생각도 나지 않았다. 그저 돈을 벌고 싶다는 생각만이 머릿속에 가득했다. 수능을 치르고 나서 친구들 은 당시 커피숍에서 월급 30만 원을 받으며 일을 했다. 친구들을 보고 나도 돈을 벌어야겠다는 생각이 들었다. 그래서 석 달 정도 커피숍에서 일했다. 그런데 그 일의 특성이 나와 전혀 맞지를 않았다.

그러다 대학교 입학을 하게 되었다. 그 학교에서 동네 형을 만났다. 동네 형님은 본인이 일하는 가게에서 일해볼 생각이 없냐고 제안했다. 월급도 많이 준다고 했다. 당시 아르바이트를 찾던 나는 돈만 많이 주면 된다는 마음으로 형의 제안을 수락했다. 그곳은 바로 성인 오락실이었다. 여기서 나는 새로운 재능을 발견할 수 있었다. 어떤 재능을 발견했냐고? 다름 아닌 사람들과 막힘없는 대화를 할 수 있는 사회성을 발견했다. 여러 사람과 대화하며 인맥도 많이 쌓을 수가 있었다.

열심히 일하던 중 군대 영장이 날라왔다. 강원도 삼척 23사단에서 군 복무를 성실히 하고 돌아왔다. 사회에 나와 보니 내가 할 수 있는 게 많지 않다고 느껴졌다. 그래서 쇼핑몰 보안 경비 일을 했다. 그 일을 하던 중 쇼핑몰에서 핸드폰 판매하는 친구를 알게 되었다. 이야기하다 보니 핸드폰 파는 일이 너무 쉽게 느껴졌다.

"나도 팔 수 있겠는데?"라고 말을 하니 그 친구가 나에게 현재 받는 월급을 물어봤다. 내 월급 액수를 듣고 친구는 말했다. 자신은 놀면서도 내 월급의 2배를 받고 있다고 말이다. 그래서 나는 친구에게 나도 소개해줄 수 있냐고 물어봤고 친구는 가능하다고 했다. 그 길로 나는 사표를 내고 LG U+로 입사를 했다.

내 인생의 첫 영업으로 들어서는 길이었다. 그런데 뭔가 이상했다. 출근은 LG U+ 사무실로 하는데 조회만 하고 막상 판매는 은행으로 가서 매대를 깔아놓고 했었다. 솔직히 창피했다. 내가 생각하는 핸드폰 판매원은 매장에서 근무복을 입고 근무를 하는 거였다. 그래서 당시에는 이게 혹시 다단계인가 하는 생각도 들었다. 당시 회사 선배들도 나에게 힘든 곳 들어간다고 말했다. "은행 힘들어, 한 달에 10대 팔면 잘

판 거야."라고 했다. 사실 나도 그런 생각을 안 했던 건 아니다. 누가 핸드폰을 은행에서 사겠는가.

일단 뭐가 됐든 잘하고 싶었다. 그래서 은행 업무 보시는 분들께도 한 분 한 분 친절하게 행동을 했다. 2주 정도 지났을 때 변화가 생겼다. 은행 업무를 보러 오시는 고객님들이 나에게 핸드폰에 관해서, 또 은행 업무에 관련된 것도 물어보기 시작했다. 그때부터 은행에서 핸드폰을 잘 팔기 시작했다.

그때 은행에서 직원 최초로 한 달에 50대를 팔았다. 수익도 아주 높아서 기뻤다. 그 이후로 근무지를 변경할 좋은 기회가 생겼다. 번화가에 있는 매장부터 동네 매장까지 여러 곳을 선택할 수 있는 권한이 주어졌다. 그런데 나는 지원자가 없는 곳에 지원했다. 지금은 무조건 들어가고 싶은 곳이지만 당시 아무도 들어가기 싫어하는 대형마트에 자리가 나왔는데 지원자가 0명이었다. 아무도 지원자가 없길래 그냥 나도 모르게 손을 들었다. 어차피 누구라도 들어가야만 하는 자리였다.

사실은 짧은 시간 동안 계산을 했었다. 유동인구가 없는 매장에 들어가는 것보다는 유동인구가 많은 곳이 좋겠다는 생각이었다. 그리고 저녁 늦게까지 일할 수 있고 주말에도 일할 수 있는 놀이터 같은 매장이었다. 그래서 대형마트는 잘하면 나에게 돈도 벌고 놀 수도 있는 놀이터가 되겠다는 생각을 했다. 은행에서도 경험했듯, 누가 어떻게 움직이느냐에 따라서 모든 게 달라진다고 생각했다. 나는 당당하게 내가 들어가겠노라 손을 들었다. 내가 손을 들었을 때 사람들로부터 이상한 시선을 느꼈다. '저기는 영업의 지옥문인데 왜 들어가지?'라는 느낌의 시선이었다. 순간 정적이 흘렀는데 잠시 후 또 한 명의 동생이 손을 들었었다. 그 동생과는 당시에 인사만 했었지 잘 알지는 못했었다.

모두가 마트를 들어가기 싫어하는 이유가 궁금했었다. 기존 마트에서 일했던 다른 팀 직원들에게 물어보니 대형마트는 SK, KT, LG가 다 붙어있는데 요즘 누가 LG 핸드폰을 사느냐고 했다. 맞다. 당시 LG는 3위 사업자에 PCS 핸드폰이라는 인식이 강했었고, 잘 터지지도 않았다. 그래도 난 자신 있다고 말을 했다. 그랬더니 선배들은 그냥 해보면 안다며 그런 날 비웃었다. 고객들은 SK, KT를 좋아하지 LG는 쳐다보지 않는다는 말만 되풀이했다. 나는 속으로 생각했다.

'너희들은 은행도 안된다고 하더니 이제 마트도 안된다고?' 누가 어떤 말을 하던 나는 살린다. 무조건 내가 이 매장 반드시 살린다.' 나는 그렇게만 생각했다. 그냥 부정적으로 생각하는 사람들에게 보여주고 싶었다. 누가 들어가냐에 따라, 그리고 어떻게 영업을 하느냐에 따라 결과가 달라진다고 생각했다.

당시 마트 근무는 힘들어서 교대 근무를 시행하고 있었다. 오전반(10시)과 오후반(17시)이 있었고 오후반(13시)과 저녁반(20시)이 있었다. 원래는 4명이 교대로 했었는데 공교롭게도 우리는 4명이 아니라 2명이었다. 나야 욕심이 있었지만, 같이 일하는 동생에게 부담을 주고 싶지 않았다. 그래서 나는 동생에게 내가 오전 10시부터 저녁 10시까지 일을 하겠다고 했다. 휴일 또한 정말 급한 일이 아니라면 없을 거라고 했다. 당시에 잘은 몰랐지만, 동생도 욕심이 있었나 보다.

동생은 나와 똑같이 일하겠다고 말을 했고 정말 천군만마를 얻은 듯이 너무나 든든했다. '그럼 우리 재밌게 같이 한 번 해보자!'라고 다짐을 하고 일을 시작했다.

나는 일이 즐거웠고 여기에 모든 걸 올인하고 싶었다. 돈맛도 봤다. 즐겁고 행복했다. 영업이란 항상 목표가 주어지는 법이다. 우리는 한 달에 30대를 판매하는 게 목표였다. 우리가 오기 전에는 약 20대를 판매했다고 들었다. 첫 달은 40대를 팔았다. 목표 달성은 했지만, 더 할 수 있을 것 같았는데 못해서 화가 났다. 둘째 달에 60대, 셋째 달에 80대, 넷째 달에 판매량 100대를 넘겼다.

그렇게 판매량이 늘어나다 보니 본사에서 우리 매장에 관심을 보였다. 당시 우리는 매대가 겨우 한 개밖에 없었다. SK는 매대가 네 개, KT는 세 개였다. SK와 KT는 복사기, 팩스기, 컴퓨터가 다 있었지만 우리는 아무것도 없었다. 계약하면 팩스도 SK나 KT에 가서 '저기 죄송한데 팩스 한 번만 부탁드려요'라고 말하며 업무 처리를 하고는 했다. 필요한 것들에 대해 그렇게 요청을 해도 별다른 변화가 없었는데 본사에서 내려오니 환경에 대한 변화가 생겼다. 이제 우리는 복사기도 있고, 팩스기도 있고, 컴퓨터도…… 그리고 매대도 한 개에서 두 개로 늘어났다.

본사에서 지시가 내려왔다. 전국에 있는 마트 근무자들에게 우리 매장을 벤치마킹할 것을 전달하는 공문이었다. 점장님을 통해서 우리는 그 공문을 전달받았다. 솔직히 조금 창피했다. 우리가 그 정도 급은 아니라는 생각이었다. 우리는 사실 미친 듯이 일한 것밖에 없었다. 마트인데도 시장 바닥 한가운데 있는 것처럼 소리치며 일을 했다. 마트 점장님과 부점장님이 시끄럽다고 뭐라고 하신 적도 많다. 그래도 그분들 계실 때만 조용한 척했지 하루도 빠지지 않고 우리는 계속 소리치며 일했다.

지나고 보니 별것도 아닌 건데 그런 모습을 다른 사람에게 보여주기가 싫었다. 그때는 '우리 노하우를 왜 보여줘야 해?'라는 생각이었다.

사실 지금 생각해보면 노하우는 없었다. 그냥 열정이었다. 이렇게 열정적으로 쉬지 않고 꾸준히 1년을 했다. 그러다 보니 나는 한 달에 최고 220대의 판매량을 올리는 성과를 낼 수 있었다. 판매량 전국 1위도 해보고 왼쪽 어깨에 LG 금배지도 달았다. 나는 전국 LG U+의 영업 사원들을 모아놓고 개최하는 S급 대회라는 곳에 나가서 다른 지역의 사원들과 대결을 했고, 전국 1위를 차지하는 쾌거도 누릴 수 있었다.

이 시점을 계기로 나는 영업 주임으로 발탁이 되었다. 그 이후 3개월 만에 영업 대리를 건너뛰고 영업 과장이 되었다. 또다시 3개월 후 나는 점장 교육을 받았다. 그때부터 문제가 생겼다. 직급은 올라갔지만, 이상하게 나의 열정이 점점 식고 있었다. 마음이 점점 식고 열정이 없으니 아무것도 하고 싶지가 않았다. 나는 결국 회사에 사표를 냈다. 그리고 개인 매장을 운영했다. 매장은 세 개까지 늘렸지만, 그 이후 방송통신법이 터졌다. 엎친 데 덮친 격으로 직원들도 다 그만두는 바람에 나는 매장을 접을 수밖에 없었다. 그렇다. 말 그대로 한순간에 망해버린 것이다. 마음을 다잡으려 해도 마음처럼 쉽지 않았다. 나는 신용불량자 신세가 됐다. 당시 너무나 힘들었고 하루하루 눈 뜨는 일조차 너무나 싫었다.

🚚 시련과 방황은 나를 더욱 강하게 한다

나는 모든 걸 접고 선배의 권유로 마트에서 일을 시작했다. 모든 게 원점이었다. 할 수 있는 게 없었다. 나는 마트 야간 캐셔 일부터 다시 시작했다. 막상 하다 보니 캐셔 일도 꽤 재미있었다. 야간에 일하다 보니 매일 같은 시간에 오는 손님들이 많았다. 어떤 손님이 오면 어떤 제품을 사갈 것이며 대략 몇 시쯤 오시겠구나, 하는 정보들을 알 수 있었다. 그 이후 나는 주간 공산품 팀장으로 진급을 했고 관련된 많은 업무를 배웠다.

시간이 흘러 아는 선배가 있는 회사에 지원하게 됐다. 해외에 있는 인테리어 자재관리자로 일을 하게 되었다. 사실 해외에서 근무하는 게 처음이었고 모든 게 낯설었다. 무섭기도 했다. 그런데 오히려 마음은 편했다. 그래서 일에만 집중할 수가 있었다. 그러던 중 문제가 생겼다. 전 세계적으로 유례없던 코로나가 터진 것이다. 코로나로 인해 나는 어쩔 수 없이 한국으로 귀국을 했다.

20년 넘게 지내 온 가족 같은 형과 광고 회사를 차렸다. 광고 쪽은 처음이라 아는 게 없었다. 그리고 사실 그때는 뭘 배우기가 싫었다. 그냥 광고 회사만 차려놨지, 폐인처럼 PC방 갔다가 술 먹고 집 가고 PC방 갔다가 술 먹고 집 가고 이렇게 생활을 반복했다. 점점 몸과 마음이 피폐해지고 있었다. 나는 그냥 폐인이었다.

그러자 형이 직원들이 나를 싫어한다는 이야기를 전해왔다. 본인 혼자서 어떻게 해서든 사무실을 운영할 테니 내게 그냥 아무 직장이라도 들어가라고 말을 했다. 형은 그러면서 내기를 하자고 했다. 내기 내용은 간단했다. 내가 입사한 회사를 3개월간 다니면 형이 나에게 100만 원, 반대로 내가 3개월 안에 그만두면 내가 형한테 100만 원을 주는 거였다.

그때부터 나는 일자리를 찾아보기 시작했다. 취업 사이트를 보다 보니 '우리카드'라고 적혀져 있는 구인공고가 있었다. 우리카드니까 카드 미납건 받는 곳이라는 생각이 들어 재밌을 거로 생각하고 면접을 봤다. 입사하면 교육비도 100만 원 준다고 했다.

🚛 다시 타오른 열정, 영업의 신이 되기 위해 달리다

그곳은 내가 전혀 생각지도 못한 생명보험회사였다. 그것도 전화로 보험을 파는 텔레마케팅 회사였다. 우리카드 동양생명. 그게 나의 첫 보험회사다. 나는 이 분야에 전혀 문외한이었다. 그래도 일단 시험은 봤다. 의외로 나는 90점 이상으로 합격할 수 있었다. 당시 나는 계피상이 계피동일 이런 용어조차 몰랐다. 그것도 모르냐며 많이 혼났다. 고객님께 설명을 다 끝냈는데 계약 녹취도 잘 못했다. 더듬더듬, 한마디로 더듬이 파였다. 녹취를 읽는 게 좋으면서도 싫었다. 이것을 극복하고자 매일 새벽 5시 30분에 사우나를 가서 육성으로 연습을 했다.

사우나에서 말하는 연습을 한 게 도움이 굉장히 많이 됐다. 이제 나는 보험에 대해서 자신감이 많이 붙은 상태였다. 운 좋게 분기별 전국 30위까지 주어지는 상도 받았다. 나는 보험 분야에서 기분 좋게 성장을 계속했다. 사라졌던 나의 열정도 다시금 올라왔다. 열정이 생기니 다시 목표가 생겼다. 여기 다니는 어떤 사람들보다 우수해지고 싶었다. 토요일, 일요일, 공휴일. 이런 건 나한테 사치에 불과했다.

나는 정말 미친 듯이 일했다. 고객이 새벽 2시밖에 시간이 안 된다고 하면 새벽 2시에 녹취계약을 하고, 새벽 5시에 계약하자고 하면 새벽 5시에 나가서 녹취를 읽었다.

1등을 해보고 싶었다. 당시 9년 연속 1등을 단 한 번도 놓치지 않은 누나가 있었다. 내가 그 누나를 한번 이겨보고 싶었다. 그런데 한참 동안 그러질 못했다. 2등이 최고였다. 그 누나는 나보다 더 열정이 있었다. 그래도 어떻게 해서든 이기고 싶었다. 그 누나를 이기기 위해서 내겐 필승의 카드가 필요했다. 그 누나가 콜을 하고 있으면 그 뒤에서 들

chapter
07

었다. 이른바 벤치마킹을 한 것이다. 그래서 좋은 멘트가 있으면 메모를 했고, 다음 날 나는 그 멘트를 고객님께 사용했다. 그렇게 나는 성장하고 있었다.

시간이 흐르고 암보험에 대해서 누구보다 잘 아는 경지에 이르렀다. 그런데 내가 모르는 분야가 있었다. 그건 바로 손해보험이었다. 고객님이 나에게 뇌와 심장 등을 물어봤는데 나는 벙어리가 되었다. 모르는 내용을 고객님께 정확하게 알아보고 연락드린다고 답변한 뒤, 선배들에게 물어보고 다시 전화를 걸어 답을 드렸다.

예전처럼 다시 열정이 타오르고 일하는 게 너무나 재밌는데 이대로 안주하기에는 스스로가 만족이 안되었다. 그래서 손해보험에도 관심을 가졌고, 생명사와 손보사를 다 같이 판매할 수 있는 곳을 알아보기 시작했다. 내가 보험업을 시작한 지 얼마 되지 않은 시점이라 분명치는 않지만, 당시 거주하고 있던 광주광역시에는 콜센터로 전체 보험을 팔 수 있는 곳이 없었다.

퇴사하고 한 달을 쉬었는데 마침 그때 굿리치라는 회사가 광주에 오픈한다고 했다. 나는 바로 입사 지원을 했고, 입사 후 얼마 지나지 않아 각 콜센터의 난다 긴다 하는 사람들이 굉장히 많이 들어왔다. 인재들이 많이 들어오니 내 안의 승부욕이 발동했다. 지고 싶지 않았다. 실력이 안 되면 시간으로 커버하면 된다고 생각했다. 그래서 일에 시간을 또 쏟았다. 노력한 시간은 배신하는 법이 없었다. 나는 항상 상을 탔으며, 재미를 느꼈다.

60명이 넘는 광주 본부에서 할 수 있는 건 다 해본 거 같다. 사실 동양생명에 다닐 때보다 콜타임도 잡지 않고 편했다. '콜타임'이라고 하면 대면 다니시는 분들께는 생소한 단어일 것이다. TM으로 일하시는 분들은 관리자들이 통화시간을 체크한다. 콜타임을 통해 업무량을 판단하는 잣대로 삼는다. 그런데 예전부터 나에게 콜타임은 중요하지가 않았다. 항상 그 이상을 달성하면 했지, 못하면 어떻게 해서든 채우고 갔다.

나는 매일 계약을 따내는 것이 목표였고, 그 목표를 꾸준하게 이뤄가고 있었다.

나는 마침내 항상 생각해왔던 보험의 꽃, 대면 시장을 가기로 했다. TM 시장에서 경험해봤고 전산도 익숙한 굿리치로 가기로 했다. 핸드폰 영업도 대면으로 했기 때문에 대면 영업에 대한 거부감은 없었지만, 항상 전화로만 하다가 막상 만나려고 하니 뭔가 굉장히 어색할 수도 있겠다는 느낌을 받았다. 하지만 역시 대면 체질인지 고객님을 만나자마자 그런 생각은 사라졌다.

대면으로 처음 출근한 다음 날, 새벽 5시에 광주에서 강릉으로 출발했다. 포항, 울산, 광양을 거쳐 광주까지 돌아오니 밤 9시였다. 첫 대면 계약이자 첫 출근에 보장성 보험으로만 200만 원가량의 보험료를 찍고 대면 영업에 성공적인 안착을 했다.

첫 대면이라 설레고, 떨리고, 머릿속에는 별의별 걱정이 다 들었다. 그런데 또 다른 한편으로는 너무 편하고 즐겁고 좋기도 했다. TM으로 할 때는 고객분들이 보이스피싱 의심을 많이 하셨다. 그래서 설명을 잘해놓고도 계약 녹취할 때 그 부분이 항상 불안했었는데, 막상 고객님 얼굴을 뵙고 설명해 드리고 계약을 하니 오히려 소개 건이 많이 들어왔다.

대면에만 계셨던 분들은 오히려 나와 현재 함께 일하고 있는 이미진 지점장에게 큰 관심을 보였다. 어디에 계셨다가 왔는데 고객님과의 통화가 이렇게 편하시냐고 말이다. 어떻게 보면 참 운이 좋았던 것 같다는 생각이 든다. 보험을 떠올리면 다들 대면부터 생각하시고 일하시는데, 나는 TM부터 배워 통화가 편했기 때문이다. TM으로 하기에 만나서 계약하는 것보다 더 애로사항이 많았고 설명을 더 꼼꼼하게 잘해야 했기 때문에 의사소통 능력이 더욱 필요했다.

🗨️ 왜 피에스파인서비스인가

지금도 나는 직원들에게 '소개'를 많이 받아야 한다고 강조를 한다. 그래서 나는 어떻게 소개를 받았을까? 나는 그냥 솔직하게 내가 가입한 보험만 가입을 시켰다. 불필요한 것을 포함하지 않았다. 그리고 고객님께 내가 가입한 보험을 직접 보여드렸다.

살면서 이건 정말로 꼭 필요한 보험이라고 생각되는 것들만 추렸다. 내가 지금껏 고객님들로부터 소개받았던 소개 노트도 보여드린다. 그리고 '왜 저에게 이렇게 많은 사람이 소개를 해주는지 아시냐'고 물어본다. '왜요?'라고 말씀을 하시면 '저는 고객님에게 했던 거 그대로 불필요한 거 다 빼고 정말 이건 살면서 필요하다고 생각하는 것만 넣어드리기 때문입니다'라고 말을 한다. 사실 소개 받는 건 본인이 최선을 다해서 설명하고 고객님이 만족하시면 마지막에 말 한 마디가 아니라 그 자리에서 연락처 받는 게 최고다.

모든 영업은 다 비슷하다고 생각한다. 세상에 그냥 되는 일은 없다. 내가 잘하고 싶으면 공부를 많이 해야 한다. 적극적으로 시간을 투자하고 그만큼 열정이 있어야 한다. 누구나 잘하고 싶다. 세상에 잘하고 싶지 않은 사람이 누가 있겠는가. 그런데 말뿐인 사람들이 너무나도 많다.

나는 2022년 12월에 본부장을 달았다. 물론 운도 굉장히 좋았다. 지금 내가 다니고 있는 피에스파인서비스는 입사할 당시 처음으로 설계사를 모집하고 있었다. 이 회사를 택하기 전에 나는 약 20개가 넘는 곳을 돌아다니며 면접을 봤었다. 나는 절대적으로 안 좋은 회사는 없다고 생각한다. 그렇다고 절대적으로 좋은 회사도 없다고 생각한다. 나는 단지 미래에 대한 먹거리를 제공해줄 수 있는 회사가 비전이 있는 회사라고 생각한다. 내가 피에스파인서비스를 선택한 이유가 딱 이거였다.

나를 위한 게 아닌 우리 조직을 위한 길을 선택했다. 몇 곳은 수수료가 높다며 본인 회사로 오라고 한다. 몇 곳은 정착지원금을 말하며 본인 회사로 오라고 한다. 각자 회사만의 특징이 있다. 그런데 수수료라고 해봐야 솔직히 이것저것 따져보면 회사마다 거의 비슷한 수준이다. 그런데 피에스파인서비스는 정착지원금도 환수가 터무니 없이 높지가 않고 누구나 할 수 있는 범위 내에서 준다. 대출이 아닌 말 그대로 정착지원금이다.

설계사들이 가장 걱정하는 것 중 하나가 환수다. 이것 또한 원수사 환수 그대로 따라간다. 더 붙이지도 덜 붙이지도 않는다. 결론은 관리자들이 미래의 먹거리를 얼마나 빠르게 찾아주는지 그게 중요하다. 관리자들은 사람들을 많이 만난다. 보험에 대해서 아무것도 모르는 신입, 그리고 보험에 대해서 너무나도 많이 알고 있는 경력자도 있다. 나는 리쿠르팅을 할 때 딱 두 가지만 체크 한다. 후보자의 센스 그리고 인성을 본다. 이유는 간단하다. 아무리 모르는 것이 있더라도 센스가 있으면 그 순간 위기를 넘기고 대처할 수가 있다. 반면 센스가 없는 사람은 고객 앞에서 말문이 막힌다. 그 순간 고객에게 신뢰를 잃게 된다.

인성을 보는 이유도 단순하지만 본질적이다. 미꾸라지 한 마리가 온 웅덩이를 흐린다는 말이 있다. 한 예로 성과를 굉장히 잘 내는 설계사가 있었다. 그런데 나중에 알고 보니 모든 게 대필이었다. 2주도 되지 않아서 모든 계약과 청약을 다 철회시키고 입사를 취소시켰다.

우리 조직은 즐겁게 일한다. 예전에 내가 그랬던 것처럼 사무실은 곧 놀이터가 되어야 한다고 생각한다. 그래야 사람들이 어릴 때 시간 가는 줄 모르게 했던 소꿉놀이처럼 즐겁게 일할 수 있다. 보험회사는 다른 분야의 회사에 비해서 개인주의가 심할 수밖에 없다고 생각한다. 그러나 나는 생각이 조금 다르다. 경쟁도 좋지만 이건 경쟁이 아니라 상생이 되어야 한다.

좋은 정보가 있으면 공유하고 나 자신도 공유를 받는다. 그렇게 건강한 조직이 지금의 조직이다. 예전에 원수사만이 했던 교육을 지금은 많은 GA에서 실행하고 있다. 상품교육, 전산 교육, 고객관리, DB 교육 등등 그런데 막상 교육이 다 끝나면 이제 혼자 알아서 하라는 식이다. 나에게 면접을 보러 오시는 분들 중 비교적 경력이 적은 분들이 이런 말을 자주 하신다. 미래의 먹거리를 찾아주고, 앞으로 어떻게 할 계획이며, 추후에는 이렇게 할 비전이 있다고 말해주고, 그것을 실현할 방법을 함께 고민하며 전폭적인 서포터를 해주는 것이 진정한 리더가 아닐까 생각한다.

나는 정말 힘들다고 했던 직원들을 다 받아주었고, 그 직원들이 다 성과를 내게끔 교육을 해주었다. 그리고 가장 중요한 멘탈을 잡아줬다. 물론 이건 나 혼자서 할 수 있었던 건 아니다. 지점장을 포함하여 먼저 들어온 직원들도 하나가 되어 함께 건강한 조직 문화를 만들어줬기 때문이다. 새로운 직원들도 적응을 빨리했고, 또 다른 새로운 직원이 들어와도 기존 직원들이 빨리 적응할 수 있도록 함께 도와줬다. 이렇게 거짓 없이 솔직하게 앞만 보고 달리니 어느새 1년 동안 40명이라는 직원이 함께하고 있었다.

영업하는 회사는 분위기가 굉장히 중요하다. 피에스파인서비스는 임직원이 모두 밝은 에너지를 지니고 있다. 그리고 다른 회사와 다르게 굉장히 소통이 잘 된다. 이런 회사가 있기에 우리 본부도 다들 웃으면서 일을 할 수 있다. 혹여 좋지 않은 일이 생길지라도 다 같이 도와주고, 본인 일처럼 알아봐 주는 게 문화로 정착되어 있다. 우리는 PS 그룹 계열사다. 그러기에 재정적으로도 굉장히 안정되어 있다. 이성익 PS 그룹 회장님은 슬하의 모든 임직원에게 아낌없이 지원을 해주신다. 그렇기에 회사가 1년 만에 설계사 500명 이상을 입사시키며 승승장구하고 있는 것이다.

피에스파인서비스에는 젊고 잘생긴 두 대표님이 계신다. 이호경 대표님(CEO), 김성혁 대표님(CRO)이시다. 두 분 다 보험을 하셨었고 MDRT는 물론이거니와 MDRT 강연도 하셨다. 그래서인지 누구보다 현장에 있는 가족들의 마음을 잘 아시고 신경을 많이 써주신다. 대표님들은 현장에서 필요한 게 있으면 바로 조치를 취해주신다. 500명이 넘는 직원이 있는 회사 중 이렇게 소통이 잘 되고, 필요한 것들을 잘 지원해주는 곳은 흔하지 않다고 생각한다.

🚚 보장 분석 꿀팁

이제 들으면 들을수록 팁이 뚝뚝! 이것을 실천하면 고객이 노크를 똑똑! 하는 보장 분석 꿀팁을 알려주려 한다. 모두가 잘 아는 내용이지만 설계사마다 순서는 조금 다를 수 있다.

1 chapter

밑그림을 그려라!

보험에도 우선순위가 있습니다

1순위	의료실비보험	
2순위	암진단비	일반암 최소 5천 만원 ✍
3순위	뇌 & 심장진단비	보장 어디까지? 확인 ✍
4순위	수술비 & 간호간병비	수술비 종류 확인
5순위	사망보험금	[결혼 및 자녀]에 따라 결정

전국 설계사 인원

생명보험사 및 손해보험사에 소속된 보험설계사가 2022년 기준 약 60만 명이라고 발표했다.

◉······○ 약 60만 명 이상!

◉··················○ 나에게 계약하면 **무슨 장점**이 있는가?

◉············○ 고객 주변에 설계사는 많기 때문에
왜 나에게 해야 하는지! 어필 중요

자기 PR은 틈틈히!

2 chapter 좋은 보험의 기준

☑ 여성 : 유방암, 자궁암, 난소암 등

☑ 남성 : 전립선암, 방광암 등 생식기암이 소액암이 아니라 일반암으로 똑같이 포함되어 크게 보장되어야 합니다.

☑ 암 : 가장 많이 진단받는 갑상선암, 기타피부암, 제자리암, 경계성 종양

☑ 4대 유사암 : 진단비가 200~300만 원이 아니라 최소 천만 원 이상 보장되어야 합니다.

☑ 뇌출혈진단비 : 뇌졸중(뇌경색＋뇌출혈) 진단비가 아니라, 뇌혈관 질환 진단비로 가입해야만 대부분의 뇌혈관 진단 을 보장받을 수 있습니다.

☑ 급성심근경색증 : 진단비가 아니라 [특정 심장질환 진단비]로 가입해야만(협심증, 부정맥, 심부전 포함) 심장질환의 거의 모든 질병들이 보장됩니다.

☑ 보험은 저축이 아닌 미래의 나를 위한 보장 상품입니다. 무해지 · 저해지 상품으로 일반보험 대비 30% 저렴하게 가입해야 합니다.

3 chapter

고객의 말이나 의견에 먼저 동의한 후 자신의 의견을 전달하는 화법

YES, BUT　　긍정　　화법

YES, BUT 화법 멘트

어쩔 수 없이 거절을 해야 하는 순간이나, 반론을 제기해야 하는 순간에 [안됩니다] [그게 아니구요]로
시작하기 보다는 긍정적인 '네, 그렇게 생각하실 수 있겠네요. 그런데 ~', '네, 고객님, 많이 불편하셨겠네요.
하지만~' 으로 시작해서 고객의 의견을 존중하는 태도를 어필!

YES, BUT 화법 효과

- ☑ 거절을 해야 하는 순간이나, 반론을 제기해야 하는 순간에 고객의
  의견을 존중한다는 느낌이 전달될 수 있다.

- ☑ 고객의 말을 거절하면서도 고객이 설계사에게 느끼는 호감은 그
  대로 유지할 수 있다.

- ☑ 자신의 의견을 조금 더 부드럽게 말할 수 있고, 당황하지 않고 응
  대할 수 있다.

quick tips

나를 좋게 PR하기 위해서는
상대방의 기분을 좋게 만들어야 한다!

칭찬은 누군가를 유혹이나 설득 하기 위해 자주 사용되는 방법

☑ 칭찬은 칭찬을 불러온다.

☑ 칭찬은 고객 감동과 고객 만족 두 가지를 충족시키고도 남는다.

☑ 칭찬이나 다정한 말을 해준다면 고객은 자동으로 빚진 듯한 기분을 느낀다.

🚗 에필로그

내게는 보험 인생의 스승님이 계신다. 나에게 많은 것들을 알려주신 분이다. 궁금한 게 생겨서 연락하면 정말 친절하게 하나하나 알려주시고 본인이 공부했던 자료를 주셨다. 이 분이 있었기에 내가 이 자리까지 올 수 있었다. 지금 현재에도, 다가올 미래에도 내게 있어 가장 든든한 분이시다. 현 피에스파인서비스의 이미진 지점장님께 이 자리를 통해 감사를 전한다. 앞으로도 즐겁고 행복하게 같이 일했으면 좋겠다는 말을 전하고 싶다.

chapter

07

INSURANCE MEDICAL

스스로를 믿어라

이 진 호  jinho6572@naver.com

경력

현) 신한금융플러스 힐링지점 지점장
　　삼성화재 RC
　　삼성화재 BTC 수료
　　생명, 손해 자격 보유

활동

· 네이버 보험 1위 카페 보만세 스텝
· 보만세 회원 대상 코칭 멘토링
· 보만세 회원 대상 강의

스스로를 믿어라

어릴 때는 잘 몰랐는데 우리 집은 가난한 집이었다. 8살까지는 부모님과 단칸방에 살았고 기름 보일러도 아닌 연탄으로 난방을 했다. 당연히 온수도 나오질 않아 엄마가 매일 가스레인지에 물을 끓여 나를 씻겨줬던 기억이 아직도 어렴풋이 난다.

60~70년대 이야기하는 거냐고 생각할 수도 있지만 90년대 초 이야기이다. 아버지는 당시에도 개인용달을 하셨는데 지금 생각해보면 일을 엄청나게 많이 하셨다. 새벽부터 밤까지 계속 배달을 다녔다. 초등학교 저학년까지는 아버지 트럭을 같이 타고 전국을 돌아다니며 시간을 많이 보냈다. 어릴 적 기억이지만 그중에서도 이 기억은 잊혀 지질 않는다. 지방으로 배달을 갔다가 밤에 밥 먹을 곳이 없어 트럭 안에서 부모님과 왕뚜껑을 먹었던 기억이다. 내 인생에서 행복했던 순간이기에 아직도 선명하게 기억이 나는 것 같다.

지금 생각해보면 가난했지만 부모님은 나에게 사랑을 많이 주셨다. 없는 형편에도 다른 거는 몰라도 내가 먹고 싶은 것, 하고 싶은 것은 형편되는 선에서 다 해 주셨다. 그 때문인지 나는 어렸을 때부터 내가 내 삶의 주인공이라고 생각했고 자존감이 높았다. 어린 나이에 학교를 다닐 때도 부당하거나 불합리해 보이는 일이 있으면 나는 꼭 내가 생각하는 바른 말을 했다. 내가 생각해도 이런 성격은 나에게 단점으로 작용했다.

군대에서 있었던 일화다. 군대에서는 아침 마다 구보라고 다 같이 모여 달리기를 하는데 그날은 장교 동행 없이 병사들끼리 달렸다. 근데 장교가 없으니 병사들이 원래 갔다 와야 하는 위치까지 가지 않고 중간에서 돌아가려고 하는 상황이 벌어졌다. 당시 병사 중에는 내가 가장 선임이었기에 끝까지 안 가는 사람은 내가 보고하겠다고 말했다. 그래서 결국 모든 병사들이 원래대로 달리기를 했다.

이런 성격 때문에 그동안 살면서 보지 않아도 되는 피해를 많이 봤다. 사람들이 그랬다. "진호야 다 네 말이 맞는데 그렇게 원리 원칙대로 살면 힘들어, 성격 좀 죽이고 살아." 나도 좀 그러고 싶다. 하지만 나중에 어느 교육을 받다가 알게 된 것인데 한 번 결정된 성격이나 기질은 바뀌지 않는다고 한다. 그래서 나는 내 성격을 보완할 수 있는 장치를 만들기 시작했다.

내 성격을 보완할 수 있는 장치는 바로 영향력이 있는 사람이 나를 지지하도록 만드는 것이다. 사회생활을 하며 항상 어울렸던 사람은 가장 높은 직책에 있는 분이었다. 높은 직책에 있다는 것은 많은 경험이 있고 배울 부분이 많기 때문이다. 실제로 그랬다. 시간과 시행착오를 겪으며 배워야 하는 부분들을 많은 분들이 단축시켜줬다.

보험 회사에서는 이런 분들이 지점장이라는 직책에 앉아 계신 분들이라고 생각한다. 빨리 성장하고 싶다면 이런 분들하고 어울리길 바란다. 가능하면 더 위의 상위 관리자와도 교류를 하며 배우는 것이 좋다. 보험 회사는 모든 정보가 빠르게 바뀌는 조직이다. 내가 그 정보를 빨리 입수할 수 있고 선점할 수 있는 것만큼 유리한 일은 없다.

chapter

08

그렇다고 관리자에게 아부를 하고 뇌물을 바치라는 것은 아니다. 그냥 내 일을 열심히 하다 보면 나에게 먼저 여러 가지 기회를 주고 전폭적인 지지를 해줄 것이다. 걱정하지 말고 일단 내 일부터 열심히 하면 된다. 기회는 알아서 찾아오고 그 기회만 잡으면 되는 것이다.

글에서도 느껴지겠지만 나는 자기 확신이 아주 강한 사람이다. 그리고 이 글을 읽는 여러분들도 그런 사람이 되었으면 좋겠다. 설계사들을 만나보면 스스로를 의심하는 분들이 많았다. "내가 이 일을 잘할 수 있을지 모르겠어요." 고객은 확신이 없는 설계사를 싫어 한다. 빨리 태도를 고쳐서 스스로를 믿었으면 좋겠다.

스스로를 믿을 수 있는 방법 3가지를 소개해주겠다.

첫 번째, 정직해야 한다. 내가 생각하기에 정직한 것보다 가장 강력한 무기는 없다. 정치인이나 연예인들이 한순간에 무너지는 이유도 이 부분이다. 세상에는 속일 수 없는 신이 2명 있다. 바로 나 자신과 하늘에 계시는 신이다.

두 번째, 엄격해야 한다. 타인에게 엄격하지 말고 스스로에게 엄격해져야 한다. 자신과의 약속을 했으면 무조건 지켜라. 아침에 헬스장을 가기로 했으면 가고 3방을 하기로 했으면 실제로 3방을 해라. 나 자신과의 약속은 꼭 지켜야 한다.

세 번째, 신뢰해야 한다. 나 스스로가 나를 신뢰해야 한다. '나는 할 수 있는 사람이야'라는 맹목적인 신뢰를 자신에게 보내주길 바란다.

불과 3년 전까지만 하더라도 나는 월 3백도 간신히 버는 평범한 영업사원이었다. 하지만 어느 날 유튜브에서 우연하게 봤던 영상 하나가 내게 동기를 부여해주었고, 그때부터 인생이 급격하게 변하기 시작했다. 가장 바뀐 부분은 스스로를 믿기 시작한 것이다.

보험 영업을 잘하기 위한 내가 생각하는 첫 시작은 바로 자기 자신을 사랑하고 자기 자신을 믿는 것이다. 아무도 나를 믿지 않는다고 하더라도 나 자신은 내가 보험 영업으로 성공할 거라고 무조건 믿어야 한다. 이게 가장 중요하고 변화의 시작이다. 그리고 무엇보다 보험을 사랑해야 한다고 생각한다.

매력에는 두 가지 매력이 있다고 생각한다. 얼굴이나 몸에는 풍기는 외적인 매력이랑 이와 반대로 내면에서 오는 매력이다. 외적인 매력은 분명히 강력한 무기임에는 틀림없으나 내가 만나본 보험으로 성공한 분들은 모두 내적인 매력이 높은 분들이었다. 내면에서 풍겨지는 매력을 높이고 스스로를 믿기 시작하면 된다. 뜬구름 잡는 소리라고 생각하겠지만 내가 알아낸 영업의 원리 중에 가장 중요한 부분이다. 보험은 상품을 파는 일 같지만 사실 나를 파는 일이다. 고객은 설계사를 보고 가입하지 상품을 보고 가입하는 경우는 거의 없다.

고객을 만나서 얘기해보면 상품에 대한 불만을 얘기하는 사람은 단 한 번도 본 적이 없다. 모든 불만은 설계사에 대한 불만이었다. 안 좋은 상품을 가입한 것도 그걸 제안한 설계사 잘못이라고 생각하는 게 고객이다.

다시 한번 강조하겠다. 스스로를 믿어라. 본인 스스로를 유능한 설계사라고 믿고 돈을 많이 버는 설계사라고 계속 생각해라. 계속 믿고 생각하다 보면 실제로 그렇게 된다. 나는 그렇게 성장했고 앞으로도 그럴 것이다. 여러분도 그랬으면 좋겠다.

chapter

08

🖥 되고 싶은 사람을 만나라

현 축구 선수 중에 가장 존경받고, 닮고 싶다고 여겨지는 축구 선수는 누구일까? 아마 축구를 하는 대부분의 어린아이들은 메시를 우상으로 삼고 있을 것이다. 메시는 마라도나처럼 되고 싶었다고 한다.

이런 것처럼 보험 설계사에게도 롤 모델이 있으면 좋다고 생각한다. 나의 경우 김성욱이라는 사람이 롤 모델이었다. 보험을 시작하기 전 사전조사를 하다가 유튜브에서 제임스TV라는 것을 보았다. 보험에 대한 얘기를 솔직하고 재밌게 하기에 즐겨 보고 있었는데 독립 지사를 오픈 한다는 영상을 어느 날 보게 되었다. 나도 지원해서 같이 일할 수 있을까 하는 생각에 찾아보니 아쉽게도 무경력자는 받지 않는다고 하여 근처 삼성화재에서 보험일을 시작했다.

삼성화재 육성지점에서 지낸 10개월 정도의 기간 동안 유튜브를 통하여 감탄지사가 성장하고 발전되는 모습을 계속 지켜보았다. 이직을 할 생각은 없었지만 무실적을 경험하니 외부에 눈을 돌리게 되어 결국 감탄지사에 강의를 수강하러 갔다.

첫 오프라인 강의가 바로 김성욱 지사장의 강의였다. 강의 제목은 영업의 원리였던 것 같다. 4시간이 넘는 긴 강의 였는데 들으면서 많은 것을 느꼈고 무엇보다 부끄러웠다. 영업에 대해 잘 알고 자신감이 있다고 생각했는데 부족한 부분이 훨씬 더 많다는 것을 알게 되었기 때문이다. 가장 인상에 남았던 멘트는 '나를 버리라' 였다.

그 날 이후로 나는 나를 버리기 시작했다. 잘하는 사람에게 찾아가서 질문을 하고 계속 원리를 찾아다녔다. 강의라는 강의는 다 찾아다니며 다른 사람들은 어떤 노하우가 있는지 알아내고 흡수하기 시작했다. 잘하고 싶다는 욕구가 강했기에 내가 원래 생각하던 고집을 버리고 감탄지사로 바로 이직을 했다. 그리고 1년 동안 많은 것을 보고 느끼며 배웠다. 감탄에는 영업적 능력이 뛰어난 분들이 많기에 알게 모르게 체득이 된 부분도 많다.

환경은 정말 중요하다. 아이가 공부를 잘하길 원한다면 좋은 환경을 만들어줘야 하는 것처럼 설계사도 좋은 환경에서 일을 하면 당연히 실적이 올라갈 수밖에 없다고 생각한다. 가능하면 좋은 환경을 제공해주고 능력 있는 설계사들이 포진되어 있는 조직에서 일해라. 그러면 내가 그전에 뛰어 넘지 못했던 한계를 자연스럽게 뛰어 넘게 될 것이다. 앞서 말한 것처럼 나는 무실적을 경험하고 좌절을 했다가 이직을 한 케이스였는데 이직 직후 대부분의 설계사들이 바라고 원하던 월 천만 원을 바로 경험하게 되었다.

내가 잘나서 달성한 것이라고는 단 한 번도 생각한 적이 없다. 그냥 좋은 조직에 들어가서 혜택을 본 것이라고 생각한다.

노는 물을 바꾸고 가능하면 내 롤모델과 함께 같이 일해보아라. 그러면 여러분이 원하는 목표는 생각보다 금방 달성될 수 있다. 많은 설계사분들이 이직을 항상 고민하는데 내가 감히 조언하자면 회사를 보

chapter

08

163

고 선택하지 말고 사람을 보고 선택하라고 말하고 싶다. 내가 닮고 싶은 사람이 있는 조직이라면 과감하게 이직해서 같이 일을 해보아라. 그러면 그 사람이 알아서 여러분을 키워줄 것이다. 보험 영업은 혼자 하는 일처럼 느껴질 때가 많지만 실상은 정반대다. 아침에 하는 교육부터 시작해서 수수료, 민원처리, 보상처리 등 혼자서 모든 걸 챙기기에는 벅차고 어렵다. 특히나 경력이 적은 사람일수록 이런 부분에 매우 취약하다.

혼자서 하려고 하지 말고 조직의 혜택을 이용하는 것을 추천한다. 그러기 위해서는 조직의 수장은 꼭 믿을 수 있는 사람이어야 한다. 믿을 수 있고 존경할 수 있고 닮고 싶은 롤 모델을 만들어라. 그리고 그 사람을 따라하고 가능하면 같이 일해라. 옆에서 보고 배우는 것이 가장 빠르게 성장할 수 있는 비법이다.

귀인을 만나면 꼭 보답하라

보험 영업을 하다 보면 귀인을 만나게 된다. 고객일 수도 있고 주변 동료나 관리자일 수도 있다. 이런 사람을 만나면 꼭 보답하라.

내 고객들 중에는 까다로운 분들이 많다. 원래는 보험이 별로 없었다가 나를 믿고 가입하신 분들이 대부분이고 기존 설계사에 대한 불만 때문에 아예 보험을 다 해지하려고 했던 분들도 있다. 이런 고객들이 나에게는 귀인이 되는 경우가 많았다. 기존 설계사에 대한 불만 때문에 사람을 쉽게 믿지 못하고 의심이 많았던 고객이 있었다. 나는 계약을 떠나서 이분에게 선입견을 없애 주고 싶어서 질문하는 모든 부분을 다 설명해드렸다. 상담은 총 6번을 했던 것 같다. 6번의 상담이 끝나고 고객님의 부인분이 미안해서 이제 그만 좀 물어봐도 될 것 같다며 가족 계약을 모두 나에게 맡겼다.

상담하며 마신 커피나 샌드위치도 모두 고객님이 사 주셨고 계약을 한 날 나에게 고기를 사 주시며 부탁을 하셨다. "진호 씨 믿고 한 거니까 앞으로 잘 부탁해요." 고객과 계약을 했는데 밥까지 얻어먹으니 스스로 이래도 되나 생각이 들 정도로 많은 생각이 들었다.

이 가족분들로 인하여 보험을 시작하고 처음으로 월 납 보험료 100만 원을 넘겼고 당연히 육성지점에서 1등을 했다. 사업단에서는 아쉽게 신인 기준 2등을 했다. 그때 한 가지 다짐했다. 이분들은 내가 평생토록 잘해드려야겠다. 그래서 나는 시상품을 받으면 무조건 이 가족분들에게 택배를 보낸다. 무조건 첫 번째로 챙긴다. 생일에는 생일 쿠폰을 챙겨드리고 그걸 받은 고객님은 생일 때 가족들과 찍은 사진을 나에게 카톡으로 보내신다.

흔히 초보 때 이런 고민을 많이 할 것이다. 다이렉트 보다 비싼 자동차 보험 계약을 어떻게 할 수 있는가에 대한 고민이다. 나도 처음에는 이게 가장 큰 고민이었다. 근데 이런 고민도 저 고객님이 해결해 주셨다. "다 비교해봤는데 진호 씨에게 가입하면 15만 원 정도 비싸더라고요. 근데 그냥 해주세요."

보험료가 비싼데 나에게 그냥 하신다고 하여 처음에는 잘 못 들은 줄 알았다. 그런데 나는 이때 정확히 알았다. 보험료도 중요하지만 사람이 더 중요하구나. 이 고객님은 이제 그냥 나에게 매년 자동차 보험 갱신을 맡긴다. 이런 고객 님들이 몇 명이 있다. 비싸도 그냥 나에게 가입해주는 귀인 분들이다. 사실 나는 모든 고객님들을 귀인이라고 생각한다. 1만 원짜리 화재보험만 가입한 고객, 자동차 보험 1건만 가입한 고객 모두를 귀인이라고 생각한다. 왜냐하면 그때 그런 계약마저 없었으면 나는 보험을 그만 둘 수도 있었기 때문이다.

다들 그렇겠지만 신인 시절에는 작은 계약도 소중했다. 그래서 감사한 마음을 절대로 잊지 않으려고 노력한다. 그분들에게 보답하고자 아무리 바빠도 내가 꾸준히 하는 것이 몇 가지 있다.

일주일에 한 번씩 단체 문자로 고객 님들께 인사 드리기, 한 달에 한 번씩 소식지와 작은 선물 보내 드리기, 생일을 알면 꼭 챙겨 드리기. 아마 모두가 다 알 것이고, 하고 있는 분들도 있을 것이다. 근데 문제는 오래 지속하지 못하는 부분이라고 생각한다. 고객님들은 귀신 같이 알고 말씀하신다. "한 1년은 잘 챙겨주던데 그 이후에는 연락 한 번 없어서 괘씸하더라고~!" 그렇다. 한 번 챙겨드리기 시작했으면 계속 챙겨줘야 하는 것이다.

내가 생각하기에 고객은 여자와 같다. 항상 관심을 필요로 하고 사랑을 확인하고 싶어 한다. 그 관심이 떨어지면 그때부터 한눈을 팔게 된다. 다른 설계사를 찾는 것이다. 반대로 내가 꾸준히 관심과 사랑을 보내면 고객은 한눈을 팔지 않는다. 고객이 바람 나는 게 싫으면 고객에게 꼭 보답을 하라. 평생고객이라고 생각하고 물심양면으로 잘 해드려라. 그게 보험영업으로 성공하는 유일한 방법이다. 가끔 신계약만 찾아다니는 설계사분들이 있는데 내가 감히 말하자면 보험 영업은 그렇게 하는 것이 아니다. 유지율이 괜히 있는 게 아니다. 소개를 해달라고 얘기할 필요가 없다. 고객이 만족감을 느끼면 알아서 소개를 해준다. 고객뿐만 아니라 주변에도 귀인이 있다. 잘 찾아보아라. 분명히 있을

것이다. 나에게 조언과 위로를 주는 사람, 자신의 노하우와 경험을 아낌없이 퍼주는 사람, 나를 전폭적으로 지지해주는 사람이다.

내 경우에는 이 책을 쓰게 할 수 있도록 많은 도움을 주신 '보험 설계사 만만세'의 운영자인 조이파파 진일원 대표님이 귀인이시다.

조이파파님은 처음 만난 날에 자신도 저자로 참여한 억대연봉 비밀노트 1권에 싸인을 해주시고 따로 몇 시간 코칭까지 해주셨다. 처음에는 왜 이렇게 잘해주실까 하는 생각이 들었지만 아마 내가 카페에 쓴 글들을 보고 나를 도와주고 싶었던 것 같다. 이후에 보만세 카페 스텝까지 할 기회를 주셔서 설계사로만 근무했다면 모르고 있을 정보도 자연스럽게 알 수 있었다. 항상 나에게 좋은 책을 권해주고 때로는 꼭 필요한 조언을 해주는 귀인이다.

앞서 말한 것처럼, 이 분은 내가 평생토록 보답해야 하는 분들 중에한 분이기도 하다. 호혜성이라는 말이 있다. 상대에게 무언가를 주는데대가 없이 주는 것이다. 보통 부모가 자기 자녀한테나 하는 행동이다. 근데 사회에서도 이런 분들이 정말 가끔 있다. 이런 분들이 귀인이다. 절대로 잊지 말고 꼭 보답을 해라.

나는 매일 일기를 쓰는데 누가 선물을 주거나 커피 한 잔이라도 사주면 모두 기록한다. 그리고 꼭 잊지 않고 보답하려고 노력한다. 이런 행동을 한 다음부터 내 인생이 잘 풀리기 시작한 것 같다. 고객 뿐만 아니라 누군가에게 도움을 받았으면 꼭 보답했으면 한다. 보험 영업을 하기 이전에도 영업일을 했었는데 이 작은 것들을 안 지키다가 무너지는 사람들을 정말 많이 봤다. 고객에게 작은 사은품을 주기로 했다가 안주었는데 그게 빌미가 되어 결국 강제 해촉을 당하는 것도 보았다.

고객이든 주변 사람이든 약속을 했으면 무조건 지키고 도움을 받았으면 꼭 보답하라. 그러면 그 사람들이 여러분을 성공하게 만들어 줄 것이다.

고객 님들이 요즘 나를 보면 이런 말씀을 많이 하신다. "요즘 잘 나가나 봐~!" 그러면 나는 이렇게 대답한다. "다 고객님 덕분이죠~"

🖥 루틴을 만들어라

운동, 독서는 많이들 강조하는 부분이다. 나도 보험 영업을 하기 전까지는 하지 않았다. 그리고 왜 필요한지 처음에는 공감을 못했다. 근데 보험 영업을 잘하는 분들이 모두 이 2가지를 강조하기에 2년 전부터 무조건 따라 하기 시작했다.

출근하기 전 아침에 하는 것이 좋다고 하여 늦잠을 즐겼던 내가 5시30분에 알람을 맞추고 일어나기 시작했다. 처음에는 너무 힘들었다. 알람을 꺼버리고 자는 경우도 있었고 지점에 일찍 도착해서도 책을 안 읽고 엉뚱한 짓을 하는 경우도 많았다. 근데 습관은 참 무섭다.

매일 아침 7시에 지점에 도착하니 어느 날은 정말 책에 손이 가더라. 읽기 시작하니 재미를 느껴 그때부터 매일 아침 독서를 했다. 주로 읽은 책은 자기 계발서이다. 아마 유명한 책은 거의 다 본 것 같다. 사람들은 이런 말을 한다. 그런 책 읽어도 별로 도움이 안 된다고. 내가 생각하기에는 도움이 되는 경우도 아닌 경우도 있다. 책을 보고 그대로 따라하는 사람은 도움이 되고 따라하지 않으면 당연히 도움이 안 된다. 책만 읽는다고 변하는 것은 아무것도 없다. 행동을 꼭 해야 한다.

독서 습관이 잡히니 가장 좋았던 점은 독해력이 올라갔다는 점이다. 보험 설계사는 정보를 텍스트로 접하게 된다. 빠르게 바뀌는 상품 정보, 약관 해석 등 읽어야 하는 부분이 많다. 보험 용어는 난해하고 이해하기 어렵게 만들어져 있다. 그렇기 때문에 내가 경험한 것처럼 책을 읽는 습관은 꼭 만들었으면 한다. 책을 읽는다고 무조건 성공하는 것은 아니지만 성공한 사람 중에 책을 안 읽는 사람은 본 적이 없다.

운동의 경우 보험일을 시작하고 1년 뒤에 시작했다. 독서만 하고 운동은 가끔 할 생각이었는데 체력이 부족하니 확실히 쉽게 지쳤다. 혼자 하면 쉽게 포기할 것 같아서 헬스장에 등록하고 PT까지 시작했다. 그리고 운동 시간은 새벽 6시나 7시로 일부러 이른 시간에 잡았다. 나는 내가 게으른 사람이라는 걸 안다. 그래서 내가 하기 싫은 일이 있으면 사람과 약속을 잡는다. 남에게 피해 주는 걸 싫어하기에 약속은 잘 지키기 때문이다. PT를 처음 받는 날 온몸이 부들 부들 떨렸다. 내가 이렇게 힘이 없었나 하는 생각이 들 정도로 기본적인 운동도 어려워했다. 하지만 내가 잘하는 것이 하나 있다. 시작하면 끝까지 한다는 것이다. PT를 6개월 이상 받으니 나는 잘 몰랐는데 트레이너 분이 체력이 많이 올라왔다고 했다.

운동과 독서를 하고 가장 많이 바뀐 점이 있다면 힘든 일이 생겨도 쉽게 지치지 않고 빨리 극복할 수 있게 됐다는 점이다. 보험설계사를 하다 보면 힘든 일이 많다. 열심히 준비한 제안을 고객에게 제안도 제대로 못하고 거절당하는 경우도 있고 계약을 했는데 너무나도 쉽게 청약 철회나 해지를 당하는 경우가 있다. 운동과 독서 루틴을 만들어야 하는 이유다.

나는 이런 일이 생기면 헬스장에 가서 운동을 하며 땀을 흘리고 서점에 가서 신간을 사서 읽는다. 그러면 금방 기분이 또 괜찮아지고 지나간 일에 대해서 생각하기보다 앞으로 어떻게 대처할 것인지만 고민하게 된다. 엎지른 물은 다시 담을 수 없다. 그냥 새로 물을 받는 게 유일한 방법이다.

운동과 독서를 꼭 하셨으면 한다. 보험설계사 직업 자체에도 도움이 되겠지만 인생을 바라보는 시각 자체가 달라진다. 언행이 달라지고 행동이 달라진다.

이외에 좋은 루틴도 몇 가지 소개하겠다. 아침에 일어나면 이부자리를 정리하고 긍정 확언으로 시작하는 것이다. 그리고 출근하며 긍정적인 영상을 보는 것이다. 강의 녹화본일수도 있고 동기 부여 영상 마음을 위로해주는 영상 등 무엇이든 좋으니 긍정적인 영상을 보는 것이다. 사람의 인생은 보는 대로, 그리고 생각하는 대로 흘러간다고 생각한다. 꼭 자신만의 좋은 루틴을 만들어 보길 바란다.

🗨 첫 책의 집필을 마치며

억대연봉 비밀노트3 공동 저자에 참여해 보라는 제안을 받았을 때 솔직히 고민이 많았다. 내가 이 프로젝트에 참여해도 되는 걸까? 이런 생각을 했지만 주변에서 괜찮다고 한번 써보라고 하여 참여하게 되었다.

내가 생각하기에 보험 영업을 시작하고 가장 바뀐 부분이 있다면 이렇게 다른 사람의 제안을 흘려듣지 않고 수용한다는 것이다. 그 덕분에 내가 이렇게 변하고 보니 이제는 나 또한 누군가에게 기회를 주는 사람이 되고 싶어졌다.

공동 저자의 책이기에 화법이나 스킬 같은 방법론적인 이야기는 하지 않았다. 아마 나보다 훨씬 잘하는 분들이 좋은 내용의 글을 써 주셨을 거라 생각한다. 내가 이 글을 읽는 분들에게 가장 하고 싶은 말이 하나 있다. 진심으로 영업하길 바란다. 진심으로 고객에게 잘해주고 진심으로 주변 동료나 관리자와도 지내길 바란다. 그러면 여러분이 원하는 대부분의 목표는 진심을 알아챈 사람들이 만들어 줄 것이다.

한 때는 성공이 나 혼자 죽도록 노력하면 된다고 생각하던 시절이 있었다. 하지만 이제는 안다. 성공은 내가 아니라 남이 만들어 주는 것이다.

나에 대해 궁금하거나 관심이 있는 분들은 네이버 카페 보만세에 오시길 바란다. 매일 글로 나의 활동 기록과 생각을 공유하고 있다. 닉네임은 보험전도사이다.

그럼 부족한 첫 책의 집필을 마치겠다.

우리도 고객도
결국은 'Money'다

이 춘 성  stylecs@naver.com

경력

현) AIA프리미어파트너스 지점장

전) GA Rich&Co. 지점장

Job change/ 부지점장 Manager Promotion

MDRT 달성

서울대학교 은퇴설계코칭전문가 과정 수료

MFP College Course 수료

STAR 50주 완성 (3W)

MetLife생명 Join

우리도 고객도
결국은 'Money'다

자기 객관화 & 메타인지

아프다. 그들과 나는 다르다고 생각했다. 나는, 여기서 나만이 아프지 않은 사람이라고 믿었다.

> **정신병동에도 아침이 와요 9화 - 정다은 독백**
>
> 자기 평가가 안되는 사람들의 특징이 있다.
> 나는 이런 곳에 있으면 안 되는 사람이다.
> 나는 머리가 똑똑하기 때문에 공부만 하면 상위권 가능하다.
> 나는 이런 대접을 받을 사람이 아니다.
> 나는 성공할 것이다.(노력 없는 무지성 성공 외침)
> 나는 부자가 될 것이다.(상동)
> 나 정도면 이 정도 급의 이성을 만나야 한다.
> 정신 승리에 실패하면 남 탓, 환경 탓, 상황 탓을 한다.
> 결국 잘 돼도 남 탓, 안돼도 남 탓을 하는 삶을 산다.

이 비밀 노트에 남기는 나의 말은 고객이 아니라 이미 우리 일을 하고 있는 동료들에게 하는 외침이며 혹은 새롭게 보험 세일즈를 도전하려는 사람들에게 하는 말이다.

진짜 원하는 바가 있고 그 원하는 바를 꼭 이루고자 한다면 가장 먼저 철저하게 자기 객관화와 메타인지 능력을 가져야 한다. 자기 객관화는 "개인이 자기 자신을 외부의 관점에서 인식하고 판단하는 것"이다. 혹은 "다른 사람이 생각하는 나와, 내가 생각하는 나를 일치시키는 과정"이다.

실제 전북 전주에 예수병원이라고 지금은 대략 800병상을 보유한 국내에서 가장 오래된 선교 의료병원이 있다. 필자가 중학생이던 시절 아버지께서는 장마철을 피하고자 지하에 위치하고 있으며 복도에는 철 문이 가로막고 서 있는 정신 병동에 스스로 입원하시곤 했다. 이유는 당신이 젊은 시절에 전기 감전 사고를 당한 것에서 비롯되었는데, 그 트라우마로 인해 천둥 번개 치는 장마철엔 꼭 비가 오던 눈이 오던 지 진만 아니면 밖에 무슨 일이 일어나도 모를 곳에 스스로를 가두신 것이 다. 나는 거의 빌다시피 아버지를 설득했고 어느 연도부터는 병원이 아 닌 집에서 여름을 나기 시작했다. 아버지를 설득한 이유는 딱 한 가지 다. 잠시 면회 가서도 여러 섬뜩한 장면을 목격했고 그곳에 있으면 멀 쩡한 사람도 아플 것 같다는 생각이 강하게 들어서였다. 그 강한 아버 지 또한 점점 자기 객관화가 흐려지셨고 말은 안 했지만 약물의 무서움 도 있었다.

보험이라는 상품을 가지고 세일즈를 하는 데 있어 외부에서는 나를 어떻게(친구로 지인으로 전문가로 그냥 가족으로 등등) 보는지, 다른 사람들(고객)이 생각하는 나와 내가 생각하는 내가 불일치하지는 않는 지 인식하는 것부터가 세일즈의 시작이다.

가끔 새내기들은 믿었던 사람들로부터 거절을 당하고 마음에 큰 상 처를 새긴다. 이유도 모른 채 말이다.

열정 가득한 신입으로 돌아가 그때를 회상해보자. 혹은 이제 이 일을 시작하려는 본인 스스로를 대입해서 생각해보자. 신입분들은 지인들과의 약속을 이렇게 잡는다. 차 한 잔 할래? 밥 먹을까? 우리 오랜만에 한 잔 해야지? 근처 지나갈 일이 있는데 간만에 얼굴이나 한번 보자 등등.

상대방은 차 마시러 날 만나고 밥 먹으러 날 만나고 한잔 하려고 날 만나는 것이다. 상대방은 말 그대로 오래간만에 얼굴 한번 보러 날 보는 것이다. 하지만 내 마음속엔 계약이 가득하다. 말로는 아니라고 하지만 농도에 차이가 있을 뿐 마음이 급하게 먹어지는 것은 사실이다. 상대에게 말하지 않은 내 진짜 목적이 있으니 말이다.

그 마음으로 상대를 만나 급하게 보험 세일즈를 시작하면 여러 뒤틀린 상황을 마주하고 상처 입고 거절당한다. 그래놓고 이런다. "이 배신자. 나쁜 사람. 어떻게 나한테 이럴 수 있어!"라고 말이다. 보험하면 사람 잃는다던데……. 아니다. 그건 잘 배우지 못해서 그렇다. 친구가 보는 나는 그냥 친구다. 20년의 장기납을 비전문가인 나에게 맡길 이유가 없다. 그래서 메타인지가 필요한 것이다. 메타인지는 "인지에 대한 인식 또는 인식의 과정에 대한 지식"이다. 한마디로 "내가 아는지 모르는지 아는 것"이 메타인지이다. 무엇이 잘못돼서 그동안 이어져 오던 인간관계가 무너지는 것인지 아는지 모르는지 자체가 중요하다는 뜻이다.

보험 이야기를 꺼내려거든 적어도 고객이 들을 수 있는 준비시간을 줘라. 고객도 마음에 준비가 되어야 들을 것 아닌가. 느닷없이 만나자 해놓고 보험이 어쩌고 저쩌고 하면 고객은 반감만 생길 것이다. 특히

지인이라면 더더욱 말이다. 즐겁게 식사하고 한잔하고 파하기 전 다음에 만나서 하고자 하는 이야기가 있다며 이직했음을 고백하거나 이직을 준비하고 있다거나 고민이 있다는 등 다음 만남에 어느 정도의 목적을 투영해라. 그다음 마음의 부담은 내가 아닌 고객이 갖는다.

고객과 멱살 잡고 싸워본 나로서는 위 방법이 최선이라고 생각한다. 보험일 하면서 사람 잃을 필요 없다. 오히려 내 기준에서 사람이 걸러진다. 아주 좋다.

💬 Sales Process 7단계

세일즈, 특히나 보험세일즈는 그냥하는 것이 아니다. 보험이라는 상품을 판매라는 결과로 만들어내기까지 단계별 과정이 있다. 큰 틀은 비슷할 수 있지만 회사마다 용어가 살짝 다를 수 있기 때문에 이는 감안해서 인지해주셨으면 좋겠다.

chapter 09

Sales Process 7단계

PS 》》 TA 》》 OP 》》 F/F 》》 PT/C 》》 PD 》》 R/L

DATA 01 가망고객발굴 (Prospecting) 잠재 고객 또는 비즈니스 고객을 찾는 행위

DATA 02 면담확보 (Telephone Approach) 고객과 대면하기 위해 약속을 잡는 행위

DATA 03 초회면담 (Opener) 신뢰감을 쌓고 마음을 여는 행위

- 자기소개
- 회사소개
- needs 환기 (보험에 대한 필요성 상기시켜주기)
- wants 파악 (고객의 생활체험에 기초한 특정화된 욕구)

DATA 04 정보수집 (Fact & feeling Finding) 숫자와 느낌(마음) 동시에 확인하는 행위

DATA 05 해결안 제시 및 계약체결 (presentation & Closing)

DATA 06 증권전달 (policy Delivery)

DATA 07 소개확보 (Referral Lead)

quick tips

내가 아는 사람은 그냥 사람이지 가망 고객이 아니다. 가망 고객이란 적어도 보험상담을 할 수 있는 상태의 누군가를 칭한다. 되려 설계사가 고객을 어느 정도 필터링해야 한다. 책임감도 있고 납입능력도 있는 사람을 가망 고객으로 확보해야 한다. 신계약보다 더 중요한 게 유지다.

고객의 구매심리 단계의 변화를 보면 발굴 당시의 고객은 보험에 무관심하다. 물론 그렇지 않은 고객들도 있겠지만 많은 고객들이 여러 이유로 무관심하다는 전제를 두고 말하자면 과거에는 전화 통화 하나로 했던 것을 현재는 카카오톡, SNS, 인터넷(카페, 블로그, 이메일) 등 다양한 채널로 고객과의 대면을 약속하고 호기심을 생성하게 된다.

필자는 고객 자택 근처의 커피숍을 써치하고 거꾸로 되묻는다. 큰소리로 말하지 않아도 대화가 가능한 곳인지. 그렇지 않다면 고객님이 추천해 주시는 곳으로 내가 찾아가겠다고 제안한다. 면담확보는 짧고 굵게 약속을 잡는 데 그 목적을 둔다. 전화로 주저리주저리해서는 대면할 확률이 떨어진다고 보면 된다.

쉽든 쉽지 않든 대면에 성공했다. 이어지는 프로세스 중 초회 면담이 가장 중요한데 이 상황에서 고객의 상태를 파악하고 해결하고자 하는 욕구를 생성하는 단계를 거치며, 이때 1차 심리적 결정이 이루어진다. 신뢰감을 형성하고 마음을 열어야 하는 단계가 바로 초회 면담 단계인 것이다.

{ 그럼 어떻게 해야 신뢰감을 형성하고 마음을 열 수 있을까? }

첫째, 사람은 무엇을 통해 호감을 느끼는가? 라는 질문의 답은 깔끔한 외모, 비즈니스 매너이다. 첫인상이라는 단어가 결코 가벼울 수 없듯 시각적인 부분이 호감을 형성하는 데 있어 매우 중요하다는 것이다.

두 번째로 사람은 무엇을 통해 공감대를 형성하는가? 단번에 통하는 공감 소재는 단연코 돈, 일, 사랑, 관계, 교육, 건강이다.

※ My story 만들기

상황	관계, 일, 사랑
사건	돈, 교육, 건강
갈등	갈등이 일어난 내용
해결	보험이 주는 가치 및 기대감 제공
교훈	도움(이득)을 줄 수 있다. 나의 철학

끝으로 일과 관련된 성공경력(가입시킨 보험이 잘 사용되었을 때의 사례 공유, 취득한 자격, 쌓아온 커리어 등)과 직업을 대하는 나의 태도나 마인드가 고객에게 전달되어야 한다. 초회 면담에서도 자기소개와 회사소개는 반드시 행해져야 한다. 그래야 뒷단에 나올 정보수집단계에서 나의 질문에 보다 적극적으로 대답해 줄 수 있기 때문이다.

위 신뢰감과 공감대 형성은 지인시장은 물론 소개시장이나 DB시장에 더 많이 필요한 요소이고 지인에게 신입사원이 자기소개와 회사소개를 한다는 건 말처럼 쉽지 않다. 생각보다 오글거리고 상대는 관심이 없고 나는 조리 있게 말을 전달하지 못한다. 포인트는 나의 입장이 아닌 상대방의 입장에서 말하는 것이다.

예를 들어 보험의 순기능과 부가기능이 있다면 순기능은 보험 자체의 작용이고 부가기능은 담당자 라는 대화 컨셉이 생긴다. 네가 원하는 담당자가 어떤 사람이면 좋겠는지 내가 너한테 해줄 수 있는 것은 무엇인지 지인은 내 성격과 성향을 잘 알기 때문에 오히려 "그건 그렇지"라는 말만 듣는다면 한 번의 기회는 온다고 본다.

회사 소개도 마찬가지다. 원수사고 GA고 대리점이고 뭐고 간에 고객은 크게 감흥도 없고 잘 모른다. 질문을 해라. 어떤 보험회사가 좋은 보험회사라고 생각하는지 그 이유는 무엇인지 말이다. 고객이 대답하는 회사가 "바로 내가 소속된 회사입니다"라고 말하면 된다. 많은 고객들은 돈 잘 주는 회사, 망하지 않을 회사를 좋은 회사라고 말한다.

만약 일이 잘 안된다면, 나는 열심히 한다고 하는데 잘 풀리지 않는다면, 위 프로세스를 꼭 확인해보아야 한다. 이것을 모른다면 내 딴엔 입에서 단내가 나게 설명 잘 한 후 다음 약속을 잡으려고 해도 고객이 핑계 대며 만나주질 않는다. 겨우 만났더니 지난 번과 다르게 데면데면하고 어물쩍 넘어가려 한다.

단계에서 단계로 넘어가는 것을 전환율이라 하는데, 고객을 만날 때마다 기록을 해두면서 내 약점은 어느 부분인지, 장점은 어느 부분인지 정확하게 파악해야 롱런할 수 있다.

🚅 가치대화

위 OP프로세스의 자기소개와 회사소개 그리고 어느 정도의 needs 환기가 끝나면 Wants를 파악하고 이를 위한 정보를 수집해보자. 보장 전문가로 세일즈를 하려는 컨셉이라면 주민번호 넣고 조회해서 분석해가면 그만이다. 하지만 고객의 재무를 컨설팅하려면 이야기는 달라진다. 원하는 바와 정보를 목 끝까지 획득해야 다음 해결안 제시에 힘이 생긴다. 이유는 간단하다. 나의 제안이 고객의 것이어야 하기 때문이다. 이때 쓰이는 화법이 가치대화법인데, 간단히 말해 질문을 통해 고객의 과거와 현재를 이해하고 미래를 그려나가는 대화 방법이다.

고객 안에 숨어있는 고객의 중요한 value를 찾아내는 것이 핵심이다. 2018년도에 이 대화법을 배우는 과정을 수료하고 적극적으로 현장에서 활용하기 시작했다. 새벽까지 잠 안재우며 (본인도 못 주무셨지만) 스크립트를 달달달 외우고 자연스러운 대화가 가능하게 가르쳐주신 전부장님께 감사하다는 말씀을 드린다.

마중물을 붓고 듣다 보면 고객의 언어(keyword)가 있다. 이를 빠르게 이해하고 고객이 중요하게 여기는 가치를 발견해야 한다. "난 당신을 이렇게 이해했는데 맞나요? 내가 잘 이해한 게 맞나요?" 라며 확인하고 앞으로 그리는 미래의 재무 목표는 무엇인지 질문하고 설정한다.

"What's important about money to you?"

몇 가지 질문 예시를 공개한다.

Client Discovery value

Questions Answer

History [과거]

1. 이 순간, 돈과 관련하여 가장 먼저 떠오르는 기억은 무엇인가요?
2. 고객님의 부모님과 형제분들은 어떤 분들이셨나요?
3. 살아오면서 금전적으로 가장 만족스러웠던 순간은 언제인가요?
4. 과거 재무적 결정이나 사건 중 되돌리기 원하는 것은 무엇인가요?
5. 인생에 큰 영향을 끼쳤던 중대한 사건(순간)은 무엇인가요?

Transitions [현재]

1. 1년 이내 일어날 일 중에서 현재의 재무상황에 영향을 줄 수 있는 일은 무엇인가요?
2. 현재 재무 상태(자산, 부채, 수입, 지출 등)에 점수를 준다면 몇 점인가요? 그 이유는?
3. 현재 재무 상태 중 가장 취약한 부분은 무엇이라고 생각하시나요?
4. 고객님의 재무적 결정(유학, 사업, 사직 등)으로 가장 영향을 받는 사람은 누구인가요?

Principles [투자원칙 및 철학]

1. 돈과 관련하여 가지고 있는 원칙이나 철학은 무엇인가요?
2. 만약, 금융상품에 투자를 권유받으신다면 안정형과 투자형 각각 어느 정도 비율로 운용하시겠습니까?
3. 세금과 관련해서 어떤 경험이 있으신가요? 어떻게 생각하시나요?
4. 진정한 부란 무엇이라고 생각하시나요?
5. 자녀분들에 대한 증여 및 상속은 어떠한 계획을 세우고 계신지요?

chapter

09

진정으로 자녀들에게 물려 주고 싶은 것은 무엇인가요?

Goals [목표]

1. 지금 필요하다고 생각되는 만큼 돈이 있다면 삶이 어떻게 달라질까요?

2. 만약, 로또에 당첨됐다면 무엇을 하시겠습니까? 그리고 대학교 졸업 무렵에 당첨됐다면 무엇을 하셨을까요?

3. 30년이 지난 시점에서 과거를 돌이켜 봤을 때 어떤 일들이 성취되었길 바라시나요? 그 일이 이루어지려면 얼마면 충분하다고 생각하시나요?

4. 아직 이루지 못한 3가지의 꿈이 있다면 무엇인가요?

5. 현재 고객님께서 70세의 나이이고 수요일 오전 11시 라고 가정한다면 어디에서 무엇을 하고 계실까요? (주거환경, 여행, 취미 등)

질문을 통해 돈이 왜 중요한지 고객님의 삶에 있어 중요한 가치는 무엇인지 확인되는 순간 상담은 편해진다. 하나 더 팁을 주자면 만약 이 과정을 통해 부부 상담이 잘 끝났는데 결과가 나오지 않는다면 꼭 따로따로 추가 상담을 해야 한다. 반대의 상황이라면 꼭 같이 있을 때 한 번 더 상담이 필요하다.

위 정보를 토대로 재무 목표를 설정한다.

여러 재무 목표 중 우선순위 3가지를 선정한다면 무엇인가요?

☑ 단기목표 (3년 이내) :

☑ 중기목표 (4~10년) :

☑ 장기목표 (10년~은퇴 전) :

☑ 은퇴 후 목표

- 은퇴 예상 나이
- 기대 수명
- 은퇴 시 필요한 월 생활비 (현재가치 기준)
- 기타 은퇴 후 목표

이어서

재무상태 분석 및 고객 희망 사항 파악하기 [항목/ 금액/ 비고]
- 현금성 자산 (예적금, 비상자금 등)
- 투자성 자산 (펀드, 주식, 보험, 부동산 등)
- 부동산 및 기타 자산 (주택, 자동차, 회원권 등)
- 부채

이어서

월 현금흐름 분석 및 고객 희망 사항 파악하기

수입(급여, 사업, 기타 소득)		지출(고정지출)	
항목	금액	항목	금액

정말 구체적으로 파악이 가능하다면 저축 및 투자가 진행되고 있는 내용(금융기관, 상품명, 월납입액, 수익률, 금리, 평가액, 가입년월, 만기년월, 용도)과 노후 준비 및 리스크 관리(연금, 보장성보험)에 내용

chapter

09

(금융기관, 상품명, 월납입액, 평가액, 가입년월, 만기년월, 예상연금수령기간, 용도)까지 파악하면 좋다.

저축 및 투자							
금융기관	상품명	월납입액	수익률(금리)	평가액	가입년월	만기년월	용도

노후 준비 및 리스크 관리(연금, 보장성 보험)							
금융기관	상품명	월납입액	평가액	가입년월	만기년월	예상연금수령기간	용도

정보수집량을 보면 결코 쉽지 않은 흐름과 양이다.

이렇기 때문에 필자는 가치대화를 시작하기 전에 이렇게 이야기한다. 고객님께서는 이미 저와 유사한 일들을 하시는 분들을 한두 분 정도는 만나봤을 거라 생각됩니다. 그런데 저는 고객님께서 그동안 만나보셨던 분들이 고객님께 해드렸던 방식처럼 단순 상품 소개하고 매칭하는 획일적인 서비스를 해 드리고 싶지는 않습니다.

즉, 다시 말해서 제 나름대로는 고객님께 좀 더 나은 서비스를 해드리고 싶다는 말이고요. 그러기 위해서는 제가 고객님에 대해서 제대로 알아야만 그런 서비스를 해 드릴 수가 있습니다. 그래서, 고객님께서 과거에 어떻게 살아오셨는지, 제가 담당 설계사로서 고객님의 소중한 자산과 관련해서 같이 고민해야 될 가장 시급한 재무적 현안이 무엇인지, 또 고객님과 고객님의 가족들이 그리고 있는 미래의 꿈과 목표가 무엇인지, 그리고 그 미래의 꿈과 목표를 달성하기 위해서 향후 저축과

투자를 하실 때 어떤 원칙과 철학을 가지고 하실 건지 이런 것들에 대해서 한 번 여쭈어 보고 싶은데 괜찮으실까요?

이야기의 흐름을 뒤튼 건 Wants 파악하고 F/F한다고 훅 들어갔다가는 자칫 고객이 무례하다거나 지루하게 느낄 수 있기 때문이다. 따라서 이 책을 보고 있는 여러분들에게 질문을 통해 획득해야 할 양이 많음을 미리 보여주고 그렇기 때문에 가치대화를 시작하기 전에 어떻게 말하고 시작해야 하는지를 뒤에 보여준 것이다.

이후 마무리 멘트는 다음과 같이 하면 좋다.

오늘 소중한 시간 내어주셔서 정말 감사합니다. 고객님, 저는 이제 회사로 돌아가 많은 시간, 때로는 비용이 투입되는 이 과제를 해결해야 합니다. 그런데 다음 만남에서 준비해온 과제에 대해 들어보시고 합리적이라는 판단이 드심에도 불구하고, 이 과제에 대해 실행하실 의사가 없으시다면 저 또한 이 과제를 하는 것은 무의미한 일입니다.

어떻습니까? 다음에 제가 가져오는 과제가 합리적이라는 판단이 드신다면 실행하실 의사는 있으십니까?

○○○ 뵙겠습니다.
하고 일어서면 된다.

🗨 고객 수업

필자는 항상 노트북이나 태블릿을 가지고 상담에 임한다. PPT자료를 준비하면 최대한 글자는 없애고 사진으로 공간을 채우려 노력한다. 신입 때는 글자가 어마어마하고 사진이 하나도 없었다. 즉, 고객이 봐

chapter
09

도 의미가 없을 정도이다. 하지만 괜찮다. 하다 보면 점점 좋아진다. 그게 바로 경력 아니겠는가.

결국 우리는 설계사의 직업을 가지고 고객의 소리를 듣고 보험사에서 판매하는 보험상품을 제안하고 결과를 만들어 내는 사람이다. 상품 제안서를 들이밀기 전 고객에게 단리와 복리를 이해시키고 국민은행 금융계산기와 은행연합회 그리고 국민연금관리공단에서 제공하는 노령연금 예상연금월액표를 가지고 다니며 초벌한다.

국민은행 금융계산기
https://omoney.kbstar.com/quics?page=C041936#loading
(국민은행이 주는 신뢰도가 어마어마 하다.)

은행연합회
https://www.kfb.or.kr/main/main.php

국민연금관리공단에서 제공하는 노령연금 예상연금월액표
https://www.nps.or.kr/jsppage/csa/csa.jsp

적금계산기를 통해 1년, 2년, 3년 적금 상품의 실질금리를 보여주고 장기납이 불리한 게 아닌 좋은 것임을 부각시켜주고 금융사에서 유일하게 보험회사를 통해서만 가입이 가능함을 인지시켜준다.

또한 단기목표는 은행에서 판매하는 예적금도 적극 권유한다. 은행연합회를 참고하여 우대금리와 기본금리를 이해시켜주고 가입이 가능한 채널을 가이드해준다. 이 부분에서도 고객들은 나에게 또 한 번 신뢰를 갖는다. 내가 설계사라고해서 꼭 보험상품으로만 고객을 설계해야 할 필요는 없다.

나이가 있는 고객분들이라면 돈을 지켜야 할 것이고, 젊은 고객이라면 꿈과 희망을 주어야 한다. 고객이 젊다면 생명보험협회의 변액보험 공시실을 활용해 수익률을 확인시켜주고 72법칙(72에 수익률을 나누면 원금이 2배가 되는 시간이 나온다.) 까지 곁들여 설명해준다.

생명보험협회 공시실
https://pub.insure.or.kr/#fsection03

먼 미래의 일이고 워낙 필요자금이 큰 은퇴자금을 시간에 맡겨 해결할 수 있게 상담해준다. 2차 면담에서 고객 수업을 실시한 뒤 상품소개를 하면 고객의 이해도가 굉장히 높아진다.

presentation & Closing

해결안을 제시하고 계약체결을 할 때엔 망설이지 말고 밀리지 말고 준비한 대로 확신을 갖고 행동해야 한다. 반대로 준비가 미흡하면 미흡할수록 내 기세는 고객에게 눌리게 된다. 고객이 계약을 할까 말까가 아니라 계약을 할 건데 A안과 B안 중 어떤 걸로 계약하고 실행할지를 가이드하는 자리이다.

필자는 고객들에게 묻는다.

고객님은 걸릴지 안 걸릴지 모르는 암보험에 왜 가입하셨습니까?

저는 진단받았다는 가정하에 얼마를 받아서 어떤 치료를 받을지 생각하고 보험을 가입합니다.

그리고 누굴 위해 가입하십니까?

경증, 중증은 나를 위해 가입하는 것이지만 그 이상의 사건 사고 질병으로 내가 자유롭게 의사표현을 할 수 없다면 그 때부터 고객님 보험은 고객님을 위해 시간과 돈을 쓰며 어떤 식으로든 애쓸 보호자를 위한 것이 됩니다. 결국 가족을 위해 고객님의 가치를 지키기 위해 소득의 일부를 투자하는 것입니다. 만약 그게 언제까지여야 하냐고 묻는 다면 경제적 독립을 할 때까지입니다. 이유는 고객님의 소득이 아직은 근로소득이기 때문입니다. 고객님의 육체가 재산이기 때문입니다.

은퇴 전 불로소득이 완성되어야 경제적 독립이 된다. 물론 경제적 독립에 가까운 사람이나 그렇지 않은 사람에겐 그 상황에 맞춰 답하면 된다. 끝으로 나를 여기까지 이끌고 와준 재무설계 기준표를 공개한다. 신입 4차월경 더 이상 채워지지 않는 나의 주간 계획표를 위 기준표 덕분에 채울 수 있었다.

PT 초반 고객수업과 함께 이 기준표를 제시하며 왜 이 보험료로 이 상품을 준비했는지 그 당위성
을 추가로 부여해주면 좋다.

재무설계 기준표

100%(소득)						
50%(소비성 지출)			50%(저축성 지출)			
15%	35%		10~15%	5%	25%	10%
생활자금	고정지출	변동지출	보험	비상 예비자금	단기/중기	장기
체크카드 신용카드 현금	핸드폰 관리비 주유비 등등	경조사비 비 정기 고정지출	보장자산	CMA통장 (유동성)	차량구입 결혼자금 주택자금 자녀교육비	은퇴자금 노후자금

🚚 증권전달과 소개요청

이제부터 고객과의 시작이다. 고객관리는 스스로 터득하는 것이 가장 좋다. 지키지 못할 약속은 하지 말고 돈의 크기로 고객을 구분 짓지 않았으면 한다. 요즘은 약관이며 설명서며 모바일로 이메일로 가는 세상이기에 대면횟수가 현저하게 감소했다. 계약 시 모바일로 하든 태블릿으로 하든 대면해서 계약해야 한다. 방식이 다양해진 것뿐이다. 그리고 증권은 유일한 유형의 무엇이다. 반드시 전달하고 전달하면서 소개를 요청하라. 고객 없다고 핑계 대지 말고 비싼 돈 주고 DB 사서 좌절하지 말고 미뤄둔 증권 전달부터 하자.

보험세일즈는 나를 파는 것이다. 내가 나를 팔지 않으면 세일즈는 끊길 수밖에 없다. 경험해보지 않은 자의 조언을 조심하고, 성공한 경험자의 조언을 새기시길.

법인영업으로
당신의 인생을 바꿔라!

장 대 성 　✉ evaping@naver.com 　📞 1811-1951

경력

현) 한국보험금융 리사브랜치 대표
　　한국중소기업협력센터 대표
　　퍼브에듀 법인영업 대표강사
　　더드림교회 담임목사

전) 인카금융서비스 법인사업부
　　에이플러스에셋 교육관리자 및 충청사업단 법인총괄

활동

· GA(대리점) 다수 법인교육
· 원수사 다수 법인교육
· 법인회사 컨설팅 약 150건
· 오픈카카오톡 보험사랑방 운영자
· 오픈카카오톡 보험오아시스 부운영자 및 법인영업대표강사
· 오픈카카오톡 설계사.com 부운영자 및 법인영업대표강사
· 오픈카카오톡 최영호 장대성 안재욱의 법인영업 부운영자 및 법인영업대표강사

법인영업으로
당신의 인생을 바꿔라!

💬 '법인개척영업' 하면 왜 장사부(장대성)인가!

우리나라에서 법인영업을 한다는 사람 중에 장사부(장대성)를 모르는 사람이 없을 것이다. 그도 그럴 것이 밑바닥부터 최고의 자리까지 올라갔기 때문이다. 그리고 그 자리까지 올라갈 수 있도록 도왔던 것이 법인개척영업이다.

최근 자금영업, 지원금영업, 인증영업 등을 법인영업이라 하며 교육하는 곳이 많아졌다. 그런데 이것은 법인영업이 아니다. 앞에서 말했듯이 자금영업, 지원금영업, 인증영업이라고 일컬어야 할 것이다.

법인영업이란 내 컨설팅과 보험계약을 통해 법인회사가 성장하고, 법인대표에게 혜택을 줄 수 있어야 하며, 그로 인해 보험설계사 역시 소득을 창출해 내는 것을 뜻한다. 하지만 앞서 말한 영업방식은 법인사업자만 해당이 되는 것이 아니라 개인사업자도 해당이 된다. 이것은 보험계약을 받기 어려울 뿐만 아니라, 현금 수수료로 받기 때문에 보험업에서 말하는 법인영업이 될 수 없다. 따라서 위 영업방식은 브로커로 활동하는 것이지 보험설계사로 활동한다고 보기는 어려울 것이다. 이런 영업을 가르치는 곳이 많아졌다는 것은 그만큼 보험설계사들이 자신의 일에 지쳐있거나, 새로운 돌파구를 찾고자 하는 마음에서 보험설계사로서의 삶이 아닌 다른 것에 눈을 돌렸다는 것을 의미한다. 이것은 보험설계사들을 망치는 영업이라고 할 수 있다.

잘 생각해 봐라. 보험설계사들이 많이 하는 실수 두 가지가 있는데, 바로 네트워크마케팅(다단계)에 빠지는 것이고, 보험설계사 일을 투잡으로 생각하는 것이다. 이래서는 절대로 성공할 수 없다. 보험설계사는 보험영업에 충실해야 하며, 다른 일과 병행해서는 안 될 것이다. 물론 예외적인 경우도 있지만, 평일에 두 가지 일을 해서 성공한다는 것은 어불성설이다. 어려운 시기일수록 본질을 흐려서는 안 되고, 본질에 가까워지도록 노력하는 것이 성공으로 갈 수 있는 키**key**라고 할 수 있다.

지금부터 장사부가 법인영업을 어떻게 시작했는지, 그리고 법인영업을 어떻게 접근해야 하는지 기술할 텐데, 집중해서 이 글을 읽고 영업에 적용한다면 이 짧은 글이 당신의 인생을 바꿀 수 있는 계기가 될 것이라고 확신한다.

🗨️ 목회자가 보험을 한다고?

결혼을 하게 되면서 내 인생은 완전히 다른 길로 들어서게 되었다. 평범한 가정에서 남부럽지 않게 살았던 내가 결혼하면서 가난을 알게 되었고, 사람들 눈치를 보며, 매일 돈 걱정하며 살게 된 것이다.

수십년 된 복도식 아파트에서 시작한 비좁은 신혼집. 아이가 태어났는데 제대로 움직일 수도 없는 공간. 곳곳에 있는 곰팡이의 흔적들. 겨울만 되면 결로가 생기며 방음도 되지 않아 옆집에서 말하는 소리가 그대로 들리는 생활. 기저귀 살 돈도 부족해서 면 기저귀로 매번 빨래

해서 재사용하였다. 그 당시 나는 교회 부교역자로 목회를 하고 있었으며, 한 달 급여가 50만 원이었기 때문에 당연히 생활비가 부족할 수 밖에 없었다. 그래서 돈을 벌기 위해 주말에는 교회에서 일하고, 평일에는 자녀를 케어하면서 할 수 있는 일을 찾다 보니 영업직, 즉 보험을 시작하게 된 것이다.

보험을 하면서 느낀 것은 목회와 보험이 매우 비슷하다는 것이다. 목회는 보이지 않는 신에 대해 사람들에게 니즈를 환기시킨 후 전도 해야 하고, 교인들이 정착할 수 있도록 잘 관리해야 하는데, 보험 역시 보이지 않는 위험에 대한 니즈를 환기시켜 청약을 해야 하고, 그 고객들을 잘 관리하는 것이기 때문이다. 그리고 목사가 매일 성경을 공부해야 하는 것처럼, 보험설계사 역시 상품과 약관을 매일 공부해야 한다. 모든 것이 닮아 있었고, 그래서 보험에 대해 긍정적으로 접근할 수 있게 되었다.

새벽 4시에 일어나 새벽기도 차량 운행을 하고, 집에 와서는 보험공부, 그리고 출근. 이러한 삶을 매일 반복했더니 지점에서 업적이 늘 상위권에 있었고, 이제는 급여도 일반 회사원이 벌 수 없을 정도로 벌게 되었다. 보험영업이 무서운 것이 있다면, 돈을 벌고 나니 다른 생각을 하게 된다는 것이다. 첫째, 매번 새로운 계약을 하는 어려움이 있다. 둘째, 환수에 대한 두려움 또한 존재한다. 셋째, 고객이 많아질수록 보험금 청구 업무가 가중되는 불편함이 있다. 이 모든 것들이 쌓여서 개인영업을 그만하고 싶다는 생각을 하게 된다는 것이다. 이것은 보험영업을 해서 소득을 어느 정도 창출해 낸 사람들은 공통적으로 느끼는 문제라고 할 수 있다.

연봉 1억 이상을 벌었던 나 역시도 개인영업의 한계를 느끼게 되었고, 마침내 자금영업으로 눈을 돌리게 되었다.

📱 보험설계사가 하는 가장 큰 실수

서두에 말했듯이 보험설계사가 절대 해서는 안 되는 것이 있는데 그것이 바로 투잡이다. 보험 하나만 집중해도 성공할 수 있을지 없을지 모르는데, 다른 것에 눈을 돌린다? 나락으로 가는 기차를 타는 것이라고 할 수 있다. 이것은 나와 같이 실수한 많은 설계사들이 경험한 것이기 때문에 보험설계사라면 꼭 기억해야 한다.

나는 갑이 되는 영업이라는 말에 혹해서 자금영업을 시작했고, 그 결과 3억이라는 빚이 생기게 되었다. 물론 초반에 돈을 많이 벌기도 했지만, 회사도 차리고 공격적으로 사업을 키웠으며, 그렇게 몇 년을 하다 보니 결국 빚만 떠안게 된 것이다.

자금영업이라는 것은 회사에 돈이 없어서 정부기관에 대출을 받을 수 있도록 옆에서 도와주는 것이다. 그렇게 대출 받도록 도와준 회사는 급한 불만 껐지 결국 자금력이 없기 때문에 회사 문을 닫을 수 밖에 없는 것이다. 회사가 몇천만 원이 부족해서 정부 대출을 받기 위해 컨설턴트에게 컨설팅을 받아서 대출을 받는다? 이것이 과연 제대로 된 회사라고 할 수 있을까? 시기를 몰라서 그렇지 곧 폐업 수순을 밟는 회사라고 할 수 있다.

"부자가 되고 싶으면 부자 옆에 있어라!"라는 말이 있다. 수백만 개나 되는 회사 중에 왜! 힘든 회사를 찾아가서 영업을 하려고 하는가! 갑이 되는 영업? 다 좋다! 중요한 것은 그 영업이 지속 가능한 영업이냐는

chapter

10

199

것이다. 갑이 되는 영업이라는 문장이 주는 달콤한 환상에 젖어 큰 실수를 저지르지 않기를 바란다. 다른 사람은 다 망해도 나는 다를 거야! 아니다! 당신이 망한다! 보험영업에서 다른 곳으로 눈길을 돌리는 순간 당신도 똑같은 실패를 맛보게 될 것이다.

필자도 원수사에서 업적이 상위권이었기에 난 좀 다를 거라 생각했었다. '다른 사람 다 실패해도 나는 성공할 수 있어!' 이렇게 도전한 것에서 빚만 잔뜩 떠안게 되었다는 것을 기억해라!

보험인은 보험에 집중해야 한다.

🚚 이제는 법인영업이다!

보험시장을 냉정히 평가했을 때 과거보다 지금이 영업하기 쉽다고 생각하는가! 아니면 어렵다고 생각하는가! 필자는 주저 없이 보험영업이 어려워졌다고 말할 것이다. 그 이유는 설계사 수의 증가도 있지만, 가장 큰 이유는 고객들이 스스로 공부해서 본인에게 필요한 보험에 가입하기 때문이다. 설계사들에 대한 일반인들의 인식은 보험팔이로 평가절하 되어 있는 것이 사실이다. 그 이유는 일부 막무가내식 잘못된 영업을 하고 있는 설계사들로 인하여 자신이 피해를 입었으며 사기를 당했다고 생각하기 때문이다.

물론 나쁜 보험은 없다. 하지만 제대로 된 컨설팅이 부재한 상태로 보험 가입을 시킨다면 사기꾼 인식을 심어줄 수밖에 없는 것이다. 그로인해 젊은 세대는 온라인상에 정리되어 있는 보험정보를 통해 스스로 공부하게 되었고, 점점 설계사가 설 곳이 줄어 들고 있는 것이 현실이다.

단적인 예로 이미 자동차보험의 경우 다이렉트로 보험에 가입하는 수가 급속도로 증가하고 있는 추세이다. 그렇다면 다이렉트 시대에 살고 있는 설계사들이 성공할 수 있는 방법은 무엇이 있을까? 수많은 설계사 중에 나에게 보험을 가입해야 하는 이유는 무엇일까? 보험영업을 제대로 하기 위해서는 내가 서 있는 위치를 바로 아는 것에서부터 시작해야 한다.

개인영업의 경우 성공할 수 있는 유일한 방법은 내가 전문가가 되는 것이다. 자동차보험 전문가, 실손의료비 전문가, DB영업 전문가, 온라인영업 전문가, 암보험 전문가, 연금보험 전문가, 종신보험 전문가 등 한 분야에서 누구도 따라올 수 없는 독보적인 지식과 영업 스킬skill 이 있어야 다이렉트 시대에 그리고 수많은 설계사들 중에 성공할 수 있는 것이다. 하지만 이것은 소수의 설계사만 가능할 것이다.

그렇다면 설계사는 이대로 실패하는 인생을 살아야 하는 것인가! 아니다. '진짜' 법인영업을 하면 성공할 수 있다! 당신이 생각하는 '성공'은 무엇인가! 필자가 말하는 성공은 '탁월한 수준'에 다다르는 것이다. 탁월함이란 대부분의 사람이 달성할 수 있는 가능한 수준을 벗어난다는 뜻이다. 이 정의는 '나'를 누구와 비교하냐에 따라, 그리고 어떤 종류의 성공과 비교하냐에 따라 달라질 것이다.

여기서 명심해야 할 것은 당신이 높은 단계로 도약하기 위해서는 지금까지 해왔던 습관, 관습, 생활, 생각, 행동 등을 다른 방식으로 탈바꿈해야 한다는 것이다. 물론 두려움이 앞서 안주했던 내 생각과 행동을 새롭게 바꾸기는 쉽지 않을 것이다. 하지만 이 단계를 넘지 않고서는 탁월한 수준의 성공을 성취하지 못한다는 것을 명심해야 한다.

다이렉트 시대에 왜 법인영업을 해야 할까?

단순하다! 법인계약은 법인대표 스스로 할 수가 없다. 뿐만 아니라 제대로 된 컨설팅이 되지 않으면 법인보험이 왜 필요한지도 모르기 때문이다. 개인영업하는 보험설계사들은 법인영업은 "특출난 능력이 있어야만 할 수 있는 것이 아니냐!" "법인회사 수가 너무 적지 않냐!" "진입장벽이 너무 높지 않냐!" "레드오션 아니냐!"라고 말한다.

중소벤처기업부에 따르면 2020~2021년에 427,813개의 법인회사가 설립되었다. 그렇다면 하루에 약 1,172개의 법인회사가 설립되었다고 할 수 있는데, 물론 모든 법인회사에게 보험계약을 받을 수 있는 것은 아닐 것이다. 이 중 30%만 계약을 할 수 있다고 가정하면 약 351.6개의 회사를 컨설팅할 수 있다는 결론이 나온다. 30%가 많으면 10%만 계약할 수 있다고 해도 하루에 약 117개의 회사를 컨설팅 할 수 있다. 이것이 과연 레드오션일까? 계약할 수 있는 법인회사가 적다고 할 수 있을까?

생각과 행동을 바꿔야 한다. 그래야 다음 단계로 도약할 수 있는 것이다. DB가 없어서 고민인가! 보험금 청구 징글징글한가! 계약할 고객이 없는가! 고객들 비위 맞추는 것이 힘든가!

그렇다면 이제 새로운 도전을 할 때이다!

돈 벌고 싶으면 큰 물에서 놀아라!

개인영업과 법인영업의 가장 큰 차이점은 보험료의 기본 세팅값이라고 할 수 있다. 개인영업은 고객의 경제능력을 계산하고, 가족력 등 여러 가지 요소를 반영해서 보험료를 산출한다. 따라서 개인영업에서의 계약에 가장 필요한 요소는 고객의 경제력이라고 할 수 있다.

하지만 법인영업은 회사에 맞는 컨설팅을 통해 보험을 가입시키기 때문에 컨설팅에 따라 보험료가 책정이 된다고 할 수 있다. 대가성이 아닌 컨설팅에 필요한 보험을 가입시키는 것이다. 따라서 보험료가 적게는 100만 원에서 많게는 1억까지도 세팅할 수 있다.

"돈을 벌고 싶으면 큰물에서 놀아라."라는 말이 있다. 암보험의 경우 5만 원짜리 20개를 계약해야 100만 원이 된다. 당신의 경험에 비춰봤을 때 한달에 20명 만나는 것이 쉬운가? 영업일로 따지면 거의 매일 한 명씩은 꼭 만나야 한다는 계산이 나온다. 물론 경력이 있는 설계사라면 가능할 수도 있다. 하지만 일반적인 설계사들이 매일 고객을 만나는 것은 쉬운 일이 아니다. 또한 부수적으로 나가는 비용도 만만치 않을 것이다.

더 중요한 것은 이것도 20번 만나서 100% 클로징 됐을 때 이야기이다. 이보다 절망적일 수가 있을까? 하지만 법인영업은 한 달에 한 건만 해도 월납 보험료 100만 원을 쉽게 할 수 있다. 그 이유는 회사가 보험료를 납입하기에 가능한 것이다. 개인에게 100만 원 보험을 받는 것이 쉬울까? 아니면 법인회사에게 100만원 보험을 받는 것이 쉬울까? 당연히 후자일 것이다. 그러면서 자연스럽게 컨설팅 효과도 있고, 회사의 부를 사유화할 수 있도록 세팅이 가능하다. 그래서 돈을 벌기 위해서는 돈의 흐름이 많은 곳으로 가야 하는 것이다. 그러기 위해서는 개인영업에서 법인영업으로 움직여야 한다.

그런데 여기서 문제점이 발생한다!

법인영업을 시작하려고 해도 막막하고, 많은 걱정이 앞설 것이다. 그 이유는 법인영업을 어떻게 시작해야 할지 전혀 모르기 때문이다. 그

chapter

10

로 인해 마케팅에 속아 검증되지 않은 법인교육을 고액의 수강료를 지불해서 듣는 경우가 다반사다. 이러한 법인교육을 듣는다고 법인영업을 시작할 수 있을까? 절대! 불가능하다.

현재 교육하고 있는 대다수의 강사들은 필드 **field**에서 영업을 하는 것이 아니라 수강생들의 지인이나 업체에 동행하기만 할 뿐이다. 따라서 강의의 질은 점점 떨어지고, 이론 중심이며, 수년 전의 영업방식을 가르친다고 할 수 있다. 그리고 본인이 직접 해보지도 않은 영업방법을 귀동냥으로 들은 내용을 가지고 강의를 하는 사람도 부지기수이다.

이러한 강의를 듣고 법인영업을 뛴다면 성공할 수 있을까? 물론 성공할 수도 있다. 하지만 많은 사람들은 실패를 맛보게 될 것이다. 이런 교육을 듣고 성공할 수 있는 사람의 유형은 지인이 법인대표가 많은 경우 딱 한 가지다. 이 경우 외에는 일반 교육으로는 계약이 쉽지 않을 것이다. 이러한 교육은 굳이 돈 내고 배울 필요가 없다. 왜냐하면 원수사나 법인 전문 대리점에서 충분히 교육을 받을 수 있는 내용이기 때문이다. 그런데 중요한 것은 법인대표를 지인으로 둔 설계사가 과연 많냐는 것이다. 그리고 그 지인으로부터 소개를 계속해서 받을 수 있을까? 제대로 된 컨설팅이 되지 않을뿐더러 이런 영업을 해보지 않은 강사의 교육을 듣는다면 분명 한계가 있을 것이다.

그렇다면 어떻게 법인대표에게 접근하고 어떤 말을 해야 할까? 필자는 수년 동안 축적해온 개척영업과 법인영업의 노하우들을 통해 모든 경우의 수를 헷지 **hedge**할 수 있게 되었다. '법인영업 4주과정 정규반'에서 깊게 다루는 내용이지만 법인 초기 영업방법에 대해 몇 가지 공유하도록 하겠다.

보통 법인영업을 처음 하는 사람들은 원수사 또는 회사교육 그리고 선배들이 알려준 대로 법인회사에 가서 처음 하는 말이 "비용 처리해 드릴게요!" "경영인 정기보험 가입하셔서 퇴직금 2배 수 가지고 가세요!"이다.

법인대표들이 이런 말을 한두 번 들어봤을까? 아마도 보험회사에서 찾아가는 법인회사는 어느 정도 매출도 나오고 괜찮은 회사이기 때문에 설계사들이 많이 왔었을 것이고, 전부 똑같은 말을 하고 갔을 것이다.

당신이 법인대표라면 똑같은 말을 듣고 싶어 할까? 법인영업을 할 때는 설계사 입장으로 접근하는 것이 아니라 법인대표 입장으로 접근해야 하는 것이다.

quick tips

대표님! 법인으로 전환하셨던데 왜 전환하셨나요? 세무사가 성실신고 대상이라고 해서 이제는 법인으로 바꾸라고 한 거죠? 그리고 세금 줄어든다고 하면서. 그런데 지금 세금은 어떠세요? 많이 내죠? 그런데 돈은 내 마음대로 쓰지도 못하고, 대한민국은 이혼을 해도 이혼세를 내야 됩니다. 부동산이 두 개 있어서 그거 하나 내어주면 소득세 내잖아요. 물론 재산분할소송하면 세금 없습니다. 그래서 이것을 이혼세라고 해요.

대표님! 소득의 80%가 세금인 거 아시나요? 예를 들어 5억을 벌면 소득세가 40% 나갑니다. 3억이 남죠. 돈을 모을 거예요. 모아서 덩어리를 만들겠죠! 자산을 형성하는 것입니다. 나중에 자녀에게 증여를 하게 되면 증여세가 나올 것이고 만약 죽으면 상속세 50%가 나올 거예요. 그럼 1억 5천이 남습니다. 이것으로 부동산 사고 이것저것 했으면 관리비가 들어가거든요. 양도세, 종소세, 재산세 이런 것들이요. 그래서 이것저것 다 빼면 결국 1억 정도 남는 것이죠. 우리가 5억을 취득하지만 소득세와 상속세와 기타 세금들을 내고 나면 1억만 남습니다. 그래서 소득의 80%가 세금이라고 말씀드리는 거예요.

chapter

10

개인사업자는 최고세율이 45%입니다. 세율이 높다고 하면서 법인 가라고 그래요. 그런데 법인 가면 세금이 줄어드는가! 아니거든요! 소득세가 많다고 법인전환 하는 것은 고려해 봐야 할 문제입니다. 왜 그러냐! 법인 가면 법인세를 20% 내야 합니다. 급여 받으면 소득세를 약 24~35% 내야 하고요. 배당하면 배당소득세를 내야 하죠. 퇴직을 하게 되면 퇴직소득세를 약 20% 냅니다. 법인은 나중에 청산 할 수도 있어요. 그렇다면 청산법인세가 또 20%예요, 청산소득세 이것도 45%예요. 이 모든 것을 따지면 법인이 세금이 더 많을 수도 있다는 것입니다.

법인 가시면 성실하게 신고하실 건가요? 세금 적게 내기 위해서 개인에서 했던 것처럼 조금은 탈세 하시겠죠! 개인은 1억 탈세하다 적발되면 1억에 대한 소득세만 추징당하면 됩니다. 그런데 법인은 1억에 대한 법인세 추징당하고, 그 탈세한 이력이 대표의 급여로 넘어가서 대표가 소득세를 또 내야 합니다. 세금을 두 번 추징당한다는 거예요.

컨설팅한다고 오는 사람 중에 이런 말을 해드렸던 사람이 있나요? 세무사도 이런 얘기해주지 않죠! 대표님께서 보시기에 제가 대표님 회사에 도움이 될 것 같지 않나요? 대표님은 사업에 집중하십쇼! 저는 대표님께서 사업 잘 하실 수 있도록 옆에서 도와드리겠습니다.

법인 초기 영업방법 첫 번째, 법인대표가 처음 듣는 이야기를 해야한다. 위에서 말했듯이 퇴직금, 비용처리, 유족보상금 이런 내용들은 수도 없이 들었을 것이다. 그렇다면 이런 법인대표에게 무슨 말로 관심을 끌어야 할까?

이렇게 말하면서 법인의 장점을 말해주고 법인전환 해야 하는 이유를 설명하든, 이미 법인회사면 거기에 맞는 대화를 이어가든 하면 되는 것이다.

두 번째, 절대로 브로커가 되면 안 된다. 보험으로 계약을 받는 우리는 무조건 보험회사 명함을 사용해야 한다. 보험설계사라고 하면 받아주지 않을 것 같다는 생각에 '중소기업협회' 또는 '중소기업지원단' 이런 식으로 보험회사 명함이 아닌 대표가 '혹'할 수 있는 명함을 들고 가는데 민원의 소지가 높다. 만약 보험회사 명함을 사용하지 않으면 민원 걸렸을 때 100% 진다는 것을 알아야 한다. 나중에 급여 받은 모든 돈이 환수될 수도 있다는 것이다. 특히 DB를 구매해서 법인회사 미팅을 하게 되면 보험회사라고 약속을 잡은 것이 아니기 때문에 오히려 대표를 속이게 되는 것이고, 신뢰 관계가 무너지게 된다는 것을 명심해야 할 것이다. 모든 보험은 친숙과 신뢰를 통해 이루어 진다는 것을 기억하자.

세 번째, 컨셉영업을 해서는 안 된다. 법인영업을 한다는 사람들이 컨셉영업을 하는 경우가 많다. 하지만 이것은 매우 위험한 영업이고, 나중에 해지 되어 환수되는 경우가 생길 수 있다. 법인전환을 시켜준 뒤 월납 300만 원 경영인 정기보험을 받았다고 가정해보자! 법인전환을 하고 났더니 보험을 최소 9년 10개월을 유지해야 한다? 법인대표가 이미 자기 목적을 이뤘는데 유지할 이유가 있을까? 정관을 바꿔주고 월납 200만 원 경영인 정기보험을 받았다고 가정해보자! 정관 바꿨는데 9년 11개월을 유지해야 한다고? 법인대표는 이 보험을 유지할 이유가 없는 것이다. 이렇게 대가성 계약을 받게 되면 보험을 끝까지 유지하는 경우는 드물다. 따라서 컨셉영업이 아닌 토탈컨설팅을 통한 계약으로 법인회사가 성장할 수 있도록 도와주고, 법인의 부를 사유화 할 수 있도록 도와줘야 하는 것이다.

네 번째, 줄 것을 주고 받을 것을 받아라! 세상의 이치는 "GIVE & TAKE"이지 "TAKE & GIVE"가 아니다. 그런데 많은 설계사들이

chapter

10

207

"TAKE & GIVE"의 영업을 하고 있는 모습을 종종 발견하게 된다. 이것은 개인영업뿐만 아니라 법인영업에도 적용되는 부분이다.

언젠가 법인 미팅을 하는 중에 법인대표가 한 말이, 세 달 전에 왔던 설계사가 정관을 바꿔준다면서 보험계약을 해갔는데 아직까지 바꿔주지 않았다는 것이다. 아마도 그 설계사는 정관을 바꿀 줄도 모르면서 보험계약부터 했을 가능성이 높다. 이 보험이 과연 유지가 될까? 바로 해지되었다. 법인대표는 내게 정관 정비를 요청했고, 바로 정관을 정비한 뒤 갖다주면서 상속, 증여플랜이 필요하다는 것에 대한 니즈를 환기시켰고, 보험을 유지할 수 밖에 없는 장치를 만들어 계약을 체결했다.

이것이 제대로 법인영업을 하는 사람과 그렇지 않은 사람의 차이라고 할 수 있다. 우리가 먼저 법인대표에게 필요한 것들을 지속적으로 해준다면 법인대표는 알아서 필요한 것을 말하라고 한 뒤 거기에 맞게 계약을 체결한다. 이렇게 친숙과 신뢰를 쌓는 것이 상당히 중요하며, 이것이 바로 법인영업의 키 key 라고 할 수 있다.

🚃 혼자 하면 '노동' 함께하면 '롱런'

어떤 조직이든 똑똑한 사람이 많다고 그 조직이 좋은 곳이 되는 것은 아니다. 그럼 어떻게 해야 좋은 곳이 될까? 바로 좋은 사람이 많아야 그 조직이 좋아지는 것이다. 필자는 좋은 사람들과 함께 하기 위해 한국보험금융에서 대리점을 차렸다.

내가 한국보험금융에서 대리점을 차렸다고 하면 사람들이 하나같이 물어보는 것이 왜 한국보험금융을 택했냐는 것이다. 나는 이 물음에 아주 쉽게 답할 수 있는데 한국보험금융이 설계사들에게 좋은 회사이기 때문이다. 우선 수수료 원장을 가공 없이 사용한다는 것이다. 타 회사와 비교해보면 총량에서 최소 100% 차이가 나며, 많게는 300%도 차이가 난다. 그리고 원수사 시책도 가장 높고, 유지율도 원수사 기준이라는 점에서 설계사에게 좋은 회사라고 할 수 있다. 그리고 수금 수수료 역시 설계사들에게 그대로 내려주기 때문에 설계사들이 타 회사에서 받지 못하는 혜택을 누릴 수 있다.

일반 사람들은 개인사업을 시작했다고 하면 한 회사의 사장이기 때문에 편하게 일할 거라고 생각한다. 하지만 어떤 일이든 '혼자' 하면 '노동'이 된다는 것을 명심해야 한다. 직원이 없다면 사장은 똑같이 노동을 하며 결국 노동이 길어지면서 중도 포기하게 된다. 하지만 좋은 사람들이 모여 일을 '함께' 한다면 '롱런 long run' 할 수 있게 되는 것이다.

필자가 생각하는 관계관은 나를 만나는 모든 보험설계사들이 성장하고 잘 되는 것이다. 그래서 상생의 방법을 찾으려고 노력한 결과 내

설계사들 복지를 위해 사진과 같이 늘 준비해 놓고 있다

자금 내용으로만 고액의 수강료를 받는 곳들이 많은데 '자금은 제껜 고객 서비스입니다'하시며 강의까지도 무료로 재능기부 해주신 장사부님께 감사드립니다.
사실..자금은 법인 컨설팅이라기보다 대출영업인데 포장들을 해서 사람들을 혹하게 하고있지요~
그 교육들로 성과내기 쉽지 않다는것도 잘 알려주시며 자금이란 무엇인지 친절히 알려주셔서 참으로 유익한 시간이었습니다.
더구나 경정에 대해서도 이리 좋은 조건을
가져갈 수 있도록 도와주시니 역시 장천사 대표님이십니다.

저도 상황상 법인영업을 해야하는 시점들이 다가오고 있는데 정규강의도 꼭 수강해보고 싶습니다.
늘 제자에게 친절하신 전문가 장대표님~
귀한시간 좋은강의 진행해주셔서 감사드립니다.

너무 감사드립니다. 장사부님의 강의, 영업에 큰 도움이 될 듯합니다!

오늘 장사부님의 강의를 듣고 나니 그동안 영업 현장에서 겪었던 어려움들이 해결될 것 같은 느낌이 듭니다. 특히 자금 관리와 경정청구 부분에 대해 실전 중심으로 자세히 설명해주셔서 큰 도움이 되었습니다.

장사부님의 강의 덕분에 자금의 종류와 대출 차이를 이해할 수 있었습니다. 이를 통해 영업에 필요한 자금을 보다 효율적으로 조달할 수 있을 것 같습니다.
경정청구 프로세스와 사례를 자세히 배워 향후 경정청구 시 수월하게 진행할 수 있을 것 같습니다. 이를 통해 세금 부담을 줄일 수 있을 것 같아 기쁩니다.
개인 영업뿐 아니라 법인 영업에도 관심이 있었는데 이를 통해 보다 전문적인 영업 활동이 가능할 것 같습니다.

다시 한번 오늘 강의에 참여할 수 있어 감사드리며, 앞으로도 장사부님의 가르침을 받아 활동하며 영업 역량을 키워나가고 싶습니다. 감사합니다. 🙏

✔ 자금/경정청구 강의

영업을 하다보면 자금과 경정청구에 대해 자연스럽게 접하게 돼서 예전에도 관련 강의를 들어보긴했지만 오늘 교육처럼 임팩트있게 들리진 않았던거같습니다.
그만큼 오늘 교육이 짧지만 기억에 잘 남았던거같고, 자금의 종류부터 대출의 종류에 따라 금리도 다르다는점 그리고 프로세스안에서 대표들에게 실전 브리핑할 수 있게 자연스럽게 강의 해주셔서 도움이 많이 됐습니다!
경정청구는 시도는 많이해봤지만 한번도 성사가 된적이 없어서 이게 맞는건지 싶었는데 오늘 강의에서 알려주신 프로그램?으로 진행한다면 보다 수월하게 진행할 수 있지 않을까 생각이 많아들고 앞으로 경정청구건이 있다면 적극 시도해봐겠습니다.
자금은 개인영업만 하고 있지만 법인영업도 관심이 있어서 추후 꼭 장사부님의 제자로 활동해보겠습니다!

늘 제가 가장 사랑하고 좋아하고 존경하는 장사부님께 좋은 강의를 무료로 풀어주신 것에 대해 너무 감사합니다.

너무나 유익했던 법인영업 강의에서 잠시 언급해주셨던 자금과 경정에 대해서 좀 더 디테일하게 들을 수 있었던 시간이 너무 좋았습니다.

저또한 장사부님처럼 서비스의 일환으로 법인 대표님들께 해드릴 수 있는 걸 늘 고민하고 있는데 그런 의미에서 이번 강의가 저희의 소득을 올리면서 생색도 낼 수 있다는 아주 좋은 아이템이라고 생각합니다.

긴 시간 좋은 강의해주시고 준비하시느라 너무나 고생 많으셨습니다.

또 열심히 활용해서 한번 더 점프업 해보도록 하겠습니다.

감사합니다.

저도 아직 초보의 "초"자도 못그어본 이라 많이 어려웠지만 가려야할 것은 명확히 인지를 하게 되었군요~
잘하진 못하더라도 잘못된 길로만 가지않는다면 그 또한 큰 수확이겠지요~^^ 바른 길로, 좋은 길로, 또 직진으로 걸어갈 수 있도록 어렵게 걸어오신 길을 비춰주셔서 감사드립니다!
엄청나 보따리 풀어주시느라 고생많으셨습니다 ~^^

그간의 농축된 노하우를 실질적인 경험으로 풀어주셔서 감사했구요
그간의 여러강의 학습을 아낌없이 나눠주심에 감사합니다
어차피 사람의 마음. 진심으로 통함을 한길임을 느끼고 그 부분을 잘 접목해야겠다 생각들었습니다
감사합니다

먼저 무료로 강의해주신 장사부님께 감사한 마음 전합니다.
저는 법인 영업을 배우고 있는 초짜입니다.
그런 저에겐 줌으로 무료로 들을수 있었다는것
자체가 신기한 일이죠.

제가 알지 못했던 자금과 현재 하고 있는 경정에 대해 들을수 있어서 너무 좋았습니다.

현재 하고 있는 경정청구에 대해 높은 수수료를 받을수 있격 해 주신다니 그 또한 감사드립니다.

장사부님의 것을 먼저 내어 주심에 진심으로 감사드립니다.

어제 바쁘신 와중에도 긴 강의를 해주신 장사부님께 다시 한번 감사드립니다.

장사부님 화이팅 하세요.

장사부님 휴일 오전에 직접 1시간반가량 진행하신다는 것이 쉬운일이 아니였을텐 준비해주셔서 정말 감사합니다. 장사부님 좋았지만 같이한번 잘해보자는 장사부님 시간이었던것 같습니다.

개인적으로 설계사로서 개인영업을 10C 그동안 개인영업도 좋지만 보험영업의 법인영업에 대해 제대로 한번 배워서 해 하고있었는데. 하지만 제대로 배울만한 이번 기회에 장사부님을 알게되는 큰 귀 느낌이 듭니다.

저는 관심이 있어서 법인영업을 주로 방문해본 경험이 있는데 장사부님이 말 자금영업을 주 컨셉으로 잡고 하는 회사 말씀하신데요 불법과 합법이라는 아슬아 영업을 하는것은 장기적으로 보았을때 ᄉ 오늘 장사부님의 강의를 들으며 자금영 뭐든지 정석대로 정도영업을 하며 한발ᄐ 답이라는 결론을 내리게 되었습니다.

오늘은 비록 장사부님께 법인영업의 극호 배우는 시간이었지만 앞으로 차차 제대로 해보고싶다는 마음을 먹게 되었던 계기기 강의 정말 수고많으셨습니다! 장사부님고 이어나가고싶습니다 ^^ 감사합니다!

장사부님 휴일 오전에 직접 1시간반가량 이런 강의를 무료로 진행하신다는 것이 쉬운일이 아니였을텐데 좋은 강의 준비해주셔서 정말 감사합니다. 장사부님 강의의 내용도 물론 좋았지만 같이한번 잘해보자는 장사부님의 진심을 느꼈던 시간이었던것 같습니다.

개인적으로 설계사로서 개인영업을 10여년간 이어오다보니 그동안 개인영업도 좋지만 보험영업의 꽃이라고 할 수 있는 법인영업에 대해 제대로 한번 배워서 해보고싶다는 생각을 하고있었는데. 하지만 제대로 배울만한 채널이 없었는데 이번 기회에 장사부님을 알게되는 큰 귀인을 만난 것 같은 느낌이 듭니다.

저는 관심이 있어서 법인영업을 주로 한다는 조직을 실제로 방문해본 경험이 있는데 장사부님이 말씀하신대로 자금영업을 주 컨셉으로 잡고 하는 회사였습니다. 하지만 말씀하신대로 불법과 합법이라는 아슬아슬한 줄타기를 하며 영업을 하는것은

장대표 대표
소득파이프라

우와 역시
난도로 정말
요즘입니다

직접 발로 두
만나게 계약
관리하시는
열정, 저도 5
열심히 못살

오늘 알려주
자금영업, !
계약전마기
있도록 노력

그리고 경정
하게 되는ᄀ
이렇게 블루
감사합니다
어마어마하

100만원, 2
있었던 강의
무료로 재능
감사합니다

기부강의 후기

지식을 최대한 많은 설계사들에게 나눠줘야 한다고 생각하여 기부강 의를 지속적으로 하고 있는 것이다. 이것이 내가 생각하는 상생의 모습 이다. 그래서 관리자로서 조직 설계사들에게 최대한 많은 혜택을 주고 싶다는 생각으로 여러 가지 제도를 만들었고, 복지에 힘을 쓰고 있다.

장사부님 휴일 오전에 직접 1시간반가량 이런 강의를 무료로 진행하신다는 것이 쉬운일이 아니었을텐데 참으로 강의 준비해주셔서 정말 감사합니다. 장사부님 강의의 내용도 물론 좋았지만 같이한번 잘해보자는 장사부님의 진심이 느껴졌던 시간이었던것 같습니다.

개인적으로 설계사로써 개인영업을 10여년간 이어오다보니 그동안 개인영업도 좋지만 보험영업의 꽃이라고 할 수 있는 법인영업에 대해 제대로 한번 배워서 해보고싶다는 생각을 하고 있었습니다. 하지만 제대로 배울만한 채널이 없었는데 이번 기회에 장사부님을 알게되며 큰 귀인을 만난 것 같은 느낌이 듭니다.

저는 관심이 있어서 법인영업을 주로 한다는 조직을 실제로 방문해본 경험이 있는데 장사부님이 말씀하신대로 자금영업을 주 컨셉으로 잡고 하는 회사였습니다. 하지만 말씀하신대로 불법과 합법이라는 아슬아슬한 줄타기를 하며 영업을 하는것은 장기적으로 보았을때 마음이 끌리지 않았고 오늘 장사부님의 강의를 들으며 자금영업은 답이 아니고 뭔든지 정석대로 정도영업을 하며 한발한발 나아가는것이 답이끼니 결론을 네티케 지났습니다.

오늘은 비록 장사부님께 법인영업의 극히 일부에 대해서 배우는 시간이었지만 앞으로 차차 제대로 배워서 해보고싶다는 마음을 먹게 되었던 계기가 되었습니다. 오늘 강의 정말 수고많으셨습니다 장사부님과 꾸준히 좋은 인연을 이어나가고싶습니다 ^^ 감사합니다!

장사부님 휴일 오전에 직접 1시간반가량 이런 강의를 무료로 진행하신다는 것이 쉬운일이 아니었을텐데 참으로 강의 준비해주셔서 정말 감사합니다. 장사부님 강의의 내용도 물론 좋았지만 같이한번 잘해보자는 장사부님의 진심이 느껴졌던 시간이었던것 같습니다.

개인적으로 설계사로써 개인영업을 10여년간 이어오다보니 그동안 개인영업도 좋지만 보험영업의 꽃이라고 할 수 있는 법인영업에 대해 제대로 한번 배워서 해보고싶다는 생각을 하고 있었습니다. 하지만 제대로 배울만한 채널이 없었는데 이번 기회에 장사부님을 알게되며 큰 귀인을 만난 것 같은 느낌이 듭니다.

저는 관심이 있어서 법인영업을 주로 한다는 조직을 실제로 방문해본 경험이 있는데 장사부님이 말씀하신대로 자금영업을 주 컨셉으로 잡고 하는 회사였습니다. 하지만 말씀하신대로 불법과 합법이라는 아슬아슬한 줄타기를 하며 영업을 하는것은

장대성 대표님 자금영업 & 경정청구 소득파이프라인 만들기 강의후기

우와 역시 대박 ^^ 장사부님을 알고 난뒤로 정말 많은 것을 배우게 되는 요즘입니다 ㅎㅎㅎ

직접 발로 뛰며 아직도 법인대표들을 만나며 계약도 체결하시고, 또한 조직도 관리하시면서 강의까지 해주시는 이런 열정, 저도 항상 본받아서 그동안에 열심히 못살았던것에 대한 반성을 하는 요즘입니다

오늘 알려주신 기업별, 업종별 자금영업, 잘 숙지해서 차후 법인컨설팅에 있어서 꼭 활용 및 계약성사가 남겨드리는 제자가 될수 있도록 노력하겠습니다~!

그리고 경정청구가 서비스 개념으로 하는게 아닌, 소득 파이프라인으로 이렇게 블루오션을 알려주셔서 감사합니다! 17%의 수수료, 정말 어마어마하네요~!

100만원, 200만원 그 이상의 값어치가 있었던 강의인데도 불구하고 이렇게 무료로 재능기부 노하우기부 해주시니 감사합니다시 고생 많으셨습니다!

역시는 역시네요~~
사부님 교육은 다른 법인교육과 완전 다릅니다!
실전에서 사용하시는 영업을 그대로 교육에 녹이셨네요.
영업 10년차인데 진짜와 가짜를 충분히 알아볼수있다고 생각하거든요.
사부님은 찐입니다!
앞으로 잘부탁드립니다

유용한 아침강의 정말 잘 경청하였습니다.
감사합니다.
경정청구 업무를 현재 진행하고 있습니다만
제대로 기초부터 새롭게 하고 싶다는 마음에 장사부님의 강의를 신청하게 되었습니다.
하라는 대로 하고 계속 발전하는 영업 배우고 싶습니다.
다시한번 오전강의 수고하셨고 감사합니다.

저도 아직 초보의 "ㅊ"자도 못그어본 이라 많이 어려웠지만 가려야할 것은 명확히 인지를 하게 되었습니다~
잘하지 못하더라도 잘못된 길로만 가지않는다면 그 또한 큰 수확이겠지요~^^ 바른 길로, 좋은 길로, 또 직진으로 걸어갈 수 있도록 어렵게 걸어오신 길을 비춰주셔서 감사드립니다!
엄청난 보따리 풀어주시느라 고생많으셨습니다 ~^^

그냥 막연하고 어떻게 접근해야 될지 몰랐는데 안개가 살짝 걷혀진 느낌이 드네요~
용어하나하나 쉽게 풀어주시니까 와닿는느낌~
마치 음식을 못하는 제가 백종원 레시피를 만난느낌입니다.
법인영업에 대해 문을 두드려보겠습니다^^

오늘 쉬는날 모닝무료강의 해주시느라 수고하셨습니다~!

말로만듣던 자금영업이 무엇인지 경정청구가 무엇인지 알게 되었어요~
새로운분야에 첫발을 딛게 해주셔서 감사합니다. 주변에서 자금영업이네 경정청구네 등등 법인영업과 관련된 대화주제가 있을땐 저의 영역이 아니라고 생각했거든요^^ 법인영업에 도전해보고 싶은 마음 한가득 채워지는 강의였습니다!

-장사부님의 자금영업 및 경정청구 강의 후기-

진짜 저도 돈도 내서 강의도 들고 해봤지만 이렇게 핵심이 되고 간단명료하고 초보자도 알아듣기 쉽게 말씀해주시는 보고... 진짜 엄청난 내공을 느꼈습니다. 막상 다른분 강의 들어보면 이렇게 심도 있기보다 그냥 본인한테 넘기면 본인이 다 알아서 해준다고만 하시지 이렇게 핵심 및 관리를 알려주시지는 않아요. 그리고 경정청구도 저도 다른곳에 제휴해서 몇번 해봤지만... 수수료도 그렇고 이렇게 보고서도 자세히 써주시는 분들이 업계에 없습니다. 세무사에 다이렉트로 연결해도 힘들고 업체를 통해서 하기도 힘듭니다. 이번기회에 장사부님께서 주신혜택으로 저도 조금씩 법인영업쪽을 기웃거려보려고 합니다! 오늘 강의 너무 감사합니다!

우왕~~~
사부님~~♡~~역시 사부님이세요~~
어떻게 그 상황에서 그런 피티가 가능한거죠? 거절처리도 엄청나고!
저는 사부님 팬이에요~~~^^
덕분에 300만원을 하게 되었네요~
갤럭시뱁은 사부님께서 교육하실때 사용하면 좋을것 같아서 선물보내주세요♡
저처럼 사부님을 통해 많은 설계사들이 진짜 설계사가 되었으면 좋겠어요~
정말 사부님을 만난건 제 인생에 최고의 행운이에요~~~

기부강의 후기

다른 대리점과 차별화된 제도는 다음과 같다.

첫 번째, 퇴직금 제도를 만들었으며, 두 번째, 소득이 불안정한 설계사들을 위해 도입된 인원이 퇴사하기 전까지 리크루팅 수당을 유치자에게 지급한다. 세 번째, 필자가 세미나를 통해 받은 고액자산가들의

DB를 설계사들에게 나눠주며, 네 번째, 자체 DB 생성을 통해 개인보험 고객들을 유치해서 설계사들에게 나눠주고 있다. 다섯 번째, 매일 고객들을 터치할 수 있도록 스크립트와 정보를 배포함으로 고객관리를 잘 할 수 있도록 영업을 돕고 있다. 그 외에도 여러 활동을 통해 설계사들을 지원하고 있으며, 영업할 수 있도록 자리를 만들어 주고 있다.

🖥 글을 마치며

서두에서 탁월한 성공에 대해 설명했다. 우리는 어떻게 하면 성공할 수 있을지 매일 생각한다. 정확히 말해 어떻게 하면 돈을 많이 벌 수 있을지 매일 생각할 것이다. 내가 이 위치까지 올라올 수 있었던 가장 큰 이유는 새로운 것에 도전했고, 그것을 성공할 때까지 매일 반복했기 때문이다. 그 일이 불편한 일이라 할지라도 하루도 빠지지 않고 반복했기 때문에 목표를 이룰 수 있게 된 것이다. 그렇다면 매일 같은 것을 반복한다면 지겨울까, 지겹지 않을까? 당연히 지겨울 것이다. 하지만 그 지겨운 것을 이겨내는 사람이 성공한다는 것을 기억해라.

이렇게 지겨운 것을 매일 하지 않는데 잘 되는 사람이 있을까? 물론 그런 경우도 있다. 아마도 많이 있을 것이다. 왜? 재능이 타고난 사람이 있기 때문이다. 스크립트 연습하지 않고, 법인 공부하지 않고, 상품 공부하지 않고, 개척도 꾸준히 나가지 않는데 영업은 엄청 잘하고, 계약을 계속 뽑아내는 사람이 분명히 있다.

그런데 문제가 무엇일까? 그런 사람은 절대로 오래가지 못한다는 것이다. 법인영업을 잠깐 하다가 조금만 힘든 일이 생기거나 낮은 벽을 만나게 되면 바로 포기하게 된다. 불편한 일, 힘든 일, 똑같은 일을 반복하는 것? 짧게 보면 차이가 느껴지지 않을 것이다. 그런데 몇 년 지나고 길게 보면 차이가 많이 느껴지게 될 것이다.

나 역시도 법인영업을 함께 시작한 사람 중에 지금까지 이 일을 하는 사람은 내가 유일하다. 처음엔 누구보다도 실패를 많이 겪었고, 문전박대 당하는 일도 부지기수였다. 그럼에도 불구하고 저 문을 열고 들어가지 않으면 우리 가족이 다음 달에 먹을 게 없다는 것을 알았기에 그 불편한 일을 반복적으로 끊임없이 하였고, 그 결과 법인계약을 월에 두세 건은 꾸준히 체결을 할 수 있게 된 것이다. 그래서 실력이 뛰어난 게 중요한 것이 아니라 성실하게 살아가는 그 마음, 그 자세가 중요한 것이다.

개인영업 중요하다! 하지만 이제는 개인영업만으로는 살아남기 쉽지 않은 시대이다. 그렇다면 먼저 그 길을 간 사람을 믿고, 그대로 해보는 것은 어떤가! 무슨 일이든 혼자하면 노동이 된다! 힘들다! 하지만 장사부와 함께 하면 롱런할 수 있게 된다.

나는 오늘도 내 좌우명인 "쪽팔린 가장이 되지 말자"를 수십 번 외치며 치열하게 하루를 보낸다!

시대가 변화하는 만큼
영업도 변해야 한다

장 덕 환 ✉ primejdh@naver.com

경력

현) 프라임에셋 지사장
　　톡톡보험설계 상담자문위원
　　KNN 경제TV 보험방송출연
　　보험블로그영업 교육강사
　　롯데홈쇼핑 보험전문상담
　　보험유튜브채널 일류보험
　　보험카페 히든인슈 운영자
　　전국보험설계사대표카페 '보만세' VIP회원

자격

· 생명, 손해, 제3보험 자격증　　· AI프로젝트지도사
· 변액보험전문가　　　　　　　· 유튜브크리에이터
· 은퇴설계전문가(ARPS)　　　　· SNS마케팅전문가
· 금융컨설턴트　　　　　　　　· 연금상담전문가(CPE)

시대가 변화하는 만큼
영업도 변해야 한다

🚚 도전과 성장(평범한 삶에서 시작된 여정)

어린 시절, 나는 이렇다 할 뚜렷한 꿈이 없었다. 딱히 미쳐사는 취미도 없었고 성적도 뛰어난 편이 아니었다. 그렇다 보니 그냥 남들처럼 평범하게 학창 시절을 보내면서 무난한 대학교 들어가서 무난하게 취직하고 그렇게 평범하게 살기를 원했다. 그래도 초등학교 시절에는 지는 걸 싫어했고 누구보다 앞서나가고 싶어 하던 그런 욕심이 많았는데 언젠가 부터 평범한 삶에 익숙해져 뒤처지지도 않고 그렇다고 뛰어나지도 않은 중간 지점의 삶을 살아왔다. 그러다 아마 군 시절에 나를 무시하던 선임들에게 제대로 보여 주기 위해 한 번 눈이 돌았던 적이 있는데 하극상은 아니었고, 항상 뒤처졌던 훈련에서 우수 표창을 받기 시작하면서 줄줄이 표창을 받은 적이 있었다. 그런데 알기로는 역대 최고까진 아니었지만 그래도 역대 포상휴가를 가장 많이 나간 병사 중 한명이 되었다. 그리고 제대 이후에는 그때의 자신감으로 남들이 두려워하는 영업에 뛰어들게 되었다.

처음 시작한 영업은 통신판매업으로, 휴대폰 대리점에서 근무를 했었는데 평소 모르는 사람에게 말도 잘 걸지 못했던 내가 사람 상대하는 일을 즐기고 있더라. 그 결과로 지역 판매왕도 해보고 다른 곳에서 스카웃 제의도 받았었다. 그렇게 다른 곳에서 근무를 하기 시작했는데 길게 가지는 못했다. 당시는 단통법이 생기기 전이라 지원금을 많이 풀던 시절이었는데 대리점 사장이 고객 지원금을 들고 도망간 사건이 있었다. 그 때문에 나는 몇 달 치 월급도 받지 못한 채 큰 빚을 지게 되었고 그 이후로 영업을 멀리하게 되었다.

얼마 지나지 않아 작은아버지의 소개로 울산에 있는 H기업에 취직할 수 있는 기회가 생겨 1년 정도 열심히 근무했었는데 처음에는 정말 편했다. 부품 조립을 하는 일이었는데 정신적으로 스트레스받을 일도 없었고 그냥 내 일만 열심히 하면 매달 알아서 월급이 들어왔기에 차라리 잘 됐다는 생각에 열심히 일만 했었다. 그러다 내가 처음 사회생활을 영업으로 시작해서 그랬는지, 시간이 지날수록 입이 너무 간지럽고 사람을 만나는 일을 하고 싶다는 생각이 너무나 많이 들었다. 뭔가모를 압박감에 하던 일을 더 이상 할 수 없을 정도로 스트레스가 몰려와 결국 하던 일을 그만두게 되었고 얼마 후 예전에 친하게 지내던 지인 중에 20살 때부터 보험영업을 하던 동생이 있었는데 문득 생각이나서 먼저 연락을 하게 되었다.

정확하게 어떤 일을 하는지 또 소득은 어느 정도인지 하나하나 다 물어보면서 '아, 이거구나! 나 이거 해보고 싶다. 아니, 무조건 해야겠다!'라는 생각이 들어 다음날 무작정 부산에서 서울로 올라가게 되었고 당시 그 동생의 상위관리자에게 면접을 본 후에 바로 입사결정을 하게 되었다. 당시에 면접을 봤던 곳이 프라임에셋이라는 보험대리점이었는데 입사를 결정하게 된 가장 큰 이유가 바로 한 보험사만 취급하지 않고 다양한 보험회사를 취급하고 비교할 수 있다는 부분 때문이었고

chapter

11

또한 벨류체인시스템으로 관리자 자리에 도전할 수 있는 시스템이 너무 잘 되어있어서 선택하게 되었다.

🚗 시련은 있어도 실패는 없다

나도 처음부터 보험일이 잘 되었던 건 아니다. 물론 남들보다 일찍 영업을 시작했었고 그만큼 좋은성과를 내봤던 경험때문에 일을 시작할 처음에는 그 누구보다 자신감에 가득 차 있었지만 사실상 그때 그 자신감은 오만한 자만심일 뿐이었다.

조금 건방에 젖어있기도 하였고 무조건 성공할 것이라고 믿고 있었기 때문에 결과를 보기도 전에 소비수준이 늘어났고 그만큼 최선을 다하지 않아도 잘할 수 있을거라는 확신에 가득 차 있었지만 6개월 동안 지인영업을 하면서 당시 내가 총 벌었던 급여가 평균 월 200만원 정도였다. 그렇다보니 스스로에게 실망도 많이 하게 되고 타지까지 와서 이렇게 사는 게 의미가 있나 하는 생각도 들었지만 이왕 시작한거 못해도 1년은 버텨보고 싶었기 때문에 이를 악 물고 버텼다. 하지만 지인영업은 역시 한계가 보였고 결국 자취방 월세를 못내는 지경에까지 다다르게 되어 어쩔 수 없이 다시 부산으로 내려오게 되었다. 그렇게 다시 부산으로 돌아오고 난 후에는 '영업일은 나와 맞지 않구나. 내가 그동안 너무 자만했었구나'라는 생각을 하면서 자책도 많이 했지만 그래도 사람 상대하는 일을 그만두고 싶지는 않았기 때문에 휴대폰통신사 고객센터에 지원하게 되었고 그때부터 고객센터 상담사로 근무하게 되었다.

아마 고객센터에서 근무를 해본 경험이 있는 분들은 알 거다. 고객센터 일이 얼마나 힘든지. 정말 쉬는 시간이 없고, 끊임없이 고객콜을 받아야 한다. 제대로 쉴 수 있는 시간은 점심시간뿐이었고 퇴근할 때가 되면 항상 목이 쉬어있었다. 게다가 단순히 상담만 하면 되는 줄 알았는데 고객센터도 영업을 하는 곳이더라고...

내가 근무했던 부서의 경우에는 인터넷과 TV 결합 상품을 권유하고 판매하는 일을 했기에 얼떨결에 나는 다시 영업일을 하고 있었다. 그러나 그동안의 경력들이 쌓인 탓일까. 생각보다 성과가 잘나왔고 신입인데도 불구하고 실적이 상위권에 들어 상부관리자들이 따로 면담하고 부서변경을 권유할 정도로 우수한 성과를 냈지만 절대 자만하지 말지고 다짐하고 또 다짐했었기에 지금 자리에서계속 열심히 하고 싶다고 얘기하고 꿋꿋히 평소처럼 근무를 했었다.

🚚 초심을 찾아 새로운 시작

1년가량 고객센터에서 일을 하면서 느낀 게 너무도 많았다. 일을 하면서 소득만을 좇는 게 아닌, 정말 고객을 이해하고 공감하려는 마음을 가져야 성과도 잘 나오고 그렇게 하다보면 소득도 자연스럽게 높아 진다는것을 깨닫게 되었다. 사실 정말 돈만 보고 일을 한다면 고객이 먼저가 아닌 내가 우선순위가 되기 때문에 제대로 된 상담을 하기도 어려워 지기 마련이다.

그렇게 나는 '지금 이 마음가짐으로 다시 보험일을 한다면 예전과는 다르지 않을까?'라는 생각과 '내가 서울에서 보험일을 할때 정말 열심히 했던 게 맞을까? 지금은 누구보다 열심히 일하고 있다고 자신 있게 말할 수 있지만 그때의 나는 정말 열심히 한 게 맞나? 만약 그때의 내가 지금처럼만 열심히 했다면 내가 지금 받는 급여의 두 배, 아니 세 배까지도 가능하지 않았을까?' 라는 생각을 계속해서 하게되었고 확신이 들게 된 날 퇴근 후 바로 부산에 있는 보험대리점을 알아보다가 지하철에 붙어있던 한 광고를 보게 되었다. 보험방송매체를 통해 고객상 담을 할 수 있는 곳이었는데 '아무래도 보험방송은 고객들의 니즈가 높을 거고, 그만큼 체결율도 높지 않을까?'라는 생각으로 무작정 연락하여 면접을 보고 다음날 부터 출근을 하게 되었다.

입사 후 한달이 지나고나서 결과가 어땠을까? 정말 그때의 나는 햇병아리 그 자체였다. 사실 보험에 대한 경력도 얼마 되지않을 뿐더러 보험대리점이 다 똑같은줄만 알았지 다른 곳의 시스템과 수수료조건이 어떤지는 전혀 모르고 있었고, 단순히 방송이라는 매체만 믿고 입사를 했는데 결과는 처참했다. 물론 업적은 신입치고 잘했다고 내세울 수 있을정도였지만 급여는 내가 생각했던 금액의 절반 수준도 안되었다. 정말 황당하고 어이없었지만 이유는 사업비 차감이라는 명분 때문이었다. 당시 같이 근무하던 다른 분들도 이런 시스템을 알고 있었기에 다 같이 더 좋은 조건의 회사를 찾아 옮기기로 결정하였고, 입사한 지 두어 달 만에 다시 새로운 환경을 찾아다녔지만 가는 곳마다 처음 제시했던 조건과 말이 달라지고 계속해서 상황이 반복되다보니 거진 4개월 정도를 이직할 보험대리점을 알아보는 데만 시간을 쓴 것 같다.

슬슬 한계가 왔고 '그냥 나는 보험일을 하면 안되는건가? 하지말라는 뜻인가?'라는 생각까지 들 정도로 많이 지쳐있었는데 정말 딱 이번주 까지만 더 알아보자는 생각으로 출근길을 가고 있었는데 갑자기 어디서 익숙하지 않은 목소리가 내 이름을 불렀다. '누구지? 사무실 사람들중 한분인가?'라는 생각에 소리가 들리는 쪽을 쳐다봤는데 이게 어떻게 된일인지 내가 처음 서울에서 보험일을 시작했을 때 내 최상위관리자로 계셨던 본부장님이 거기서 나를 알아보시고 나를 부르셨더라고. 참 신기하기도 하고 반갑기도 해서 인사드리고 이런저런 얘기를 나누면서 현재 상황을 말씀드렸더니 본부장님 또한 부산에서 조직을 키울 생각으로 내려오시게 되었고 마침 첫날 나를 그렇게 마주치게 된 것이었다. 그리고 부산에서 블로그 영업이라는 큰 무기로 한 획을 그어보자는 큰 목표가 있으셨기에 나는 그렇게 다시 프라임에셋으로 재입사하게 되었다.

나는 그때를 생각하면 지금도 심장이 뛰고 너무나도 벅차오른다. 그동안 여기 저기 회사를 옮겨다니면서 정말 많이 지쳐있었고 힘들었기에 그때 당시 내 마음은 '다 모르겠고 정말 그냥 일좀하자, 일 하고 싶다'였다. 그랬기 때문에 단순히 일을 할 수 있게 만들어 주신 본부장님께 너무 감사했고 심지어는 그때 배웠던 블로그영업이 지금의 '나'를 만들어준 가장 큰 무기가 되었기에 항상 감사한 마음을 가지고 살고 있다. 게다가 고객센터에서 근무한 경력을 통해서 알게된 고객상담스킬은 내가 엄청나게 점프업하게 만들어준 동력이 되었고 여기에 블로그영업까지 더해지니 두려울게 없었다.

재입사 후 3개월도 안되서 정말 태어나서 처음 받아보는 급여를 받아 보았고, 그렇게 조금씩 블로그영업을 하면서 또 SNS로도 발을 넓혀갔고, 계속해서 온라인으로 할 수 있는 모든 것을 내 무기로 만들고자 끊임없이 공부하고 연구하고 찾아다녔다. 그 결과 재입사 1년만에 온라인 영업만으로 억대연봉을 달성하였고, 심지어 온라인영업으로 리쿠르팅까지 같이 할 수 있었다. 그렇게 열심히 하다보니 어느새 자연스럽게 관리자의 자리까지 올라올 수 있었다. 지금에서야 돌아보면서 느끼는데 사람은 언제나 항상 자극이 필요한 동물이 아닐까. 만약 과거에 이러한 고난과 역경들이 없었다면 지금의 내가있을 수 있었을까? 정말 많이 방황했고 정말 많이 돌아왔고 직접 경험했고 느껴봤기 때문에 지금 새롭게 시작하는 사람들 그리고 힘들어서 포기하고 싶다는 마음이

chapter

11

221

드는 사람들에 게 조금이라도 도움이 되었으면 하는 바람으로 내가 지금까지 경험하며 쌓아온 노하우들을 오픈하려고 한다.

성공을 위한 여섯가지 비결

knowhow

1. 변화를 원한다면 마인드부터 확립하자!

나 같은 경우에는 보험영업으로 한 번의 위기를 경험해 봤기 때문에 누구보다 쓴맛을 잘 알고 있다. 처음엔 누구나 위기가 찾아오고 힘든 게 당연하다지만 그 과정을 극복해 나가는 것이 가장 중요하다.

'지금 내가 하고 있는 일이 나에게 비전이 있고 적성에 맞을까?' 슬럼프를 겪는 사람들이 가장 먼저 하는 생각이고, 큰 고민일 거라고 생각한다. 그때 당시 나는 버티기가 힘들어 도망쳤지만 만약 다시 한번 그때로 돌아간다면 절대로 도망 치지 않을 자신이 있다. 그리고 되려 나에게 물어볼 것이다. '너는 네가 지금 힘들다고 할 만큼 열심히 일을 했고 최선을 다해봤어?', '남들보다 2배~3배 열심히 했다고 말할 수 있어?' 아마 그 누구도 대답하지 못할 것이다. 사람은 현재 자기가 처한 상황만 생각하기 때문에 지금 당장 내가 돈을 못 벌고 있으니 '난 정말 힘들어! 이 일은 내 적성에 맞지 않아!'라고 생각하겠지만, 사실 세상에는 쉬운 일이 없다. 주변에 성공한 사람들을 한번 둘러보면 다 열심히 살았던 사람들이고 누구보다 몇 배는 열심히 했기 때문에 지금 그 자리에 있을 수 있었던 거다.

사실 이 시기에는 누가 어떤 조언을 해주더라도 내가 달라지지 않으면 절대로 이겨낼 수 없다. 나 부터가 변화를 받아 들일 준비가 안 되어 있다면 그 누가 옆에서 입 아프게 조언을 하고 눈 아프게 동기부여 영상을 보거나 도움이 되는 책을 본다 한들, 뭐가 바뀔 수 있을까? '이 사람은 이래서 성공할 수 있었네, 저 사람은 원래 잘하니까 그런거야. 그냥 타고 났네. 나는 절대 못해.' 같은 수 십가지의 핑계 아닌 핑계를 대며 자기합리화를 하는 사람들은 결국엔 다시 제자리 걸음을 하게 될 뿐이다.

본인이 바뀌고 싶다고, 달라지고 싶다고 하지 않았는가? 그럼 귀부터 열고 마음을 열어라. 그리고 내가 알고 있는 머릿속에 있는 것들은 잠시 내려둬라. 그게 바로 배움의 자세다. 많은 사람들을 봐왔지만 정말 자기고집이 강한 사람들이 많다. 자기방식이 잘못된 것을 절대로 인정하지 않는 사람인데 이런 사람들은 스스로에 대한 자존감이 높고 남의 말을 듣긴 하지만 절대로 큰 틀에서 변화되는 것을 추구하지 않기때문에 자신의 단점은 보완하지않고 타인의 장점만 가져오려 한다.

결국 자신의 단점을 변화시키지 않는다면 나중에는 오히려 그 단점이 부각되기 때문에 자신의 장점을 늘리려면 단점을 먼저 보완해라. 만약 자신의 방식이 옳다고 생각한다면 끝까지 밀고 가라. 하지만 정말로 스스로 변화하고 싶다면 그 고집부터 버려야한다. 초심을 찾아 신입의 마음으로 시작해야 정말 변화된 나를 찾을 수 있다.

어떠한 상황에서도 영업인은 항상 긍정적인 마인드를 가져야한다. 플라시보효과(placebo effect) 라고 한번쯤은 들어봤을텐데 의사가 효과가 없는 비타민제를 주면서 환자에게 치료약이라고 투약을 했을때 환자의 긍정적인 믿음으로 병세가 호전되는 현상을 의미한다. 이처럼 긍정적인 마음을 가지고 생활한다면 정말 불가능하다고 생각했던 일들이 가능하게되고 안되던 일들이 극적으로 이루어지는 경우가 많다.

chapter

11

비슷한 말로는 피그말리온 효과(Pygmalion effect) 가 있다.

반대로 항상 부정적인 생각과 말만 하는 사람들이 있는데 절대로 좋은 영향이 생길 수 없다. 나 부터가 부정적인 사람이 되면 주변에 있는 모든 사람들이 부정적으로 보이고 내가 만나는 고객들 마저도 부정적으로 바뀌게 되고 행동들 마저 부정적으로 변하게된다. 그러니 항상 긍정적인 마인드로 세상을 바라보는 시각을 갖자! 그리고 이제 변화 될 준비가 되었다고 한다면 동기부여가 되는 책들을 찾아 읽어보고 성공한 사람들의 강의를 들으면서 지금까지 나의 문제점이 무엇이었는지 깨닫고 변화하는 계기를 만들어보자.

 ## 2. 블로그는 진입장벽이 절대 높지 않다.

내가 처음 보험영업을 블로그로 시작했을 때만 해도 사실 지식인이나 카페영업이 활발할 때였지 블로그로 영업을 하는 사람들은 극소수였다. 왜냐하면 카페는 솔직하게 말해서 등급이라고 나뉘긴 하나 등급과 카페지수만 맞춰진다면 누구나 상위노출이 가능했던 시절이었기에 진입장벽이 낮았다. 하지만 블로그는 알고리즘이 어떻고, 로직이 어떻고, 키워드가 어쩌고 정말 알 수 없는 말들이 많았고 어렵기도 어려웠기 때문에 진입장벽이 굉장히 높았다. 그렇다 보니 어느정도의 지식이 필요했고 전문가에게 직접 배워야만 상위노출이 가능했었던 시절이었다.

어렵게 배운 블로그 영업으로 나는 월 천 이상의 소득을 올리며 억대 연봉이라는 꿈을 이룰 수 있었다. 하지만 시대가 변하는 만큼 플랫폼도 같이 변화를 주는데 마치 게임에서 업데이트를 하는 것과 같이 다

> ### 블로그영업을 실패한 사람들, 왜 실패했을까?
>
> 1. 진입장벽이 높아서? >>>>>>> 진입장벽은 낮아졌다.
>
> 2. 어떻게 시작해야 하는지 몰라서? >>>>>> 상위노출을 하기 위한 몇 가지 공식이 있긴 하지만 현재는 크게 중요하지 않다.
>
> 3. 이미 블로그영업을 하는사람들이 많아서? >>>>>>> 시작도하기전에 포기한다.

양한 시도로 변화된다.

초보 블로거들의 진입장벽을 낮추려고 하는 것도 있겠지만, 현재 블로그는 불법으로 광고를 하는 유저들을 걸러내기 위해 매번 로직에 변화를 주고 있다. 따라서 이를 제대로 캐치하지 못한다면 블로그영업을 하다 중도 포기하게 되는 경우가 많다. 그리고 현재 블로그는 누구나 도전할수 있을 만큼 진입장벽이 매우 낮아졌다. 신뢰성 있는 글과 전문성만 겸비한다면 블로그를 시작한 지 얼마 되지 않은 사람들도 그 어렵다던 상위노출이 가능한 시대가 온 것이다.

앞서 말했듯 진입장벽이 많이 낮아졌기에 블로그영업을 시작하는 사람들이 정말 많아졌다. 그렇기에 어느 정도 전문적인 지식을 가지고 있는 사람과 그렇지 않은 사람 간에는 차이가 날 수밖에 없다. 하지만 가장 큰 문제는 그게 아니다. 실제로는 하다가 안되면 바로 포기하는 사람들이 더 많기 때문에 정말 블로그영업을 하고 싶다면 끈기를 가지고 꾸준하게 하는 습관을 길러야 한다.

chapter

11

225

현재 블로그 로직이 원하는 것이 바로 성실하고 꾸준하게 포스팅을 작성하는 거다. 다만 대다수의 포기하는 사람들이 내세우는 이유가 있는데, 바로 주제가 없다는 것이다. 무슨 말이냐 하면, 처음 블로그를 시작하는 사람들이 가장 많이 하는 실수에 대한 것인데 어느 날은 맛집 포스팅을 올렸다가 어느 날은 뉴스기사를, 그리고 어느 날은 연예인 이야기를 하는 것이다. 그러다가 뜬금없이 보험 관련 글을 쓰는 경우를 말한다. 이런 경우, 과연 내가 쓴 보험 글이 상위노출이 되어 사람들이 찾아서 들어올까? 택도 없다. 블로그의 주제가 뒤죽박죽인데 블로그가 어떻게 주제를 나눠 알고리즘에 반영할 수 있을까?

내 블로그의 정체성 즉 주제를 정해놓고 글을 써야지만 블로그에 대한 전문지수가 생성되고 내 키워드가 알고리즘에 반영이 된다. 정말 가장 기초적이면서도 기본적인 내용이다. 그렇기 때문에 꼭 블로그를 처음 시작하고 도전해 보려고 하는 사람들은 내 블로그의 정체성부터 정해놓길 바란다.

knowhow

 3. 고객을 후킹할 수 있는 제목을 정해라!

내 블로그가 단순한 내 일기장인지 아니면 누군가에게 보험에 대한 정보를 제공할 수 있는 공간인지, 꼭 구분하여 정해둘 필요가 있다. 블로그영업을 할때 가장 중요한 몇 가지를 써보려고 한다. 고객이 내 블로그에 어떻게 들어오게 되는지부터 천천히 생각해보자. 이때 등장하는 단어는 바로 '검색 키워드'다. 우리가 궁금한 게 생기면 검색창에 키워드를 검색하는 것처럼, 내 글을 노출시키기 위해서는 키워드를 잘 이용해야 한다. 키워드를 정했다면, 다음으로는 고객의 흥미를 유발할 수 있는 제목을 정해야 한다. 간혹 블로그를 하시는 분들을 보면 제목에 주저리주저리…. 마치 과제 발표 자료를 보는 듯한 제목을 써놓는 사람들이 많다. 고객은 절대 그런 제목으로 들어오지 않기 때문에 제목은 꼭 필요한 문장으로 간결하면서도 흥미롭게 작성해야 한다.

예를 들어 'A가 꼭 필요한 이유 3가지' 또는 'B가 없었다면 생길 위험한 상황들'처럼 본문이 궁금해서 클릭하고 싶은 제목을 정하는 것이다. 이처럼 고객의 클릭을 유발하고 흥미를 유발하는 기법을 '후킹'이라고 하는데, 이 단어는 본래 '낚아챈다'라는 의미를 가지고 있다. 하지만 '고객의 마음을 사로잡다'라는 마케팅 용어로 사용되며, 수많은 블로그 포스팅 중에서 고객의 이목을 끌기 위해 전략적 요소를 가미하는 마케팅 전략이기도 하다.

마찬가지로 본문 내용도 제목과 연관이 있도록 흥미로운 내용들이 꼭 들어가야 한다. 그래야 고객들이 내 글을 관심 있게 읽게 된다. 단, 제목은 너무 자극적이어서는 안 된다. 또한 내용과 전혀 상관없는 제목이

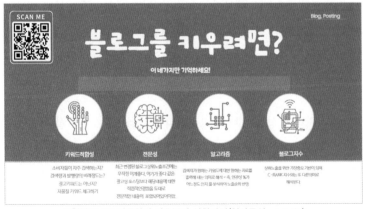

보험블로그로 성공하기 기초부터 심화과정(입사문의 qr code)

227

어서도 안 된다. 만일 본문 내용과 다른 낚시성 제목을 쓰면 고객의 신뢰를 잃게 되어 오히려 역효과가 날 가능성이 높다. 그렇게 되면 내 글은 고객의 상담으로 이어지지 않을 것이다. 심지어 이런 글은 블로그 자체 시스템에서도 안 좋게 보기 때문에 점차 상위노출에서 밀리게 된다.

블로그 시스템에서 가장 중요하게 보는 것이 바로 방문자의 조회수와 블로그 체류시간이기 때문에 후킹기법을 잘 활용한다면 효과적인 글을 쓰는 데 큰 도움이 된다. 아마 처음 블로그영업을 시작하려고 하는 사람들은 많은 생각이 들 거다. '아는 게 없는데 어떻게 시작해야 할까?' 그런데 같은 곳에서 교육을 받아도 누구는 성공하고, 누구는 실패한다. 이들의 차이점은 어디에서 기인하는 것일까?

knowhow

 4. 모든 과정은 곧 나를 성장하게 만든다.

바로 배운 것을 실행으로 옮기는 것의 여부에 따라 그 결과가 확연히 달라지는 것이다. 지금 당장 컴퓨터 앞에 앉아 블로그 생성부터 하고 카테고리 설정부터 해보자. 그리고 끄적끄적 첫 걸음마부터 떼보는 거다. 어떻게 하는지 모르겠다고? 어렵다고? 힘들다고? 나는 지금 블로그영업의 모든 노하우를 다 공개했다. 그런데도 이런 말이 나온다면 본인의 상품지식이 부족한 건 아닌지 한번 되돌아보길 바란다.

내 머릿속에 상품이 바로 그려진다면 글을 쓰는 것은 절대 어렵지 않다. 그래도 어렵게 느껴진다면 직접 키워드 검색을 해보자. 그리고 여러 사람들이 쓴 포스팅을 보다 보면 자! 이제는 감이 좀 오게 될 거다. 그럼 이제 벤치마킹을 하면 된다.(벤치마킹이란 사전적 의미로 우

228

수한 상대를 기준, 목표로 삼아 비교 분석을 통해 장점을 따라 배우는 행위를 말한다.)

단, 카피는 절대로 해선 안 된다. 유사문서는 무조건 게시글 누락의 대표적인 원인이 되기 때문에 꼭 주의해야 한다. 가장 좋은 글은 벤치마킹으로 만들어진 글이 아닌 내가 직접 창작해서 작성한 포스팅이다. 하지만 모방은 창조의 어머니라고 했다. 방법을 모른다면 천천히 보면서 배우면 되고, 해보면 된다. 내 수강생들 중에도 피드백을 하다보면 처음부터 아무것도 모르는상태에서 무작정 창작해서 글을 쓰려고 하는 사람과 벤치마킹을 해서 글을 쓰는 사람으로 나뉘는데 확연하게 두 글의 퀄리티가 많이 차이 난다.

글쓰는것이 익숙하지 않기 때문에 글을 쓰면서도 내가 무슨말을 하고 있는지 전혀 모를정도로 글쓰기에 흥미가 생기지 않는 반면 벤치마킹을 활용해서 작성한 포스팅 내용을 보면 정말 전문가 같은 느낌이 많이 든다. 여기저기 포스팅과 게시글에서 많은 정보를 한곳에 모으다 보니 오히려 원글보다 더 퀄리티가 좋은 글이 나올 수밖에 없다. 1번글에서 부족한내용을 2번글로 보충하고 3번글로 마무리가 가능하기 때문이다. 그렇게 반복적으로 벤치마킹을 하면서 글쓰는 실력을 키우다 보면 나중에는 벤치마킹을 하지않아도 나만의 퀄리티 높은 포스팅을 쓸 수 있을 때가 온다. 그리고 이 부분은 사실 오픈하지 않으려고 했지만 이미 너무나도 많은 전문가들이 여러분야에 접목시키고 있으니 굳이 숨길 필요가 없을 것 같다.

우리는 지금 최첨단시대에 살고 있다. 정말 편한세상이지 않은가? 시대가 변했다. 시대가 변하는만큼 영업방법도 변해야 한다.

chapter

11

229

언제까지 힘들게 하나부터 열까지 고전적인 방법으로 일할껀가? 아날로그 시대에서 디지털 시대로 그리고 최첨단 시대로 변화된 만큼 최대한 활용하여 편하게 일할 수 있는 환경을 만들면 된다. 이미 온라인 마케팅을 잘하는 대부분 사람은 벌써 AI 기능과 Chat GPT를 활용하고 있다. 심지어 이런 시스템을 활용해서 억대 매출을 내는 사람들도 있다. 그래서 남들보다 늦어지면 뒤처질 수밖에 없다.

knowhow

5. 혼자서 하기 힘들다면 AI와 Chat GPT를 활용해라

현재 AI와 Chat GPT가 접목된 프로그램의 종류가 정말 많다. 블로그 벤치마킹부터해서 키워드추출, 제목추출, 심지어는 주제만 정해주면 블로그글 까지 써주기도하지만 자연스럽고 인간미 넘치는 글을 쓰고싶다면 꼭 전체적으로 한번의 수정은 거쳐야만 글의 완성도가 높아진다. 사람마다 시간과 과정의 차이는 있겠지만 곧 그 과정이 나를 성장하게 만들기 때문에 하나하나 꼭 경험해보길 바란다. 누군가가 나에게 지금 이 순간 가장 후회되는 게 무엇인지 물어본다면 나는 주저 않고 바로 대답할 수 있다.

조금 더 빨리 보험영업을 시작하지 못한 것과 블로그영업을 늦게 알게 된 것. 블로그영업을 조금만 더 일찍 알았다면 아마도 나는 지금 위치보다 더 높은 위치에 있었을 거라고 장담할 수 있다. 하지만 지금도 늦지 않았다고 생각한다. 지금 나는 열심히 하고 있으니까 내가 생각했던 목표 이상으로 더 나아갈 거고 그럴 자신이 있다.

혹시라도 '지금 난 늦지 않았을까'라는 생각을 한다면 뭐가 되었던 지금 당장 시작해라. 늦었다고 시작할 때가 가장 빠른 시기고 시작이 반이라는 말이 있듯이 시도조차 안 하는 사람보다는 시작이라도 하는 사람이 무조건 이긴다. 무조건 된다고 생각하고 될 때까지 끊임없이 도전하고 노력해보자!

knowhow

6. 지금은 브랜딩의 시대, 나를 브랜딩하자!

작년기준으로 보험설계사의 수만 60만명이 넘었다고 한다. 이렇게 수 많은 경쟁자들 속에서 내가 설계사로 살아 남으려면 어떻게 해야할까? 당연한 말이지만 상대방보다 내가 뛰어나다는 것을 증명해야 한다. 하지만 그것을 어떻게 증명하냐가 가장 중요하다. 전국에 있는 수 많은 고객들에게 나를 알릴 수 있는 방법이 무엇이 있을까? 앞서 얘기했던 내용들이 모두 브랜딩에 포함된다.

블로그를 하는 사람과 안하는 사람의 차이 / 유튜브를 하는 사람과 안하는 사람의 차이 SNS를 하는 사람과 안하는 사람의 차이 / 등등 남들은 다 하고있는데 나는 안한다면? 무조건 뒤쳐질 수 밖에 없다. 내가 정말 큰 목표가 있다면, 이루고자 하는 것이 있다면 남들이 하는 건 일단 다 해야한다. 그리고 더 좋은건 남들이 안하는 걸 시도해보는 것이 가장 좋은 브랜딩의 수단이다.

그 중 하나가 나는 지속적인 자기개발이라고 얘기하고 싶다. 항상 공부하고 노력하면서 그에 따른 증거들을 만들어라. 자격증 하나 늘어난다고 뭐가 바뀔까? 바뀐다. 남들보다 내가 노력 했다는 증거고 더 많은 지식을 어필 할 수 있는 무기가 될 수 있다.

chapter

11

231

고객은 준비 하려는 사람보다 준비된 사람에게 더 신뢰를 가진다. 그렇기 때문에 끊임없는 자기개발은 나를 브랜딩 하기에 정말 최적화된 무기다. 그리고 시중에 있는 플랫폼을 적극적으로 활용했으면 한다. 예전처럼 힘들게 영업하던 시대는 지났다. 지금은 정말 편해졌다고 생각하는게 과거에는 고객의 보험금청구일만 하더라도 직접 서류를 작성해가며 힘들게 팩스를 접수하거나, 보험사 앱을 이용해 고객의 인증번호를 받아가며 하나하나 청구를 했다면 지금은 하나의 플랫폼으로 여러 보험회사에 동시에 접수가 가능할 뿐만 아니라 인증없이 고객정보만 입력하면 청구가 손쉽게 가능하다.

뿐만아니라 나만의 홈페이지가 개설되어 고객관리용으로도 매우 편리하고 고객과의 소통 공간으로도 활용이 가능하기 때문에, 브랜딩 아이템으로는 정말 최적이라고 본다. 그 외에 보험금 자동계산기라던지, 자동 고객관리 프로그램이라던지 정말 영업에 도움이 많이 되는 플랫폼들이 생겨났기 때문에 이러한 것들을 영업에 적극 활용한다면 브랜딩에도 엄청나게 도움이 된다.

브랜딩의 가장 큰 모토가 바로 타인과의 차별성이기 때문에 '나는 다른 설계사와는 다르다, 더 뛰어나다 라는걸' 고객에게 보여주면 된다. 그렇게 된다면 당신은 60만명 설계사 중에서 선택 받은 전문가가 될 수 있다!

📭 책을 읽는 독자에게 보내는 편지

영업인분들, 안녕하십니까. 장덕환 지사장입니다.

이 책을 읽는 분들은 아마 지금 막 영업을 시작하시거나 영업한 지 오래되었지만, 다른 방향으로 접근해 보려고 하시는 분들 그리고 동기부여가 필요한 분들일 거로 생각합니다. 저 또한 그런 시기가 있었고 영업인들에게는 언제나 그림자처럼 따라다니는 게 슬럼프라고 생각하기 때문에 항상 긍정적인 미인드를 가지셨으면 좋겠습니다.

내용에서도 말씀드렸다시피 저는 보험 일이 처음에 너무 힘들었습니다. 그래서 누구보다 놓고 싶었고 정말 하기 싫었습니다. 그런데 지금은 다른 영업 가족분들을 리드하고 있는 리더로써 한 명의 관리자로써 지사장의 자리에 있습니다. 저는 앞으로의 제가 너무나도 궁금하고 기대됩니다. 더 높은 목표를 가지고 더 높은 자리에서 지금 이 책을 쓰는 저를 추억하고 있는 모습을 상상하며 지금도 열심히 성장하고 있습니다.

앞으로 저의 성장 많이 지켜봐 주시고 제가 도와드릴 수 있는 부분에선 언제든지 도움 드리겠습니다. 메일주소를 남겨놓을 테니 어떤 것이든 좋습니다. 연락해 주시면 늦더라도 최선을 다해 답변드리겠습니다.^^

요즘은 콘텐츠 시대다 보니 온라인 영업, SNS, 유튜브 증여로 플랫폼으로 영업을 시작하는 분들이 많아졌습니다. 그렇다

chapter

11

"

보니 나도 해보고 싶지만 시작하기가 두렵기도 하고 과연 지금 내가 한다고 해서 될까? 이미 늦진 않았을까? 하는 걱정이 앞서실 거라 생각합니다. 저 또한 같은 마음이었으며 처음엔 이것저것에 손대보기도 하고, 그러다 잘 안돼서 손을 놓았던 적도 있었습니다. 제가 겪었던 과정이기에 누구보다 자세하게 글을 써 내려갈 수 있었고 말할 수 있었습니다. 그런데 일단 되고 안되고를 떠나서 일단 뭐든 한가지라도 정해서 시작해 보라고 말씀드리고 싶습니다. 제가 느꼈던 건 어느 분야 하나라도 제대로 꾸준히 해보자는 것이었고, 그 결과 현재 블로그로 상위노출을 잡을 수 있는 사람 중 한 명이 되었습니다.

블로그 분야에서는 누구보다 뒤처지지 않을 자신이 있고 누구보다 남들에게 잘 알려드릴 수 있는 사람이 되었습니다. 정말 누구나 가능합니다. 꼭 블로그가 아니더라도 유튜브나 SNS, 카페, 광고 등 뭐든 끈기 있게 한번 시작해 보세요!

당장에 성과가 나오지 않더라도 시도만으로 큰 의미가 있습니다. 운동도 처음 하는 사람이 바로 몸짱이 되지는 않습니다. 하지만 노하우가 생기고 요령을 알게 되면 나도 모르게 어느 순간 몸짱이 되어있는 것처럼 여러분들도 할 수 있습니다. 그러니 포기하지 말고 꼭 꾸준히 열심히 해보시길 간절히 응원합니다.

장 덕 환 지사장

primejdh@naver.com

"

<< 힘들고 지칠 때 힘이 되는 동기부여 명언 >>

"
행동만으로는 행복해질 수 없으나

행동이 없는 행복은 있을 수 없다.

어려우니까 감히 손대지 못하는 것이 아니다.

과감하게 손대지 않으니까 어려워지는 것이다.

힘들어도 행동하겠다.

하기 싫어도 행동하겠다.

나는 나의 한계를 확장시킨다.

포기하지 않는 자를 이기는 것은 너무나도 어렵다.

자신의 능력을 믿어야 한다 그리고 굳세게 밀고 나가라.

도전은 삶을 의미 있게 만들고 깊이와 목적을 부여한다.

성공하는 사람은 삶의 여정에서 일찍이 목표를 발견하고

그 목표를 향해 자신의 모든 힘을 습관적으로

쏟아부은 사람이다.

행동 할 준비가 되었다면 기억해라.

내 인생의 방향을 결정하는 사람은

누구도 아닌 바로 자기 자신이라는 것을.
"

내가 싫어하는 직업
"보험설계사"

전 수 진  soojincieji@naver.com

경력

현) DB손해보험 Prime Agent
　　우리투자증권(한국포스증권)투권인

자격사항

· 공인중개사
· 종합자산관리사(IFP)
· 손해보험, 생명보험
· 증권, 펀드투자권유대행인
· 퇴직연금 모집인

수상경력

· 2023 2Q PA 베스트 프라이즈 주니어 강남본부 최우수
· 강남본부 DBRT Challange Academy 2기 우수상 1위
· 성남사업단 보장성 MVP 9회 외 다수

내가 싫어하는 직업
"보험설계사"

'직업이 뭐예요?'

'아, 그렇구나……. 보험…….'

오랜만에 만나게 된 지인, 또는 알고 지내던 지인, 왠지 친근하고 반갑다가도 보험을 시작했다고 하는 순간 왠지 불편해서 멀리 하고 싶은 경험.

내가 이 일을 하기 전엔 그랬었던 것 같다.

나만 그럴까?

그 왠지 불편한 느낌. 그냥 그 느낌 때문만은 아니었던 것 같다.

요즘 많이 좋아졌다고는 하나 과거부터 만연해 있는 보험업, 보험설계사에 대한 곱지 않은 시선이 있다.

그 이유를 대표적으로 세 가지 정도로 얘기해 보자면, 첫째 계약 당시와 다르게 계약 후 보상, 관리받지 못한 경험, 둘째 사정상 해지 후 손해를 본 안 좋은 기억, 셋째 잘못된 형태와 마인드를 가지고 영업하는 설계사들로 인해 왠지 사기 당하는 느낌이랄까?

나 또한 예외는 아니었다. 보험의 중요성, 필요성을 일찍부터 스스로 생각하고 준비했던 터라, 소비자로서 다양한 보험상품으로 설계사를 만났지만 매번 만족스럽지 못하고 실망하기 일쑤였고, 왠지 속는 거 같아 다양한 채널로 직접 찾아가며 보험설계를 하고 가입했었다.

어쩌면 그래서 내가 잘할 수 있고, 관심도 많은 이 직업을 그토록 멀리 하려고 했었는지도 모르겠다.

어쩌다 보험설계사

전문직이 아니라면 안정적인 직장이 있다고 해도 50대 중·후반 쯤 은퇴가 시작되고, 그 이후의 삶을 준비해야 한다.

100세 시대 정년이 없는 전문직업을 갖고 싶었다.

도예를 전공했지만, 순수예술보다는 자본주의, 보험, 투자, 세금, 재테크, 돈에 더 관심이 많았고, 육아 전까지 중소기업에서 총무로 일하면서 전반적으로 쌓은 법인 업무에 대한 경험들이 있었다.

하지만 결혼, 출산, 육아로 경단녀가 되어 있는 내가 할 수 있는 전문직이 뭐가 있을까?

그것을 찾고자 다양하게 시도해봤다.

공인중개사 자격 취득 후 부동산 사무실에서 소속공인중개사로 일을 했었고, 자기주도학습1급 자격증을 취득 후 학교에서 실습하며 아이들을 가르쳐보기도 했으며, 바리스타 자격과정을 거쳐 작게나마 카페를 운영해 보기도 했다.

chapter

12

239

공인중개사는 업무 자체가 적성에 맞지 않다. 공부과정에서 얻었던 민법총칙, 부동산학개론, 공법, 세법, 등기법 등 전반적인 지식들이면 충분했다.

어떤 일을 하든 열정이 많고 적극적인 성격으로 열심히 했으나, 일을 통해 얻는 보람이나 만족감, 성취감이 그렇게 높은 수준은 아니었다.

{

도대체 내가 할 수 있는 정년이 없는 전문직업은 뭐가 있을까?
보험업?

}

정말 잘할 수 있고, 하고 싶었던 일이긴 한데…… 부정적인 선입견에 사로 잡혀 많은 권유에도 거들떠 보지도 않았었다.

좋은 것이 있으면 나누고 싶고, 힘들고 어려운 사람을 보면 외면하지 못하며, 애써 주머니에서 나눠야 마음이 편하고 적립포인트, 혜택은 알뜰히 챙기고 또 알려줘야 직성이 풀리는 평소 오지랖 넓다는 평을 자주 듣는 ENFJ의 전형적인 K 장녀인 나.

더 늦기 전에 선입견에 도전해 보기로 용기를 냈다.

💬 전문가로 거듭나기

용기를 내보지만 처음에는 자신 있게 내 직업을 말할 수 없었다. 아니 말하고 싶지 않았다. 그래서 더 열심히 공부했다. 손해보험 설계사 자격 취득 후 FP(자산관리사), IFP(종합자산관리사), AFPK를 동시에 준비했다.

세상에…… 내가 그동안 관심 있고 컨설팅하고 싶은 분야가 여기에 다 모여 있다니.

공인중개사, 보험설계사 자격을 취득하면서 세금, 부동산설계, 위험관리와 보험설계는 공부가 되어있었고, 투자설계는 관심분야로 늘 공부하고 있었으나 이론적으로 좀 더 깊이 있게 공부하는 계기가 되었다. 은퇴설계와 상속설계는 앞으로의 최대 관심사인 만큼 무척이나 흥미로웠다.

일을 하면서 취득해야 하다 보니 시간관계상 보험업하고 밀접한 관계가 있는 종합자산관리사를 최종 취득한다. 종합자산관리사를 취득하면, '변액보험 판매 자격' 외에  도 '금융소비자보호법에 따른 보장성 금융상품 자문인력' 자격을 추가로 취득할 수 있다.

또 필요한 자격증이 무엇이 있을까?

금융관련 자격증을 알아보는 과정에서 증권사 투권인이란 직업을 알게 되고, 이에 필요한 증권투자권유대행인, 펀드투자권유대행인 자

chapter

12

241

격을 함께 취득했다. 그리고 새로운 명함을 한 개 더 갖게 된다.

　우리투자증권 투자권유대행인

　개인이든 법인이든 합법적으로 보험에서만 할 수 있는 절세전략이 있고, 어떤 사업을 영위하거나, 사용하려면 꼭 들어야 하는 의무보험도 있다. 그동안 내가 알고 있었던 보험이 얼마나 협소한 범위였던지, 알게 모르게 들어 있는 주변의 수많은 보험을 그동안 간과하고 있었던 거 같다. 훌륭하신 많은 보험 전문가들을 접하고, 다양한 의무보험을 확인하면서 법인, 개인 할 것 없이 위험의 전가로 보험을 택한 많은 사례를 경험하면서, 직업에 대한 확신과 비전, 자부심까지 생기게 되었다.

knowhow

 ## 자신만의 커리어를 쌓아라.

> 지금은 자신 있게 말할 수 있다.
> 종합자산관리사 DB손해보험
> 전수진 Prime Agent.

🚚 누구나 시작할 수 있지만 아무나 전문가가 될 수 없는 직업

　학력, 성별, 나이 무관하게 도전할 수 있는 소위 진입장벽이 없는 전문직업이 얼마나 있을까? 아마 보험업이 유일하지 않을까 생각한다. 누구에게나 활짝 열려 있는 기회의 장. 누구나 시작할 수 있지만, 아무나 전문가가 될 수 없는 직업.

보험설계사 정착률 현황 (단위 : %)

구분	'21년	'22년 (a)	'23년 (b)	증감 (b-a)
생보	41.2	39.0	36.9	△2.1
손보	56.3	52.2	53.2	1.0
전체	50.3	47.4	47.3	△0.1

출처 : 금융감독원

금융감독원 통계자료에 따르면 1년 이상 근속하는 보험설계사는 47.3%로 이는 곧 10명이 입사하면 6명은 1년 내 퇴사를 한다는 의미이다.

그 중 남아있는 47% 4명도 2년 내에 1명 이상이 퇴사를 한다고 한다. 결국 2년 이상 보험업에 종사하는 사람은 30% 내외 정도가 된다는 결론인데 이는 무분별한 도입도 문제지만, 입사 후 생각보다 많은 능력을 요구하는 설계사의 업무, 그럼에도 불구하고 하대 받는 낮은 직업인식이 한몫하지 않았나 생각해본다.

🚚 내가 생각하는 보험은?

미래의 불안 보따리를 대신할 다른 보따리를 보험회사에 할부로 사는 것이라고 생각한다. 불안 보따리를 대신할 크기는 본인의 선택에 달려있다. 내 불안 보따리보다 작은 것을 살 수도 있고 더 큰 것을 살 수도 있다. 이 보따리가 아닌 다른 보따리로 준비할 수도 있을 것이다. 그것은 선택하는 사람들의 성향, 경제 상태 등 다양한 변수에 의해 결정된다.

chapter

12

243

그러므로 '보험 하나 들어줄게' 라는 표현은 잘못되었다고 생각한다. 보험은 들어주는 게 아니라 위험을 보험회사에 설계사를 통해 설계하고 대비하는 것이다. 그 위험을 스스로 인지하든 설계사를 통해 인지하든 상관없지만, 가입은 나를 위해 결정하여야 할 것이다. 그러므로 보험을 들어준다는 고객이 있다면 정중하게 표현을 변경요청하고, 만약 들어주는 거라면 기꺼이 사양한다.

knowhow

스스로 보험을 들어달라는 표현을 자주 하고 있지는 않은가? 그렇다면 생각을 바꿔보자. 그럼에도 불구하고 계속 들어 달라고 해야 하는 상황이라면 직업을 고민해 볼 필요가 있다고 생각한다.

원수사 전속설계사 vs 보험대리점 설계사

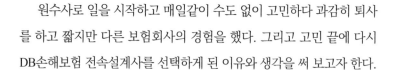

quick tips

※원수사 전속설계사 : 한 회사에 소속된 전속설계사. 전속회사의 상품만 판매 가능하다.

※보험대리점 설계사 : 한 대리점에 소속된 설계사. 제휴 맺은 다양한 보험회사의 상품을 판매할 수 있다.

원수사로 일을 시작하고 매일같이 수도 없이 고민하다 과감히 퇴사를 하고 짧지만 다른 보험회사의 경험을 했다. 그리고 고민 끝에 다시 DB손해보험 전속설계사를 선택하게 된 이유와 생각을 써 보고자 한다.

무엇이든 100퍼센트 좋을 수는 없다. 동전에도 양면이 있듯이, 어떤 일을 하든 장단점이 있기 마련이므로 따져보고 내가 생각하고 추구하는 장점을 선택하기로 했다. 일을 하다 보면 이런 고민에 자주 휩싸이게 되는데 피해 갈 수 없는 고민인 것 같다. 원수사와 대리점. 대리점이라면 어느 대리점. (많은 대리점이 있다.)

회사를 선택하기에 앞서 먼저 상품에 대해서 생각해 보았다.

신 담보가 출시되면 앞다투어 전 보험사에서 출시된다. 그러므로 상품에 대한 고민은 할 필요가 없다고 생각했다. 보험료 경쟁력에서도 마찬가지이다. 설계를 하다 보면 진단비가 저렴하면 연계를 맞춰야 한다든지, 진단비가 비싸면 수술비가 저렴하다든지 결국 전체적인 보험료 수준은 비슷해진다. 보험사에서 일시적으로 출시되는 이벤트상품에 현혹되기보다는 보험의 본질을 생각해 본다면 상품이나 보험료에 대한 고민은 더욱 명료해진다.

두 번째 고객의 입장에서 생각해 보았다.

좋은 것만 쏙쏙 빼내서 이 회사 저 회사의 저렴하고 좋은 상품만을 가입할 수 있다면 얼마나 좋을까? (만약 그렇게 된다면 보험회사들은 높은 손해율로 문을 닫아야 할지도 모른다. 이는 고객의 피해로 돌아갈 것이고 금융당국, 금감원에서 손놓고 보고 있지만은 않을 것이다. 결국 여러 장치들로 상품은 비슷비슷해지므로 주력상품은 존재하지만 싸고 좋기만 한 상품은 없다고 봐도 무방할 것이다.) 만약 최대로 노력하여 좋은 상품들을 가입했다고 치자. 증권이 여러 개로 쪼개져 관리 하기가 힘들어질 것이다. 보상내역을 챙기기도 쉽지 않을 뿐더러 여러 보험사에 일일이 보상청구해야 하는 번거로움 또한 무시하지 못할 것이다.

세 번째 앞으로 내가 나아갈 방향에 대해서 고민해보았다.

chapter

12

245

이때 고민한 나의 기준은 직업을 선택한 이유와 동일하다. 오래 일할 수 있는 전문직. 그러려면 회사가 튼튼 해야 하고, 상품이 좋아야 하며, 시대의 변화에 대응하는 모습이 있어야 하며, 수수료에 대해서도 투명해야 한다.

퇴사 후 타사 경험 및 동종업계에 있는 동료들과 의견을 나눈 후 위와 같은 생각의 정리가 다시 DB손해보험으로 돌아가게 된 이유이다.

또 하나 남겨두고 온 나의 고객들……

아쉬운 점도 물론 많이 있다. 그중에서도 법인영업. 법인영업 또한 종류가 다양하게 있고, 그 중 손해보험에서만 할 수 있는 영역이 존재한다. 노력과 전문성 대비 수수료가 적어서 많이 뛰어들고 있지 않은 분야라 오히려 기회이지 않을까 생각하며 앞으로 이 부분에 좀 더 집중해 보려고 한다.

고객에게 어필할 때 종종 전자제품 판매하는 곳을 예로 많이 든다. ○○전자 냉장고가 있다고 하자. 다양한 곳에서 판매를 한다.

○○전자대리점, 백화점, 홈쇼핑, 인터넷, 하이마트 등

여러분은 어디에서 살 것인가?

○○전자대리점? 하이마트?

선택은 고객의 취향이다.

사람 일은 알 수 없기에 단정 지을 수 없다. 먼 훗날 어떠한 일로 이직을 하고 다른 결정을 내릴지는 모르겠으나, 현재는 보험과 고객에게 진심인 마음을 담아 전속에서 충실하기로 마음먹었다.

knowhow

원수사라 못할 것은 없다. 생각하기 나름이고, 나 하기 나름이다.

💬 DB손해보험 전수진PA는 이렇게 일합니다.

1 chapter 누구와도 대체할 수 없는 '나'

신뢰를 기반으로 누구와도 대체할 수 없는 '나'가 있다.

보험에 진심이며, 나의 고객에게 언제나 진심이다. 1998년, 1999년 무렵이었다. 아버지의 사업 실패로 온 가족이 지하방으로 내몰렸고, 여기저기 빚 독촉에 미납, 체납된 고지서들이 날아오기 시작했다.

이 와중에 가족 중 누군가가 아프다면 과연 무슨 돈으로 어떻게 치료받을 수 있을까? 그래서 생각한 것이 바로 '보험'이었다. 엄마가 가입해 놓은 보험부터 살펴보며, 가능한 선에서 가족 한 명 한 명 보험을 정비했다. 그때는 지금처럼 보험이 다양하지도 않았으며, 인터넷 정보가 발달하지도, 스마트폰이 있던 시기도 아니었다. 또한 생명보험이 주를 이루던 시대였다. 의지할 수 있는 것은 엄마가 거래하던 그 당시 일명 보험아줌마. 그때 기억이 좋지 않게 남아있다.

우리 가족을 지키기 위해 그때부터 나의 보험역사가 시작된다.

저렴한 보험료로 보장을 잘 받아야겠기에, 다양한 보험정보에 귀를 기울였고, 저렴하고 좋은 상품이 있으면 온 가족의 보험을 가입했다. 실손이 잘 알려지지 않았던 시기라 불안감이 더 컸던 것 같다. 그러던

chapter

12

중 손해보험을 알게 되고, 실손과 정액보상, 생명보험과의 차이 등도 알게 된다.

회사업무상 은행직원들과 친분이 있던 터라 펀드가 생소한 시기였음에도 불구하고 해외펀드 등 다양한 금융상품을 접할 수 있었다. 보험도 마찬가지였다.

2006년 그동안 최소한의 보장이었다면 이제 제대로 된 수준의 금액으로 손해보험 리모델링을 동생들에게 제안했고 보험료가 비쌌지만 그만큼 보장이 컸기에 동생들은 기꺼이 받아들였다. 그때 가입한 상품이 동부화재 컨버젼스이다. 이 상품이 그 당시 독보적이었는데, 뇌출혈, 뇌졸중, 급성심근경색 보장이 전부였던 시절 뇌혈관질환, 허혈성심장질환을 보장하는 것으로 전 보험회사 중 유일했다. 온 가족이 열심히 노력 하여 안정을 찾아가고 있을 때쯤, 2007년 겨울 청천벽력 같은 소식을 듣게 된다.

군대를 제대하고 사회에 나간 지 얼마 안 된 26살 남동생에게 찾아온 예후가 좋지 않다는 독성암, 횡문근육종, 너무 큰 충격이었다. 횡문근육종이라는 암은 그때나 지금이나 흔하지 않은 암인 거 같다. 암덩어리가 너무 커서 항암과 방사선을 먼저 진행했고, 크기를 줄이고 수술을 해야 했다. 수술 후 이어지는 독한 항암과의 전쟁. 그리고 방사선치료. 3년여 동안 치료를 했던 그때를 생각하면 지금도 마음이 아프다.

만약 그 당시 미리 보험을 준비하지 않았다면 남동생은 치료에만 집중할 수 있었을까?

설마하는 불안감이 실체가 되어 가족에게 찾아왔고, 불안감을 보험

으로 대비했던 덕에 치료에만 전념할 수 있었을 뿐더러 넉넉한 보험금
으로 다시 재기할 수 있었다.

그 당시 치료과정을 옆에서 지켜보며, 필요한 보장내용들을 섭렵하
게 되고 여러 환우들과 교류하며 다양한 보험의 세계를 접했지만 업으
로서의 이 직업은 당사자인 남동생이나 우리 가족은 상상도 못 했었던
거 같다.

어려운시절을 힘겹게 이겨냈던 경험과 보험에 대한 진심이 보태져
보험설계와 고객 미팅 시에 큰 자산이 되고 있다.

2 chapter 고객을 향한 일편단심 - 작은 것에 진심을 담아

진심은 통한다. 정말 그렇다는 것을 일을 하면서 더욱 느낀다. PA
로 재입사 하면서 지금까지 지인과 소개로만 일을 하고 있다. 보험설계
사들이 주로 사용하는 디비는 입사 당시 TCR로 시작하면서 받았었던
매달 5개 남짓한 것이 전부다.

입사 초 TCR이라는 특성상 DB고객들을 마음과 정성을 다해 보장
분석하고 컨설팅했었던 기억이 난다. 모르는 사람들에게 내 에너지와
노력을 쏟다 보니 아깝다는 생각이 들었다.

당장 주변에도 보장이 잘 안 되어 있는 사람들이 많을 텐데 이렇게
모르는 사람들의 편견과 의심을 마주하며 정성을 쏟으니 이 정성과 노
력이면 소득이 없어도 차라리 내 주변인들을 챙기고 싶었다. 정말로 챙
겨주고 싶은 나의 지인들, 과거 만났었던 DB고객들, 그리고 그들로부
터 나오는 소개 그거면 충분하다.

한 사람 한 사람 모두 소중한 인연들이다. 새로운 고객을 찾는 것도 해야 하는 일이지만 현재 있는 고객들과의 관계를 더 중요하게 생각한다. 수많은 설계사 중에 나를 선택해서 인생의 위험을 설계했고, 그것이 나에겐 커다란 책임감으로 다가와 잘 보상 받을 수 있도록 관리 해야겠다라는 마음이 깊어진다. 누군가에게 필요한 사람이 된다는 건 행복한 일이다.

내가 지금 그 행복한 일을 하고 있다.

3 chapter 전문성 끌어올리기

보장분석, 독서, 내·외부 강의, 보험연수원 강의 등 다양한 방법으로 체득한 보험설계사의 전문성은 기본이라고 생각한다.

① 보장분석의 기술

꼼꼼한 보장분석의 첫 번째는 약관찾기일 것이다. 전산에서 보여지는 내용의 정확성을 높이고자 약관을 꼭 확인하고 비교하는 습관이 몸에 배어있다. DB손해보험의 보장분석 프로그램은 이용하기 편리하게 잘 구성되어 있다. 보장분석 시 자사는 물론 타사의 약관까지 바로 확인이 가능하다. 전산의 오류가 있을 수도 있고 보여지는 게 전부가 아니므로 보험증권을 실제로 받아서 비교분석하기도 한다. 고객의 소중한 보장자산이다. 제대로 알고 비교하려고 노력하며 확실하지 않으면 손대지 않는다.

② 보험시장의 흐름 읽기

원수사 설계사로 우물 안의 개구리가 되지 않도록 보험시장의 전체적인 트렌드를 읽고 타사 상품을 확인, 타사와의 상품 경쟁 시 자사의 대체상품을 찾아 고객만족도를 높인다.

③ 독서

우리 직업은 자연스럽게 다양한 고객층을 만나게 된다. 그러므로 교양을 쌓고, 고객과 소통할 수 있는 매개체가 되기도 하는 독서는 필수항목이다.

④ 교육수강

다양한 교육을 듣고 변화를 확인 적용하려고 노력하는 편이다. 사내교육은 당연히 집중해서 듣고, 때론 유료 외부교육도 수강한다. 보험연수원의 교육도 매우 유용하다. 주변을 보면 스킵해서 수강하는 경우를 종종 보게 되는데 집중해서 듣기를 추천한다. 또한 원수사의 일부 설계사들에게는 양질의 특별한 교육이 제공되는데 참여하려면 나의 실적을 프로젝트에 참여 가능한 수준까지 끌어 올리는 편이 좋다.

4 chapter 위험에 대비한 시뮬레이션 적용하여 설계하고 설명하기

고객의 가족력이나 니즈를 확인하여 위험 노출 시를 시뮬레이션하여 설계하고 설명한다. 그러려면 치료과정을 알아야 하고 적재적소에 필요한 보험영역을 파악하고 있어야 한다. 모두 파악할 수 없기에 간접경험이 중요하며, 보상사례를 통해 체크해야 한다.

또한 보상청구가 들어오거나 치료를 받은 지인이 있으면 치료과정을 확인하고 체크해본다.

chapter

12

251

5 chapter 계약 후 마음가짐이 더 중요하다.

평생을 함께 할 내 사람. 내 고객은 내가 지킨다. 법인도 예외는 아니다.

> TCR로서 신뢰해준 디비고객도
> 다양하게 인연을 맺게 된 고객들도
> 모두 고맙고 소중한 사람들이다

6 chapter 내가 받고 싶은 컨설팅과 서비스를 고객에게 제공한다.

진심은 통했고, 다양하게 소개가 들어왔으며, 많은 상을 받았다. 덕분에 회사의 다양한 프로그램에 참여하여 양질의 교육을 받을 수 있었으며 그것을 나의 고객들에게 돌려줄 수 있게 되어 기쁘다.

너무나 훌륭하신 업계에 잔뼈가 굵으신 고액의 연봉자도 많은데 일개 PA로서 책을 쓴다는 게 부끄러웠다. 처음 보험업에 입문했을 때처럼 이번에도 용기를 냈다. 시작은 원래 그런 거라고 혼자 격려하며.

보험을 시작한다고 했을 때, 옆에서 신뢰하고 소개해준 나의 지인들이 떠오른다. 계약여부를 떠나 고마웠다. 지금까지 오게 된 원동력이기도 하다.

나의 이익보다는 고객의 입장에서 생각하고 진심을 다하다 보면 처음에는 느린 것 같지만 나중에는 더 많은 결실과 사람을 얻게 될 것이다. 혹시 이 직업으로 사람을 잃지는 않았나? 한 번쯤 돌아보자. 사람을 얻는 기쁨을 갖도록 노력해보자. 소득은 자연스레 따라올 것이다. 나만의 철학을 갖고 구두끈을 묶는다면 분명 이 분야의 전문가로 우뚝 설 수 있지 않을까? 오늘도 구두끈을 묶어본다.

보잘것 없는 내용이지만 누군가에게는 도움이 되었길 바라며 글을 마칩니다.

언제나 힘이 되어주는 남편과 사랑스런 삼 형제 도영, 채훈, 승환. 든든한 버팀목 양가 부모님 그리고 우리 가족. 말이 필요 없는 절친 정숙, 연화쌤, 나를 믿고 따라와 준 해별, 지현. 언제나 내편 미순언니, 혜영언니, 도움을 주는 여러분들, 응원하고 신뢰해주는 나의 모든 고객들에게 이 자리를 빌려 감사의 마음을 전합니다. 한 명 한 명 소중한 인연으로 깊이 간직하겠습니다.

오늘도 힘내세요 파이팅~!!

chapter

12

아는 설계사가 아닌
잘 아는 설계사가 되기 위해

조 상 연   chiccsy@naver.com

경력

현) 신한금융플러스 감탄본부 센텀지점 지점장

전) 2023년 신한금융플러스 워너지사 교육실장
2020년 KGA에셋 입사

아는 설계사가 아닌
잘 아는 설계사가 되기 위해

좋은 기회가 되어 나의 이야기를 책으로 쓸 수 있게 되었는데 이 책을 누가 읽을까 고민하게 되었다. 보험으로 억대연봉을 달성한 사람들의 이야기를 궁금해하는 사람은 보험하는 사람이다. 특히, 초보 보험설계사라고 생각한다. 그 사람들을 위해 내가 겪은 일을 이야기하고 어떻게 극복했고 어떤 방식으로 영업하는지를 이야기하는 게 도움이 될 것같아 에세이＋자기계발서처럼 작성해보려 한다.

나의 이야기와 조언이 도움이 되길 바라며 글을 써내려간다.

이 글을 읽으면서 내가 무엇을 얻을 수 있는지 어떤 목적으로 읽는지 생각해보았으면 한다. 누군가는 억대연봉자의 이야기를 듣고 싶을 수 있고 누군가는 억대연봉자의 영업방식이 궁금할 수 있다. 책 안에 많은 내용이 담겨있으니 나에게 맞는 방식을 찾아 적용할 수 있으면 좋겠다.

1 chapter ▶ 보험설계사의 시작 그리고 이직

📠 보험영업의 시작

보험영업을 하면서 많은 사람들이 많은 돈을 벌기 위해 보험업으로 뛰어들었다는 사실에 가장 크게 놀랐다. 나도 영업으로 돈을 벌 생각이 없다는 것은 아니지만 내가 영업을 시작한 계기는 돈이 아니었기 때문이다. 혹자는 '집이 잘 사나보다', '여유가 있는 집안이구나' 생각할 수 있지만 그렇지 않다는 걸 먼저 이야기한다.

영업을 시작한 건 단순히 영업을 하고 싶어서였다. 많은 사람들이 나에게 '영업하면 참 잘하겠다'라는 말을 많이 했고 그에 부응하듯 자연스럽게 '영업을 해볼까?'라는 생각이 들어 2020년 전역 후 영업직을 알아보기 시작했다. 2020년이 어떤 해인지는 다들 알 것이다. 코로나로 인해 많은 사람들이 힘들어했고 영업과 관련된 직무 또한 마찬가지였다. 원래 생각하던 건 자동차 딜러였는데 반도체가 나오지 않아 첫 급여를 받으려면 6개월을 기다려야 할 수 있다는 말에 포기하고 중고차, 핸드폰 영업으로 눈을 돌려 알아보던 와중 아버지와 아버지 친구분의 권유로 보험업을 시작하게 되었다.

맨땅에 헤딩

아버지 친구분의 권유로 보험을 시작하고 사무실은 서울, 집은 용인 출퇴근 거리가 조금 있는 편이었는데 어느 날 "집이 머니 사무실을 내줄게."라고 하시며 용인에 사무실을 내어주었다. 개인사무실이 생겼다는 생각에 굉장히 설레고 신났었지만 이게 나에게 얼마나 큰 시련이 될지는 몰랐다.

많은 보험설계사와 이야기를 하다보면 '어디 출신이세요?'라는 질문을 한다.(여기서 말하는 출신은 높고 낮음을 뜻하는 게 아닌 원수사와 대리점을 나누는 말) 그럴때면 나는 "1인 GA출신입니다"라고 말하고 사람들은 놀란다.(1인GA :

관리자 없이 혼자 영업하는 보험사) 나는 보험 시작을 혼자 했기에 지점장, 교육실장, 육성실장 등의 도움 없이 시작해서 말 그대로 맨땅에 헤딩한 것과 다름이 없었다. 유튜브로 세일즈, 보험상품, TA를 어떻게 해야 하는지 배우고 어느 날엔 보험점검 신청을 하여 어떻게 PT를 하는지 보고 배웠다. 그때는 진짜 절실해서 그렇게 행동했다고 했지만 지금 돌이켜보면 나에게 PT해준 사람들한테 죄송스럽다. 그렇게 보험을 시작했고 교육에 돈을 아끼지 않고 듣다 보니 영업인으로서 성숙해졌다.

🚚 매너리즘

혼자 일을 하면서 느낀 점은 내가 잘해도 축하해주는 사람이 없고 못해도 혼내는 사람이 없다는 것이다. 출근을 해도 혼자, 사무실 복귀를 해도 혼자이다 보니 점점 사무실에 가지 않게 되었고 그러면서 방 한편에 사무실처럼 만들어두고 진짜 사무실에는 나가지 않게 되었다. 그러면서 점점 보험설계사로서의 쉽은 떨어지고 시간 대비 좋은 돈벌이라는 생각에 빠지게 되어 일을 잘 안 하게 되던 중 알게 된 곳이 보만세라는 카페였다. 카페를 통해서 많은 설계사가 있음을 알게 되었고, 나뿐만이 아닌 많은 설계사들이 겪는 고충임을 알고 나처럼 관리자 없이 시작하는 사람들을 응원하고 싶다는 생각이 들어 카페활동을 시작한 게 2021년부터 지금까지 보만세 스텝으로 계속 활동하고 있다.

힘들다는 생각, 쉽이 떨어지는데 관리자에게 이야기하기 어렵다면 익명으로 올릴 수 있는 보만세 카페를 활용해보길 권한다.

🚚 성장을 위한 이직

내가 이직을 하는 것은 나 살자고 고객을 두고 가버리는 것이기에 옳지 않은 행동이라고 생각했다. 이런 고민을 하던 와중 많은 설계사가 이직을 하는 것을 알았고 내가 이직을 하더라도 보험을 관리해준다는 것을 알고 이직을 하기로 마음먹었다.

보험을 시작하게 해준 지사장님께 혼자 있어서 발전이 어렵고 쉽도 점점 떨어진다고 이야기하니 내가 성장할 수 있는 곳으로 잘 찾아서 이직하면 좋을 것 같다고 응원까지 해주어 조금은 편하게 이직을 했고 이직을 알아보면서 내가 중요하게 생각한 것들을 이야기 해보려 한다.

▣ 관리자의 방향성

혼자 일을 하면서 느낀 것 중 하나는 나와 관리자의 지향점이 같아야 한다는 것이었다. 예를 들어 나는 DB영업을 하고 싶은데 관리자는 DB영업이 아닌 소개, 개척 등 다른 영업 방법을 지향하는 사람이라면 가고자 하는 방향이 달라 많이 힘들 것이다. 내가 하고자 하는 것에 힘이 되어줄 수 있는 관리자를 고려해야 하는 것이다.

▣ 성장 가능성

이직 관련 상담을 하다 보면 가장 많이 이야기하는 것들이 DB 무료 지급, 높은 수수료 테이블 등 설계사들이 혹할 수 있는 말을 많이 한다는 것이다. 수수료 테이블은 높지만 시책이 적은 곳들도 있기에 잘 확인해봐야 한다. 말만 번지르르하게 하는 곳보다 본인 본부, 지사, 지점의 성장에 대해 이야기하는 곳을 보는 게 좋다. 과거형보단 앞으로 어떤 강점을 갖고 어떻게 성장할지에 대해 이야기한다면 나와 맞는 곳인지 아닌지 알 수 있어 좀 더 선택하기 좋을 것이다.

▣ 함께하는 조직원

요즘에는 대부분의 조직이 SNS를 활용한다. SNS를 통해 조직원끼

chapter

13

리의 관계, 그리고 어떤 행사가 있는지 알 수 있어 내가 가게 된다면 같이하는 조직원이 어떤 사람인지 어느 정도는 알 수 있다. 아니면 면접 시 함께 할 사람들의 나이대가 나와 맞는지 확인해보고 주변에 그 조직에 대해알고 있는 사람이 있는지 확인해보면 가장 좋을 것이다. 나와 같이 일 하는 사람은 비록 직장에서의 일이긴 하지만 사무실을 함께 쓰기 때문에 나와의 성향, 나이대 등을 확인해볼 필요가 있다.

내가 20대인데 조직원이 전부 40대 이상이라면 어떨까? 챙김은 잘 받을 수 있겠지만 10년 20년의 미래를 보거나 같이 으쌰으쌰하는 건 힘들 수 있다. 그러니 이런 것들도 꼭 확인해보길 권한다. 나의 보험 영업의 시작과 이직과정을 이야기한 이유는 많은 초보설계사들이 비슷한 어려움을 겪었음을 말하고 이러한 어려움을 어떻게 극복을 했는지 알려 조금 더 좋은 방향으로 바뀌길 원하기 때문이다. 나도 처음에는 아무도 알려주는 사람이 없어서 어떻게 해야 할지 몰랐는데 누군가 제3자의 입장에서 이야기해주었더라면 좋았을 것 같다.

2 chapter 영업하기 위한 마인드셋

영업을 하면서 멘탈, 영업하는 방법, 고객관리 등 많은 것들이 중요하다고 느꼈는데 그 중 가장 우선되는 것이 멘탈 즉, 마인드셋이라고 생각한다. 영업마인드 없이 영업을 하다 보면 어느 순간 쉽이 떨어지고 영업에 대해 부정적인 생각이 많이 들기 시작하기 때문이다. 실제로 영업을 단순히 돈벌이로 생각하는 사람들은 오래 하지 못하고 1~2년 만에 그만두는 사람들이 많았다. 그렇다면 마인드셋을 어떻게 해야 할까?

🗨 고객의 요구사항에 초점을 맞춰라

가끔 고객의 요구사항이 아닌 자신이 생각하는 대로 판단하고 이야기하는 설계사가 있다. 일률적인 보장 권유, 추천 등 항상 같은 금액대를 권하는 사람들이 있는데 고객이 원하는 바를 채워주지 못하는 행동이다. 물론, 고객이 원하는 것을 다 들어줘야 한다는 말은 아니다. 가령, 고객은 10만 원으로 보장을 가져가고 싶어 한다고 해보자. 그렇다면 암진단금 1억으로 10만 원 가져가는 것과 암진단금, 뇌혈관, 허혈성 진단금, 수술비까지 나누어 10만 원으로 가져가는 것 중 어떤 것을 가져가는 것이 좋을까? 예시를 극단적으로 이야기했지만 실제로 그렇게 하는 설계사가 있기에 우리는 평범하기만 해도 반은 먹고 들어간다.

🗨 착각하지 마라. 설계사가 많이 하는 착각 4가지

◾ 상담을 먼저 요청한 고객은 계약할 거라는 착각

가끔 고객이 먼저 연락이 와서 계약을 하고 싶다고 하는 경우가 있다. 어떤 설계사는 고객이 가입하지 않으면 멘탈이 나간 상태로 '고객이 먼저 말해놓고 왜 가입을 안 하는지 모르겠다. 간만 보고 끝났다.'라고 말한다. 과연 고객이 잘못한 걸까? 고객은 보험이 필요할까 싶어 상담을 요청할 것일뿐 보험 가입을 희망해서 이야기한 건 아니다. 먼저 연락했다는 이유로 "착각" 했을 뿐이다.

◾ 일했다는 착각

사무실에 오래 앉아있다고 일을 한 걸까? 사람을 만났다고 일을 한 걸까? 직장인들은 출퇴근 시간을 맞추면 "일했다."라고 말한다. 보험설계사는 어떨까. 내가 출퇴근 시간을 지켰다고 일을 한 걸까? 일했다는

chapter

13

말은 결국 돈을 벌 수 있는 행동을 했다고 볼 수 있다. 우리는 사무실에 앉아있다고 돈을 벌 수 있을까? 친구를 만났다고 돈을 벌 수 있을까? 아니다. 우리는 가망 고객을 만나야 돈을 벌 수 있다. 친한 친구를 만나서 그냥 놀고 왔다면, 또는 단순히 사람을 만난 거라면 절대 일을 했다고 볼 수 없다. 내가 정말 돈을 벌기 위한 행동을 했는지 확인해보자.

▣ 몰라서 못했다는 착각

안 배워서 모른다. 몰라서 못했다. 이런 말을 많이 듣는다. 과연 정말 몰라서 못한 걸까? 아니면 할 수 있는데 안 해서 못한 걸까? 대부분의 보험사에서는 아침마다 교육을 한다. GA를 기준으론 원수사 교육을 하는데 가끔 신입 설계사가 "저는 들어도 몰라서 안 들어갈래요"라고 말하면 굉장히 속상하다. 처음에는 모르지만 듣다 보면 조금씩 이해하게 되고 내가 몰랐던 걸 알게 된다. 진짜 몰라서 못한 건지, 내가 하지 않아서 못한 건지 생각해보자.

▣ 영업을 잘 하는 사람의 비법이 있을 거라는 착각

영업을 잘 하는 사람만의 특별한 방법이 있을 거라고 많이 생각하는데 영업 잘하는 사람의 강의나 교육을 많이 들어보면 공통적인 게 나오기 마련이다. 대부분 특별한 방법 하나 때문에 잘 하는 것이 아니라 고객관리, 활동량 등 영업의 기본이라 할 수 있는 것들을 "꾸준히" 하기 때문이다. 잠깐 해보고 안 된다고 생각하지 말고, 또 일확천금을 노리지 말고 지속적으로 할 수 있는 영업을 해보자.

▣ 잘 될 거라는 확신을 가져라

착각과 확신은 다르다. 내가 성공할 거라는 확신. 확신을 갖고 영업을 해야 설계사로서의 자신감이 생기게 된다. 보험을 처음 시작하고 보험하는 것을 숨기고 부끄러워하게 된다면 그 사람은 절대 보험으로 성공할 수 없다. 보험 하는 것을 부끄러워하는데 어떻게 보험으로 성공할 수 있을까? 나는 주변 사람들과 보험과 관련된 이야기를 할 때 가장 신나고 재미있어 한다. 그럴 때마다 나에게 돌아오는 말은 "보험쟁이 다 됐네." 보험쟁이라는 말을 듣고 기분이 나쁠까? 전혀 그렇지 않다. 나는 이제 보험쟁이가 맞기 때문이다. 나는 보험하는 사람이고 지금 나에게 있어 보험은 삶의 절반 이상을 차지하고 있고 앞으로 보험으로 더 잘 될 거라는 확신이 있기 때문이다. 나는 확언도 하는데 아침에 한 번 저녁에 한 번, 총 두 번 확언을 한다. 내가 성공할 수 있는 사람이라고 말을 하며 하루를 시작하면 성공한 기분으로 시작할 수 있고 자기 전에 말한다면 성공한 기분으로 하루를 마무리할 수 있기 때문이다. 여러분도 생각만 하는 게 아니라 직접 말로써 확언을 해보길 권한다

3 chapter 고객관리는 필수 기록은 선택

고객관리는 필수, 기록은 선택이라고 이야기했는데 기록은 선택이라는 말은 수기와 디지털 중에 선택이라는 말이다. 정확히는 고객관리도 필수, 기록도 필수라는 말이다. 고객관리를 한다고 하는 사람들이 많이 이야기하는 것 중 하나가 엑셀에 기록하고 있다는 건데 그건 고객관리가 아니라 고객인적사항기록이라고 말한다.

엑셀을 활용하는 사람들을 많이 봤지만 대부분 인적사항만 기록한다. 상담 내용, 특이사항 등 고객의 특징이나 이야기했던 것에 대해 기록하는 사람은 많지 않았으며 상담카드를 작성하는 사람들도 작성 후 종이(문서)로만 보관하는 사람이 많았다.

chapter

13

quick tips

고객관리

그 목적은 매출채권(賣出債權)의 확보와 판매촉진에 있다. 이를 위해서는 고객의 경영상태에 관하여 평소부터 정확히 파악하고, 동시에 그 목적에 따른 적극적인 육성 지도와 원조가 필요하다.

따라서 대금회수의 조사나 판매량과 재고량의 대조 등은 물론 업적의 추이, 자산의 내용, 경영자의 자질, 적정규모의 분석, 입지조건의 검토, 경합관계(競合關係)의 동향 등 고객에 관한 중요한 문제에 대해서는 모든 분야에 걸쳐 조사·분석해 놓지 않으면 안 된다.

과거에는 고객관리에 있어 고객대장이나 고객 카드 등을 작성하였는데, 컴퓨터의 보급에 따라 그 기억장치와 분석력에 기대하는 일이 많아졌다.

[네이버 지식백과] 고객관리 [customer relations, 顧客管理] (두산백과 두피디아, 두산백과)

상담카드를 쓰는 게 보다 자세한 내용을 적을 수 있어 좋아 보였는데 종이로 되어 있어 찾기 어렵다는 불편함이 생기기 시작했다. 그러면서 자연스레 내가 정리한 내용을 어디서든 볼 수 있으면 좋겠다고 생각하여 시작한 것이 구글 드라이브였다. 구글 드라이브를 활용하면 핸드폰, 태블릿, 컴퓨터 등 어디서든 고객 인적사항을 확인할 수 있으며 어느 한 곳에서 수정을 해도 수정한 내용이 다 보인다는 장점이 있었다. 그렇게 기록 도구를 아날로그에서 디지털로 변경하기 시작했다.

🚙 고객관리 방법

▣ 고객별 분류

가망고객, 관심고객, 계약고객을 분류한다.

나는 특수문자로 가망, 관심, 계약을 분류해둔다.

□ : 가망고객

○ : 관심고객(시일 내 계약이 나올 수 있는 사람)

☆ : 계약고객

고객을 분류해서 저장하는 이유는 내가 모든 고객을 기억할 수 없기 때문이다. 그렇기에 조금 더 관심을 가져야 하는 고고객과 단체 문자를 보내야 할 고객, 간헐적으로 연락해야 하는 고객을 구분해둘 필요가 있다.

▣ 고객별 관리

고객별로 폴더를 만들어 상담카드, 증권, 가입제안서를 넣어 어디서든 고객의 인적사항을 볼 수 있도록 만든다. 고객과의 상담기록, 특이사항 등을 자세하게 적어두어 언제든 고객과의 상담내용을 볼 수 있게 해야 한다.

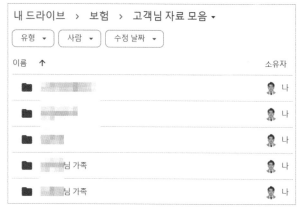

구글 드라이브 저장 방법

고객별로 분류하여 찾기 편하게 만들었으며 가족들과는 한 번에 묶어두어 헷갈리지 않게 만든다. 구글 드라이브에서는 검색을 활용할 수 있기 때문에 이름만 검색해도 찾을 수 있으며 파일 링크를 만들어 고객과의 카톡에 연결해둔다면 바로 확인할 수 있다.

▣ 고객 순번 적용

계약 고객에게 번호를 매겨 내가 연락할 수 있는 순번을 정한다.

계약고객/ 이름/ 번호

하루에 2~3명씩 번호 순서대로 연락하여 안부를 물어본다. 그렇게 하면 1년에 2~3번 정도 고객에게 연락할 수 있다. 고객이 적다면 하루 1명도 좋으니 꾸준히 연락할 수 있는 시스템을 만들어보길 권한다. 시스템이 있는데 하지 않는 것과 시스템이 없어서 안 하는 것은 하늘과 땅 차이니 꼭 실행하길 바란다.

나는 연락처 저장을 위 방식으로 하여 상담 내용을 빨리 파악할 수 있도록 한다. 자세한 사항은 구글 드라이브를 확인하면 되지만 고객과의 상담 내용을 바로 확인해야 할 상황이 올 수 있기 때문이다. 내가 사용하는 고객관리 시스템이 마음에 들 수도 있고 안 들 수도 있다. 나는 이렇게 고객관리를 했고 소개를 받았으며 현재까지 영업을 이어오고 있다. 꾸준히 영업할 수 있는 힘을 얻고자 한다면 실행해보길 권한다.

현재 나는 지점 홈페이지 및 고객관리 등을 위해 노션을 다방면으로 활용하고 있다. 구글 드라이브의 경우 아직도 잘 활용하는 툴이니 본인이 사용할 수 있는 툴을 활용하여 고객관리 해보길 바란다.

4 chapter 죽기 아니면 실행하기

사람들이 가장 못하는 게 무엇일까? 내가 생각하기엔 실행이다. 시간이 부족해서, 돈이 없어서, 주변 눈치가 보여서 등. 하지 못하는 이유를 찾으려면 찾지 못할 이유가 없다. 그게 못하는 이유가 될까? 영업하는데 간절함이 있다면 일단 실행하길 바란다.

할 수 있는 영업 방식은 굉장히 다양하다. DB, 온라인, 브리핑, 개척, 법인, 정책자금, 소개영업 등 굉장히 많은 영업 방식들이 있고 설계사는 어떤 방식으로든 DB창출을 하고 싶어 한다. 그런데 하고 싶다는 생각이 아니라 실행하고 있는 것이 있는지 물어보고 싶다. 나는 영업을 혼자 시작하여 개척, 정책자금, 온라인, DB영업 등 많은 영업을 시도해봤다. 개척을 시작할 때 어떻게 해야 하는지를 알아보니 시장개척이 많다는 글이 있어 보온병에 뜨거운 물을 가지고 가 커피를 드리며 개척을 했고 정책자금 강의를 듣고 할 수 있다는 생각으로 지역에 있는 병원을 돌아다니며 정책자금 자료를 드리고 원장님을 뵙겠다고 말하고 다녔다. 온라인 영업을 해보고 싶을 때 심의 받는 방법을 보고 블로그를 무작정 따라해서 글을 올렸다. DB영업을 시작할 때에는 3개월 동안 DB 100개를 사서 그냥 해봤다. 누군가는 '나는 절대 못해'라고 할 수 있지만 누구나 할 수 있다고 생각한다.

만약 누군가 당신에게 '명함을 한 명에게 줄 때마다 천 원을 주겠다.'고 하면 못한다고 말할까? 어떻게 행동할지는 불 보듯 뻔하다. 당신은 미친 듯이 사람들에게 명함을 전달해줄 것이며 내 손에 명함이 적게 있는 걸 아쉬워 할 것이다. 영업도 마찬가지다. 내가 누군가에게 명함을 전달해주며 나를 소개할 때 당장은 돈이 보이지 않을 뿐 언젠가 돌아온다.

chapter

13

실행할 때 당장에 내가 느끼는 부끄러움이나 망설임은 집어넣자. 잠깐의 망설임이 나의 성장을 방해하고 고민하다가 포기하는 것보다는 실행하고 안 되는 것을 몸소 느끼고 포기하는 과정을 통해 배울 수 있는 게 더욱 많다.

부정적인 생각을 하기 전에 일단 행동해보자.

하지 않고 불만을 갖기보다 실행 ⟫⟫⟫ 수정 ⟫⟫⟫ 보완 ⟫⟫⟫ 실행해보자.

2022년 금소법 이후 블로그 영업 후기 中

5 chapter 내 자신을 돌아보며

나는 자기계발서를 좋아하고 유튜브도 자기계발 유튜브를 좋아한
다. 영업인이라면 대부분 알고 있을 카준형님을 보고 나도 사무실에서
지내기로 마음 먹고 약 1년 동안 사무실에서 지내고 주말에 집으로 가
는 생활을 하고 있는데 굉장히 만족하며 살고 있다. 처음에는 단순히
집을 왔다 갔다 하는 것이 귀찮다는 생각으로 지내기 시작했던 게 나의
일상이 되었고 사무실에서 하루를 마감하는 것이 편안해졌다. 주변에
서는 대단하다고 독하다고 말하지만 난 아직 원하는 것이 많다. 아직
내가 할 수 있는 것이 많이 남았고 누군가 내게 후회 없이 했냐고 물어
본다면 난 아직 부족하다고 말할 것 같다.

보험을 일찍 시작하여 아무것도 몰랐던 내가 어느새 5년 차가 되어
다른 사람들을 알려줄 수 있는 자리까지 올라왔다는 게 실감이 나지 않
지만 나의 목표는 아직도 더 높은 곳을 향해있기 때문에 항상 부족하게
느껴지는 것 같다.

현재 내가 있는 자리에서 최선을 다하며 다른 사람들에게 인정받게
되는 날까지 갖은 애를 쓸 것이다. 또한 내 사람들에게 좋은 공간을 제
공하며, 좋은 관리자로 인정받고, 좋은 동료로서 같은 방향을 바라보며
성장할 수 있는 사람이 되고 싶다.

나는 매년 목표를 설정하고 이루기 위해 노력하고 있다. 목표를 즐겨
찾기에 넣어두고 자주 보며 내가 이것들을 지키기 위해서는 무엇을 해
야 하는지를 생각하며 지낸다. 이 책을 보는 모든 분들이 목표를 설정
하여 이룰 수 있길 바란다.

chapter

13

🗨 맺음글

책을 읽고 난 후 생각보다 별거 없다고 생각할 수 있다. 특별한 무기를 갖고 억대연봉자가 된 사람도 있겠지만 작은 거 하나를 꾸준하게 함으로써 억대연봉자가 된 사람들도 있다. '나도 저렇게 할 수 있는데?'라는 생각이 든다면 지속적으로 할 수 있는지, 실행을 했는지를 고민해 보자.

내가 책을 읽고 강의를 보면서 가장 안타깝다고 생각한 부분은 실행을 하지 않는다는 것이었다. '내가 다 아는 내용인데?', '너무 쉬운 이야기잖아, 당연한 이야기잖아'라는 생각으로 실행하지 않는다. 내가 아는 것과 직접 실행에 옮기는 것은 다르다.

꼭 실행하길 권한다.

도전과 경험으로
억대연봉을 이루다

최 민 준 ✉ cmj610@naver.com

경력

현) 영진에셋 서울중앙사업단 사업단장
　　ISO 9001, 14001, 45001 인증심사원
　　노무법인 다현 위험성평가(중대재해처벌법) 전문가
　　한국산업지원단(주) 정책자금 법인컨설팅 이사
　　네이버 보만세 카페 스탭
　　유전자 컨설팅을 활용한 실무 전문가
　　(주)엠제이엔코 대표이사
　　펀드투자권유대행인

전) 에이플러스에셋 도곡동사업단 사업단장(상무)
　　글로벌 자산관리 영업대표　　　　피에스앤마케팅(주) 센터장
　　교보생명 서울중앙사업단 SM　　한국창업컨설팅 창업컨설턴트
　　미디어윌 인사, 총무 담당　　　　삼성전자 디지털프라자 본사 관리팀
　　광진중앙새마을금고 근무　　　　거평유통 경리부 근무

도전과 경험으로
억대 연봉을 이루다

💬 인생의 전환점이 된 보험일을 시작하게 된 계기

서울 관악구 봉천동(현재는 중앙동)에서 1남 3녀 중 장남으로 태어 났습니다. 옛날 이력서가 생각나지 않으세요^^~

웃음으로 제가 써내려갈 이야기들을 보셨으면 해서 이렇게 시작해 보았습니다. 저는 2대 독자라 부모님의 관심과 사랑을 많이 받으며 자랐습니다. 상대적으로 어쩌면 여동생들이 서운해할지도 모른다는 생각이 들기도 해, 항상 미안한 마음이 있었는데, 이 글을 쓰며 동생들에게도 감사함을 전하고 싶습니다. 학창 시절의 저는 키도 작고 왜소해서 키 순서로 번호를 정했을 때는 5번을 넘겨본 적이 없었습니다. 초등학교 때는 특별히 공부를 잘했던 것도 아니고 오락실 사장님이 쫓아낼 정도로 오락실에서 살다시피 했습니다. 중학교는 중간 정도의 성적에서 문제없이 조용히 다녔던 학생이었습니다.

고등학교 때는 사업을 하시던 아버지를 보며 돈을 벌고 싶어졌습니다. 그래서 당시 인기 있었던 상업고등학교에 진학했고, 전교 5등 안에 들기도 했습니다. 학창 시절 중 이때가 가장 열심히 공부한 때였던 것 같습니다.

N 최민준단장

전체 | 뉴스 | 블로그 | 카페 | 이미지 | 지식iN | 인플루9 ›

옵션 ∨ ・관련도순 ・최신순 | 모바일 메인 언론사

PiCK 언론사가 선정한 주요기사 혹은 심층기획 기사입니다. 네이버 메인에서 보고 싶은 언론사를 구독하세요.

한국보험신문 · 7일 전

"다양한 현장 경험 통해 모든 고객에게 도움 제공"

단순히 수익만을 추구하는 것이 아니라, 고객의 이익을 최우선으로 생각하는 자세가 필요하다." 영진에셋 서울중앙사업단을 이끌고 있는 **최민준** 단장은 보험설계사에게 필요한 자세로 '진심'을 강조한다. 최 단장은 교...

한국보험신문 | **보험, 보험인** | 〈제 1038 호〉 2024년 5월 20일 월요일 | **7**

"다양한 현장 경험 통해 모든 고객에게 도움 제공"

건강검진 활용한 보험 리모델링, ISO 인증 등 전문성 갖춰
"고객 니즈 맞는 최적 솔루션 · 특색 있는 영업 콘셉트 중요"

〈최민준 영진에셋 서울중앙사업단 단장〉

최 단장은 교보생명에서 FP와 SM(세일즈 매니저, 부지점장)을 지내며 종신보험과 CI보험 판매에 두각을 보였다. 그는 그러나 손해보험상품을 다룰 수 없음에 한계를 느끼던 중 2007년 창립한 에이플러스에셋에 설계사로 이직을 결심하고, 이듬해 3월 설계사 코드를 받고 13

"고객의 니즈를 정확히 파악하고, 그에 맞는 최적의 보험 솔루션을 제안해야 한다. 단순히 수익만을 추구하는 것이 아니라, 고객의 이익을 최우선으로 생각하는 자세가 필요하다."

영진에셋 서울중앙사업단을 이끌고 있는 최민준 단장은 보험설계사에게 필요한 자세로 '진심'을 강조한다. 최 단장은 교보생명과 에이플러스에셋, 글로벌자산관리를 거쳐 영진에셋까지 보험업계에서만 20년차 경력을 보유한 '보험 전문가'이다.

최 단장은 2005년 교보생명 FP(보험설계사)로 보험업계에 첫발을 내디뎠다. 그는 "창업 컨설턴트로 근무하던 중 교통사고로 입원했을 당시 남성 전문조직을 만들고 있던 교보생명에서 연락이 와 직무 설명회를 들었고, 보험의 의미와 소중함을 알게 됐다"며 "내가 느낀 바를 많은 이들에게 전파하고 싶다는 생각으로 보험일에 입문했다"고 말했다.

년간 근무했다. 설계사로 시작해 EM(교육 매니저), 지점장으로 승진하는 게 에이플러스에셋의 커리어패스 과정인데, 최 단장은 여기서 상무까지 승진한 첫 사례로 사내 귀감이 됐다. 그는 EM 시절 경력 신입사원을 위한 교육책을 최초로 만들었고 2015년부터 6년간 도곡동 사업단을 이끌면서 2만의 지점 분할을 했으며 이 공로를 인정받아 광고상을 2회 수상했다.

최 단장은 "사업단 운영이 지속되려면 변화가 계속 필요하기에 하루에 8건까지 팀장 영업 동행을 계속 다니면서 쉼 없는 삶을 살다 보니 받아봤다"며 "이후 글로벌자산관리에서 정책자금 업무를 탐당하다가 설계사 영업지원 시스템이 잘 되어 있는 영진에셋에 스카우트돼 2021년 12월부터 서울중앙사업단을 이끌고 있다"고 말했다.

최 단장은 "다양한 현장에서 쌓아온 경험을 밑판으로 어떤 고객을 만나더라도 도움을 드릴 수 있는 것이 나의 최대 장점"이라고 말했다. 실제로 그는 교보생명 입사 전 경리, 회계, 인사, 총무 등 다양한 행정 직군에서 12년간 사회생활을 경험했다.

최 단장은 고객 상담에서 가장 중요한 무기로 '다양한 콘셉트'를 강조했다. 그는 "실제로 설계사들이 가장 힘들어하는 것도 더 이상 새로운 콘셉트가 없어 갈 곳이 없어졌을 때"라며 "나를 포함한 서울중앙사업단에서도 특색 있는 영업 콘셉트를 계속 개발 중"이라고 말했다.

최 단장은 개인 고객에게 건강검진을 활용한 보험 리모델링, 유전자분석을 통한 개인별 맞춤 설계, 개인 고객별 담보 및 소액 대출 컨설팅을 제공하고 있다. 또한 윤德에만 ISO(국제표준화기구) 인증심사원 자격 3가지(9001, 14001, 45001)를 취득하고 중대재해처벌법 관련 위험성평가 전문가 과정을 수료하면서 국가자원 정책자금 및 ISO 인증 컨설팅, 정부 고용지원사업 컨설팅 등 법인고객 대상 컨설팅 전문성도 발전시키고 있다.

최 단장은 보맘세(보험설계사만 만세) 카페 스태프로 활동하면서 신인 설계사 정착에 도움이 되는 조언을 꾸준히 게재하고 있다. 그는 "보험 리모델링을 고객이 아닌 설계사 본인 입장에서 하는 경우가 많다"며 "자신만의 노하우를 습득해 고객 상황에 맞는 컨설팅을 하는 것이 이 업계에서 살아남을 수 있는 방법"이라고 밝히고 "늘 배우는 노력에 절실히 매달리고, 새로운 것에 도전하는 설계사들이 많이 나왔으면 한다"고 말했다.

손민아 기자 alsdkqg@insnews.co.kr

chapter

14

그래서 좋은 기업에 추천받아서 취직하게 되었고, 사업을 하시던 아버님의 조언으로 경리업무 중 회계부서에서 일을 시작하게 되었습니다. 이때 지금도 보험상담에 활용하고 있는 회계 업무를 배우게 되었으며, 다른 업무 중 자금 업무도 함께 하면서 경리업무 전반에 대해서 배우게 되었습니다.

군 제대 후에는 새마을금고에서 근무하며 이전 회사보다 더 큰 자금 운용을 담당하게 되었으며, 이후 이직하게 된 삼성전자 디지털 프라자 본사에서 근무할 때는 예산 및 관리자 평가에 대한 기준을 만들면서, 대기업의 업무 노하우를 습득하였습니다. 미디어월에서는 인사·총무업무를 담당하며 사원들의 인사와 연봉평가를 담당하게 되었는데, 사무직으로서의 소득은 올라가는 데 한계가 있음을 느끼고 있던 중 우연한 기회를 통하여 창업컨설팅 영업을 시작하게 되었습니다.

2003년부터 3년에 가까운 시간 동안 서울·경기도 지역의 김밥체인점을 비롯하여 맥주 전문점, 삼겹살 프랜차이즈, 불닭 프랜차이즈 등 55개의 가맹점을 개설하며 요식업 전문 창업 컨설턴트로 활동하였습니다. 이 과정에서 배운 점포를 산정하는 법과 각종 행정법, 인테리어 등. 그때 배운 많은 노하우들은 살아가는 데 많은 도움이 되기도 하지만 상담에서도 많이 활용하고 있습니다.

외부 활동이 많은 창업컨설팅을 하며 교통사고로 인해 병원에 입원해 있던 중, 당시 남성 전문조직을 만들고 있던 교보생명에서 연락이 와서 직무설명회를 듣게 되었고, 보험의 의미와 소중함을 알게 되어 내가 느낀 바를 많은 이들에게 전파하고 싶다는 마음에 보험회사에 입문하게 되었습니다.

🔈 도전하지 않으면 아무것도 얻을 수 없다

지금까지 여러 회사에 다니기는 했지만, 새로운 일에 도전하는 것이 두려운 것은 너무나 당연한 일 입니다. 보험회사에 입사하여 익숙한 분야가 아닌 새로운 분야의 내용을 배우는 것 또한 마찬가지였습니다. 신입 교육을 듣고, "7 to 11" 아침 7시에 출근해서 11시에 퇴근하며 새로운 루틴을 몸에 익숙하게 만드는 것이 쉽지는 않았습니다.

상품 관련 상담 스크립트를 만들고, 이 스크립트로 RP를 통한 연습을 한 후, 지인들을 만나 상담했는데 "이미 알고 있는 내용이다"와 같은 피드백을 받을 때는 정말 얼굴을 들 수 없을 정도로 민망한 시간도 있었습니다. 하지만 보험에 대한 신념이 있었기 때문에 교보생명의 남성 조직에서 CI보험을 비롯한 종신보험 판매 1~2위의 실적을 할 수 있었습니다. 매출에서 성과가 나오니, 회사에서는 관리자(SM, 세일즈매니져)를 제안하였고 이때부터 관리자의 길로 접어들게 되었습니다. 하지만 제가 교보생명에서 일할 당시에는 교차판매가 이루어지기 전이라 판매할 수 있는 상품에 한계를 느끼게 되어 보험대리점을 찾게 되었습니다.

지인을 통해 소개받은 에이플러스에셋은 제가 원하는 시스템을 가지고 있어서 바로 이직을 결심하게 되었고, 2008년 1월 교사, 의사, 공무원, 군인, 대기업 사무직 등 안정된 직업을 가지고 있던 분들을 중심으로 하여 다시 영업 현장에서 활동하였습니다.

다양한 직군의 상담을 통하여 보장분석을 비롯한 재무설계를 하면서 한 달 30건 이상의 청약을 하는 등 현장 영업의 매력에 빠지게 되었습니다. 이때 상담의 노하우를 바탕으로 에이플러스에셋 남자 최초의 교육실장이 되었습니다.

chapter

14

277

교육실장이 되고 나서 회사 신인들의 정착을 위해 가장 필요하다고 생각한 부분은 다양한 상품에 대한 정리와 판매스킬 향상이었습니다. 이는 교보생명에서 근무하다가 대리점에 온 저도 힘들다고 느낀 부분이었습니다. 그래서 생명, 손해 보험회사에서 판매하고 있던 상품군들을 정리하여, 신인들이 쉽게 익힐 수 있는 교재를 만들게 되었고, 향후 "경력 신입 입문과정"에서 교재로 활용되는 초안이 되었습니다. 이 교재를 활용한 교육이 이루어진 후 신인들이 대리점에 적응하고 정착률이 좋아지게 되자 회사는 이러한 노력을 인정해 저에게 공로상의 영예를 안겨주었습니다.

창업컨설팅을 한 경력 덕분인지, 외곽에 있는 신규 사업단에 나가서 해당 사업단의 정착을 위한 시스템 만들기에 착수한 적도 있습니다. 사업단 점포위치선정, 인테리어, 사무용품 등 업무환경 세팅과 설계사가 일하기 위한 시스템 교육 등 신규 사업단 정착에 필요한 모든 업무지원을 처음부터 정착할 때까지 최대 6개월간 파견근무를 하기도 했습니다.

GA시스템에 익숙하지 않았던 설계사분들에게 많은 대화와 업무지원을 통해 시스템에 익숙해질 때까지 반복 학습시켰습니다. 그러자 해당 사업단에서 우수한 성과를 낼 수 있었고 이를 바탕으로 한 리크루팅이 활성화되면서 신규 사업단 정착에 이바지하여, 2011년 지점장으로 발탁되었습니다.

🔲 경험이 많은 사람이 임기응변에 강하다

2011년 지점장으로 첫발을 내딛게 되었고, 매일 아침 조회를 위해

278

조회 컨셉과 자료준비 등을 비롯하여 설계사 관리까지 하루가 어떻게 지나갔는지도 모르게 시간이 흘렀습니다. 하루 종일 너무나 바쁘게 일은 했는데 어떤 걸 했는지는 기억도 안 날 때가 많았습니다. 영업현장에서 활동할 때보다 더 발에 땀나게 뛰어다닌 시절이었습니다. (한마디로 똥오줌 못 가리던 시절 같았습니다.)

관리자 업무는 영업과는 달랐지만 잘 적응하면서 근무하던 중, 2012년 전북 익산에서 긴급 파견근무 요청이 들어와 익산으로 가게 되었습니다. 처음에는 해당 사업단에 문제가 발생하여 감사를 하러 내려가게 되었는데, 어느 순간 해당 지역에 신규 사업단을 개설해야 한다고 하여, 신규 사업단 개설에 착수하게 되었습니다. 나중에 알게 되었지만, 해당 지역 S생명 출신의 고능률(A) 임원을 위촉하게 되어서 신규 사업단을 만들게 되었으며, 사업단이 정착할 때까지 익산에서 파견근무를 하게 되었습니다.

A 임원님의 일화를 말씀드리면, 처음 에이플러스에셋에 오셨을 때 A 임원님의 빠른 정착을 위하여 그분의 3,000명이 넘는 고객명단 중 1,000명의 고객을 선정하여, 인사장 작성 및 회사 소개 자료를 발송하였습니다. 그중 300명의 고객은 별도로 택배 작업을 진행하였고, 택배를 받으신 고객분께서 운영하시는 회사에 방문하여 PT를 진행하게 되었으며, 법인 Plan으로 첫 계약 월납 1,000만 원을 청약하게 되었습니다. 그때 청약하신 대표님께서 A 임원님에게 하셨던 말씀이 "S생명에는 없는 상품들이 다른 회사에는 다양하게 있으므로, 오래 일하려면 상품경쟁력이 필요한데 지금 회사에서 계속 근무하게 되면 상품경쟁력이 떨어져 오래 근무할 수 없으니, 주변에 있는 다른 회사도 알아보라고 말씀하셨다"라고 비하인드 스토리를 말씀해 주셨습니다.

chapter

14

279

시간이 많이 흘렀지만, 지금도 이 부분은 변하지 않는 것 같습니다. A 임원님과 함께 근무한 1년 동안 위촉 첫해에 챔피언을 만든 사업단장이 되었고, 서울로 발령 요청을 하여 다시 서울로 올라오게 되었습니다. 서울지역에서 사업단장으로 근무 중 일에 지쳐 있을 때, 평상시 저를 눈여겨보시던 지인분께서 SK텔레콤 자회사인 피에스앤마케팅(주)에서 근무하셨는데, 센터장(사업단장 같은 역할) 자리가 공석이 되어 공개모집을 하고 있다고 하였습니다.

C 정수기회사 본부장, H 화장품 본부장님 등 신청자들이 많았는데, 공개모집을 통한 경쟁에서 제가 최종 면접을 통과하게 되어 피에스앤마케팅(주) 회사에 이직하게 되었습니다. 보험사가 아닌 다른 업종에서 근무하는 것은 굉장히 오랜만이었습니다. SK텔레콤에서 진행한 이 사업은 ICT 기계를 판매하기 위한 방문판매 영업조직을 관리하는 업무였고, 주력 판매사업은 모바일 기계(핸드폰, 아이패드 등)와 대형 가전제품이었습니다. 방문판매를 하는 영업 직원들을 관리하게 되면서, 모바일 분야에 대한 업무도 배워야 했는데, 통신 분야는 그동안의 업무와는 또 다른 분야라서 보험을 배울 때처럼 새로운 지식 습득에만 3개월 이상 걸렸던 기억이 있습니다. 평상시 모바일 제품에 관심이 많았기 때문에 너무나 즐겁고 재미있게 일했던 기억이 아직도 많습니다.

직원들과 함께 기업임직원들을 대상으로 한 특판영업도 해봤고, 대기업 및 방송국의 구내식당 앞에서 가판대를 설치하고 그곳에서 판매도 해보았습니다. 생각지도 못한 직원의 문제로 방송통신위원회의 감사를 받은 적도 있는데, 잘 대응하고 넘어가서 큰 문제 없이 지나갔던 기억도 있습니다.

이 시기에 에이플러스에셋에서 함께 근무하셨던 P 사업단장님께서 본부장으로 승진하시며 해당 조직을 4개로 분할하게 되었는데, 그분의 요청으로 2015년 7월 도곡동 사업단을 만들면서 사업가 단장으로 첫발을 내딛게 되었습니다.

처음에는 재적이 15명, 출근 인원이 8명 정도로 보장분석과 건수영업 위주로 영업하는 설계사분들로 구성되어 있었기에 한 달 매출이 500만 원~1,000만 원 정도인 사업단이었습니다. 그 시기 조직을 함께 분할했던 나머지 3개의 사업단은 제가 운영한 도곡동 사업단보다 고능률 설계사들로 구성되어 있어 3배 이상의 매출을 하였는데, 개인별 매출 향상을 위해 시작한 것이 사업단 내 일하는 문화와 개인별로 목표설정을 통한 업적 신장, 그리고 좋은 인재를 소개하는 문화를 만들었습니다. 사업단 내 일하는 문화는 열심히 한 만큼 보상받는 시스템을 만들어서, 각종 시책과 독려를 하는 동시에 개인별로 매월 초에 목표를 설정하고, 해당 목표를 달성하기 위한 전략, 그리고 사업단장의 동행 등 팀장님께서 업적과 소득증대에 도움이 되기 위한 시스템을 만들기 시작하였습니다.

특히, 한창 설계사분들과 동행을 할 때는 아침 8시에 출발해서 저녁 7시까지 하루에 8곳을 방문하여 상담한 적도 있었습니다. 지역도 가리지 않고 팀장님들이 요청하면 언제든지 함께 동행을 가서 도움을 드렸습니다. 그랬더니, 신기하게 팀장님들의 업적이 오르기 시작하였고, 그동안 나오지 않던 고액 계약들이 나오기 시작하였습니다.

또 이렇게 집중해서 일하다 보니, 좋은 분들을 소개받게 되면서 용인지역과 의정부지역에 사업단 2곳을 분할하게 되었고, 회사에서 증원

chapter

14

으로 인한 리크루팅 연도 대상을 받았고, 분할한 노력을 인정받아 공로
상도 수상하게 되었습니다.

2008년 시작으로 에이플러스에셋에서 13년간 근무하며, 설계사로
시작해 EM(교육 매니저), 지점장, 단장으로 승진하는 게 에이플러스에
셋의 커리어패스 과정인데, 저는 여기서 상무까지 승진한 첫 사례로 남
아 있습니다. 하나의 사업단을 6년간 운영하며 고객분들에게는 "건강
이 최우선"이라고 말하고 다녔는데 정작 제 몸이 안 좋아진 상황이 되
었습니다. 열심히 일한 만큼 저를 돌아보고 챙기지 못하는 시간이 많아
졌고, 스트레스 누적으로 인하여 몸과 마음에 문제가 생겼다는 것을 알
게 되었습니다.

치열하게 살다 보니 사람에게도 상처를 받고 그 상처가 회복될 시
간도 없이 새로운 상처도 생기기도 하고 있던 상처가 덧나거나 깊어지
기도 했습니다. 그러자 어느 순간 모든 것을 내려놓고 싶어지고 아무것
도 하고 싶지 않은 상태까지 가게 되었습니다. 이런저런 치료를 받아도
좋아지지 않아서 결론을 내린 것이 "번아웃"이었습니다. 와이프와 상
의한 끝에 최종적으로 다니던 회사를 그만두게 되었습니다. 그리고, 소
규모 GA에서 영업 대표로 근무하면서 정책자금에 대해 전문적으로 배
우고 일하던 중, 2021년 12월에 설계사들이 활동하는 데 유리한 시스
템이 잘 갖춰진 영진에셋에 입사하게 되었습니다.

이때 개설된 지 얼마 안 된 서교사업단이 있어서 해당 사업단 설계
사분들이 정착하는 데 도움이 되도록 시스템을 세팅하고, 2022년 9월
지금의 서울역에 있는 서울중앙사업단을 오픈하게 되었습니다.

💬 열심히 하는 사람은 너무나 많다. 그렇다면 억대 연봉은 어떻게 될까?

설계사로 일하며 억대 연봉을 벌려면 어떻게 해야 하는지를 물어보면 고객이 많아야 한다, 지식이 많아야 한다, 노하우가 많아야 한다 등…… 다양한 이야기를 합니다. 이 부분도 분명 맞는 말입니다. 하지만 제가 중점적으로 보는 부분은 따로 있습니다. 그중 첫째는 나에 대해서 얼마나 아는지 생각해보는 게 첫 문턱인 것 같습니다. 이 시점에 본인의 장점과 단점을 나열해보면 어떨까요?

여러분 여기서 질문드리겠습니다.

장점을 키우는 게 쉬울까요? 단점을 장점으로 바꾸는 게 쉬울까요? 저는 단점을 장점으로 바꿔보려고 많은 설계사분에게 조언을 해보았지만, 제대로 성공한 사례가 거의 없었습니다. 이런 부분을 생각해보면, 사람의 생각과 행동은 그 사람의 가족관계나 자산 등 주변 환경과 많은 연관이 있었던 것 같습니다. 제가 바꾸려고 해도 바뀌지 않는 부분들로 인해 어렵고 힘들었던 일들이 있어서, 저는 전자에 있는 장점을 키우는 게 쉽다고 생각하게 되었습니다.

그렇다면 본인의 마인드 정리부터 해보면 어떨까요.

---

1 chapter 억대 연봉이 되려면 나를 먼저 알아야 한다.

본인의 성격, 기질, 성향, 형제, 자매부터 시작해서 다른 사람들보다 이건 내가 좋다, 잘한다고 생각되는 부분들을 체크해보시면 어떨까 싶습니다.

2 chapter 내가 하는 일에 대해서 알려야 하고, 적극성을 가져야 한다.

나를 소개하는 방법 중에 가장 많이 사용하는 방법! 명함이 있습니다. 사람들마다 특색 있는 명함을 사용하는 사람도 있고, 기본형으로 제작한 명함을 사용하는 분도 있습니다. 명함을 가지고 어떻게 고객에게 나를 소개하느냐에 따라서 나를 바라보는 고객의 눈높이는 분명 달라질 겁니다. 명함에는 많은 정보를 넣을 수도 있지만, 짧은 순간 안에 임팩트를 가질 수 있도록 만들어 보는 것도 좋을 것 같습니다. 요즘에는 전자 명함도 나오고 있으니, 여러 가지 방법을 활용해서 나를 소개했으면 합니다.

특히, 내가 하는 일을 소개하는 부분은 더욱 적극성을 가져야만 합니다. 우리가 하는 일이 다른 사람에게 해를 주거나 스스로 부끄러운 일인가요? 우리가 하는 일은 고객을 도와드리는 일입니다. 좋은 정보를 전달해서 그 결과값으로 고객의 건강과 재산을 지켜주는 일이니, 적극적으로 내가 하는 일을 소개해야만 합니다.

낙천적(Optimistic)	낙관적(Positive)
· 미래에 대한 긍정적인 기대와 믿음을 가지고 있는 상태 · 어려운 상황에서도 희망을 잃지 않고 긍정적으로 대처하는 태도 · 실패나 좌절에도 포기하지 않고 계속해서 도전하는 성향 · 스트레스를 안 받는 사람	· 현재의 상황을 긍정적으로 바라보고 받아들이는 태도 · 어려움이나 문제에 대해 적극적으로 해결하려는 자세 · 삶의 모든 면에서 긍정적인 면을 찾아내려는 노력 · 스트레스는 받아도 좋은 일이 일어날 거라는 생각을 잃지 않는 사람

나는 낙천적인가 or 낙관적인가?

낙천적 vs 낙관적: 긍정적 마인드의 차이

낙천적(Optimistic)과 낙관적(Positive)은 모두 긍정적인 마음가짐을 나타내지만, 그 의미와 특성에는 차이가 있습니다. 저는 두 가지 중 선택하라면 "낙관적이 되자"라는 메시지를 전하고 싶습니다. 이유는, 현재 상황을 긍정적으로 바라보고 문제를 적극적으로 해결하려는 자세가 중요하기 때문입니다. 그래서 긍정적인 마인드는 굉장히 중요한 것입니다.

내 주변에 부정적인 사람이 있다면 무조건 멀리해라

영업을 하다 보면 부정적인 태도나 성향을 가진 사람들을 만나게 됩니다. 부정적인 사람들과 함께 있으면 업무 수행에 부정적인 영향을 받을 수밖에 없습니다. 그 이유는 다음과 같습니다.

▣ 부정적 에너지 전파

부정적인 사람들은 자신의 부정적인 에너지를 주변에 전파할 수 있습니다. 이는 설계사분들의 기분과 태도에 영향을 미쳐 업무 수행에 어려움을 줄 수 있습니다.

▣ 동기 저하

부정적인 사람들과 함께 있으면 업무에 대한 열정과 동기가 저하될 수 있습니다. 이는 결과적으로 영업 성과 저하로 이어질 수 있습니다.

▣ 부정적 인식 형성

부정적인 사람들과 지속적으로 접촉하면 부정적인 인식이 형성될

chapter

14

285

수 있습니다. 이는 고객과의 관계 형성에도 부정적인 영향을 줄 수 있습니다.

반면에 긍정적이고 열정적인 사람들과 함께 일하면 업무 수행에 큰 도움이 됩니다. 긍정적인 사람들은 서로를 격려하고 지원하며, 이를 통해 업무 효율성이 높아질 수밖에 없습니다.

따라서 영업 활동 시 부정적인 사람들과는 거리를 두고, 긍정적이고 열정적인 사람들과 협업하는 것이 중요합니다. 이를 통해 업무 성과 향상과 더불어 자신의 긍정적인 마인드를 유지할 수 있습니다. 제가 많은 설계사들과 일하면서 느낀 점은 업적을 잘하는 사람과 못하는 사람 사이에는 신기하게도 다른 점이 있다는 것입니다.

구분	영업을 잘하는 사람	영업을 못하는 사람
실패 대처	실패를 쉽게 잊고 다음 기회에 도전	실패에 대한 두려움이 크고 반복적으로 실패
장단점 인식	자신의 장단점을 명확하게 알고 있음	자신의 장단점을 잘 모르거나 인정하지 않음
상황 파악	분위기와 상황을 빠르게 읽어냄	분위기와 상황 파악이 어려움
상사 이해	상사의 마음을 잘 읽고 이해	상사의 마음을 이해하기 어려워함
고객 관계	개인적인 대화로 고객과 친밀감 형성	고객과의 유대감 형성이 어려움

영업을 잘하는 사람과 못하는 사람의 차이점은 무엇일까요?

이처럼 영업을 잘하는 사람은 실패에 대한 두려움이 적고, 자신의 강점과 약점을 잘 알며, 상황 파악 능력이 뛰어납니다. 또한 상사와 고객의 마음을 잘 이해하고 유대감을 형성할 수 있습니다. 서로 영업에 대한 노하우나 목표달성에 대한 이야기, 본인이 배우고 있는 일 등 업적향상에 도움이 되는 에너지를 공유하게 됩니다.

반면, 영업을 못하는 사람은 실패에 대한 두려움이 크고, 자신의 능력을 인정하지 않으며, 상황 파악과 상사 및 고객 이해가 어려운 편입니다. 비슷한 사람들끼리 모여서 식사를 하고 차를 마시며 다른 사람을 험담하고, 본인의 일이 안되는 이유를 본인에게서 찾지 않고 다른 곳에서 찾게 되며, 그 이유로 일이 안된다고 합니다.

> "부자가 되고 싶으면 부자 옆에 있어라"라는 말처럼 영업을 잘하고 싶으면, 영업을 잘하는 사람과 친하게 붙어 지내는 것이 좋습니다.

▣ 고객은 본인에게 도움이 되는 사람을 본능적으로 알고 있다.

"고객의 니즈를 정확히 파악하고, 그에 맞는 최적의 보험 솔루션을 제안해야 한다. 단순히 수익만을 추구하는 것이 아니라, 고객의 이익을 최우선으로 생각하는 자세가 필요하다."

저는 저의 가장 큰 강점이라면, "다양한 현장에서 쌓아 온 경험을 발판으로 어떤 상황의 어느 자리에 있는 고객을 만나더라도 도움을 드릴 수 있는 것"이라고 생각합니다.

chapter

14

얼마 전 제가 모 신문에서 인터뷰하였던 기사의 일부인데, 고객과 만나 고객에게 도움을 주려면 고객 상담에 필요한 여러 가지 컨셉, 즉 본인만의 무기가 있어야 합니다. 다양한 영업 컨셉을 가지고 있지 않다면, 결국 고객에게 보험만 판매하는 세일즈맨으로 전락할 수밖에 없습니다. 고객은 컨설턴트를 원하는 것이지 판매인을 원하지 않을 것입니다. 그래서 저는 우리 사업단에서 영업하는 설계사분들에게 다양한 컨셉을 가지고 활동하실 수 있도록 여러 가지 솔루션을 만들어 드리고 있습니다.

대표적인 솔루션 몇 가지를 소개해 드리겠습니다.

 건강검진을 활용한 보장분석, 유전자분석을 통한 보험 리모델링, 사업자 대상 정책자금, ISO 9001, 14001, 45001 인증, 중대재해 처벌 등에 관한 법률 관련 위험성 평가, 벤처/ 이노비즈/ 메인비즈/ 연구소 설립, 경정청구 컨설팅, 특허/ 직무발명 제도 등록, 주택(아파트, 주상복합, 오피스텔, 다세대, 연립) 담보 대출, 전기 요금이 300만 원 이상 나오는 곳의 전기 요금 절감, 정부 고용지원 사업/ 법정의무교육 지원프로그램, 병원 법인 운영지원 및 내부 경영지원 시스템 설립, 임직원 복리후생/ 헬스케어 컨설팅

현재 위의 업무들은 사업단에서 제가 진행하고 있는 부분들이며, 이 외에도 우리가 할 수 있는 정말 많은 일들이 있습니다. 위와 같이 다양한 솔루션으로 새로운 고객들을 계속 만들 수도 있고, 기존 고객님들을 도와드릴 수도 있습니다.

이 중에 건강검진 솔루션을 예로 들어 설명해 드리겠습니다. 시간이 지나면 고객도 설계사도 나이가 들어갑니다. 저는 영업 활동을 하며

고객에게 도움을 주면서 고객과 함께 나이가 들어갈 때, 그때야말로 비로소 고객과 인생을 함께하는 동반자가 된다는 확신을 가지고 있습니다.

예전에 결혼을 하고 태아보험에 가입했던 고객들이 시간이 흘러 자녀가 초등학교에 입학한다고 연락이 오고, 고등학생/대학생이던 자녀들이 결혼한다고 연락을 주시곤 합니다. 이처럼 고객의 환경이 변하는 만큼 설계사도 같이 성장하고 있습니다. 이렇게 고객과 설계사가 함께 같은 길을 걸으면 얼마나 인생이 멋있을까요!! 그래서 고객분들에게 도움이 되는 분야를 찾기 시작했습니다. 당연히 우리의 일과 연관 있고, 도움이 되었으면 해서 찾게 된 것이 건강검진 프로그램이었습니다.

우리나라는 국민건강보험 공단에서 2년에 한 번씩 건강검진을 하고 있습니다. 아무래도 국가검진이다 보니 기본적인 부분만 무료 검사이고, 추가적인 부분에 대해서는 개인이 비용을 부담하고 있습니다. 그렇다고 종합검진을 받기에는 비용부담이 너무 많이 커지게 됩니다.그래서 저는 건강검진센터와 제휴를 맺어 건강검진 프로그램을 협의해 고객님께 양질의 서비스를 제공할 수 있게 되었습니다. 많은 분들이 해당 프로그램에 만족하셨으며, 이로 인한 새로운 고객 소개가 계속 이어지고 있는 상황입니다.

또한, 건강검진 전 보장분석을 통한 리모델링은 설계사들의 활동 증대에도 도움이 될 뿐만 아니라, 1~2년에 한 번씩 먼저 재검진을 요청하는 고객님들도 많이 있습니다. 건강검진 프로그램은 지속적인 고객관리에도 충분한 도움이 되는 솔루션으로 자리 잡았습니다.

chapter

14

▣ 마지막으로 본인을 키워야 합니다.

개인별로 꼭 목표를 설정해서, 지금보다 좋은 시장환경으로 가기 위한 노력을 하셔야 합니다. 본인의 마음가짐이나 영업 실력뿐 아니라, 고객에게 투자하는 배포도 키우시고, 다양한 상품과 세법 같은 전문적인 분야의 여러 학습을 통해서 고객층을 바꾸는 데 힘을 쓰셔야 합니다. 주변에 자산이 많은 고객이 있는지 둘러보시고 없다면 소개를 받기 위해 노력하셨으면 합니다. 왜냐면 자산가들은 세금에 민감 하다 보니, 소속된 회사의 WM센터 같은 시스템을 적극적으로 활용한다는 것도 잊지 않으셔야 합니다.

마지막으로 보험업 20년 차가 말씀드리고 싶은 건, 자신만의 노하우를 가지고 고객 상황에 맞는 컨설팅을 하는 것이, 이 업계에서 살아남는 방법이라는 것입니다. 본인을 갈고닦는 노력에 절실히 매달리고, 새로운 것에 도전하는 설계사가 되시기를 진심으로 응원하겠습니다. 그럼 오늘 하루도 희망차고, 행복한 하루 보내시기를 바랍니다.

감사합니다.

최고가 아니면 만들지 않는다!
최고의 보험설계를 하는 남자

최 성 천 vumont@naver.com

경력

현) 더블유에셋(주) 명예이사
　　더블유에셋(주) 명인지사 지사장
　　더블유에셋(주) 광주센터 센터장
　　케이비즈컨설팅 대표
　　MDRT · TOT 회원
　　우수인증설계사
　　생명, 손해, 변액보험 판매관리사
　　펀드투자권유대행인
　　공인퇴직연금모집인

활동

· 보험방송 출연
· 보험설계사 대상 전국 강의
· 보험설계사 대상 코칭 멘토링
· 보험사관학교 운영
· 네이버 착한보험전문가 활동
· 네이버 보험 1위 카페 보만세 스탭

최고가 아니면 만들지 않는다!
최고의 보험설계를 하는 남자

보험장인 **최 성 천**

🚗 마음과 노력이 더해져 최고를 만든다

최고가 아니면 만들지 않는다. 바로 벤츠S클래스의 슬로건이자 나의 슬로건이다. 나는 고객님들에게 보험상품을 제안할 때 항상 나의 가족이 가입하거나 나의 가족들에게 추천하고 싶은 보험이 아니면 절대 추천하지 않는다. 시간이 걸리더라도, 밤을 새워서라도 고객님들이 가입한 보험 내용을 직접 수기로 작성하고, 분석하면서 만든 보장분석표를 토대로 보험을 한눈에 볼 수 있도록 체크한 뒤에 고객에게 맞는 맞춤형 보험과 리모델링을 제안하고 있다.

나는 알고 있다. 이러한 마음과 노력은 쉽지 않다는 것을 말이다. 대부분의 보험설계사들이 아이들 학원비나 벌어 볼까 해서 나온다거나, 한 가지만 집중해도 될까 말까 한 일을 투잡으로 하고 있는 경우가 많다. 하지만 나는 이렇게 보험영업을 대충하고 있는 설계사들에게는 있을 수 없는 마음과 노력을 가지고 있다. 그래서 나는 고객님들께 "정말 자신의 이익만을 생각하고, 대충 일하다가 그만두는 설계사도 정말 많은데 고객님은 저를 만나서 행운이십니다. 최근에 좋은 꿈을 꾸지 않으셨어요?" 라고 말씀드린다.

보험을 시작하시는 분들 대부분이 자산이 많거나 가정이 유복해서 시작하시는 경우는 없을 것이다. 나 역시 그러했으니까. 이런 어려운 상황 속에서 보험일을 시작한 만큼 고객님들께는 정말 자신의 가족이라도 가입을 하겠다 할 정도의 보험을 제안할 때 성공할 수 있을 것이다.

이 책을 읽는 영업가족분들이 나의 이야기를 듣고, 나도 할 수 있겠다는 희망을 품었으면 하는 마음에 내가 살아왔던 스토리를 조금 넣어서 글을 써내려가 본다. 이런 경험들이 지금의 보험장인을 있게 만들었고, 고객에게 진실함을 전해 강한 클로징을 할 수 있도록 만들었다.

🚒 갑자기 찾아온 화재, 그리고 노가다

학창 시절 고향에서 마트를 운영하시던 아버지의 마트에 불이 나서 모든 게 타버렸다. 나와 동생, 할머니는 마트 건물의 2층에 함께 거주하고 있었는데 다행히 불이 2층까지 번지진 않았지만 1층의 모든 물건이 잿더미가 되었다. 화재 보험이 없던 아버지께서는 큰 재산을 날리셨고, 위암 진단까지 받게 되셨다. 당시 보험 하나가 없어서 화재복구 비용과 병원비, 간병비 때문에 온 가족이 어려움을 겪었다. 그러면서 자연스레 보험의 중요성과 소중함을 알게 되었다.

그 일을 계기로 우리 가족이 겪었던 일을 다른 사람들은 겪지 않았으면 하는 마음이 들었고, 보험의 소중함과 필요성을 많은 사람들에게 알려야겠다는 마음을 항상 가지고 있었다. 지금도 생각이 난다. 아버지께서 불탄 가게를 보며 망연자실하시면서 이런 말씀을 하셨었다. "일주일 전에 보험설계사가 다녀갔는데……."

그렇게 학창 시절에 큰 일을 겪으면서, 지금껏 나름 부족함 없이 살

chapter

15

295

았던 우리집은 어려워졌고, 스무 살이 되고 나서는 집에서 용돈을 받은 적이 아예 없다. 대학교 때는 안 해 본 일용직(노가다)이 없었다. 항상 일용직을 전전하며 대학교 학비와 생활비를 벌어가며 대학 시절을 보냈다.

당시 조금 더 편한 아르바이트 대신에 일용직을 했던 이유가 있다. 그때 시급이 2천 원이었던 걸로 기억하는데, 최저임금 준수 기준이 엄격하지 않았던 시절이라 한 달 내내 PC방이나 카페 아르바이트를 해도 30~40만 원 벌기가 쉽지 않았다. 그래서 나는 주말에는 일하고, 평일에는 대학교 강의도 듣고, 공부를 하기 위해 몸은 힘들지만 일용직을 뛰었고, 주말에 이틀씩 일하게 되면 그래도 당시 돈으로 12만 원을 벌었기에 주말 4번을 일해서 50만 원 정도의 돈을 버는 게 한 달 내내 아르바이트를 하는 것보다 수입이 괜찮았다.

일용직도 주말마다 꾸준히 할 수 있었던 이유는 일용직을 나가기 위해 가는 아침 대기소에 대기소 소장님보다 먼저 오는 사람이 바로 나였기 때문이다. 새벽 4시에 일어나서 라면 한 봉지를 끓여먹고, 대기소에 5시면 나갔다. 항상 빨리 오는 나를 보고 소장님은 나에게 최대한 편한 일을 주려고 신경을 많이 써주셨다. 단 한 번도 일이 없어 집에 돌아온 날이 없었다. 그리고 나간 현장에서도 항상 나의 일처럼 열심히 일하였고, 대학교 여름방학과 겨울방학 기간에는 현장 사장님께서 한 달짜리 일을 주기도 하셨기에, 방학이 되면 한두 달까지는 일이 끊기지 않았다.

이때 내가 돈을 힘들게 벌었던 경험이 있기에 지금도 고객님들의 돈을 소중하게 여긴다. 어떻게 하면 고객님들이 내는 똑같은 금액으로 더 가성비 있는 보험을 가입시켜드릴 수 있을지 많은 고민을 한다. 이때 많은 현장을 다니면서 했던 경험들이 현장일을 하고 계시는 고객님들이나 대표님들을 만날 때 더 빛을 발하고 있다.

농담반 진담반으로 이 책을 보고 있는 영업가족분도 현재 영업이 잘 안된다거나, 나태해진다는 생각이 들 때, 또는 보험영업에 대한 간절함이 부족해졌다는 생각이 들면, 꼭 근처 대기소로 가서 주말이라도 일용직 노가다를 해보라고 말씀드리고 싶다.

🚚 무조건 1등 하겠습니다

군대를 제대하고 직장생활을 하다가 공기업에 들어가기 위해 뒤늦게 다시 다니기 시작한 대학교에서 중간고사를 치르던 때였다. 우연히 전 직장 후배를 만나게 되었다. 보험회사를 다닌다는 이야기를 들었는데, 열심히 하는 만큼 급여를 많이 받을 수 있다는 이야기에 고민이 되었다. 공기업에 들어가도 좋겠지만 공기업은 내가 어떤 일을 하든, 어떤 회사에 가든 아무리 열심히 일해도 급여가 일정할 수밖에 없었다. 그렇기에 내가 열심히 노력한 만큼 보상을 받을 수 있는 곳이 있단 이야기를 들으니 관심이 생겼다. 또한 나는 어렸을 때부터 성격이 활발해서 주변 사람들로부터 "영업하면 잘하겠다"라는 말을 종종 들어왔기에 "그래 이번 기회에 영업을 시작해보자"라고 다짐하고 면접을 보았다.

당시 동양생명 광주센터 윤정교 센터장님에게 면접을 보았다. 나는 센터장님께 "왜 보험일을 선택하셨습니까?"라고 여쭈어보았는데, 센터장님은 처자식 안 쪽팔리게 살게 하려고 이 일을 선택했다는 답변을 하셨다. 이때의 센터장님께서 하신 말씀이 나 또한 보험회사에 대한 사명감을 가지고 일하는 중요한 이유 중 하나가 되어버렸다.

센터장님께서 면접 마지막에 나에게 질문하였다. "마지막으로 하고 싶은 말이 있으면, 해보세요."

{ "저는 무조건 1등 하겠습니다." }

그때 내 나이 28살, 합격 통지를 받고 동양생명에 입사를 하게 된다. 이때 나는 자동차세일즈나 어떤 유형의 상품을 판매하는 것이 아니고, 무형의 상품! 종이에 보장내용이 적혀있는 보험을 판매하는 세일즈를 했기에 100명의 고객을 만나서 한 명이라도 내 이야기를 듣고 계약을 하면 나는 이 보험을 끝까지 해야지! 하고 마음을 먹었다.

보험에 대해서 빠르게 배우고 싶어서, 낮에는 회사에서 교육을 받고 밤에는 보험에 관련된 책들을 읽어나갔다.

입사 후 2주째 되는 주말에는 회사에서 프린터에 이면지를 집어넣고, 회사에서 판매하는 모든 상품을 다 특정 나이로 가상설계를 하였다. 당시 신라면 박스로 2박스 정도 나왔다. 그것을 차량에 두 번 옮겨서 싣고 집으로 갔다. 그리고 점심을 먹은 후부터 일요일까지 첫 페이지에서부터 마지막 페이지까지 꼼꼼하게 정독하였고, 그러면서 이해가 안 되거나 궁금한 내용은 체크를 해놓고, 체크가 들어가 있는 종이만 빼서 가지고 월요일에 사무실을 출근하였다.

월요일 아침 조회 후 매니저님을 찾아가서 체크했던 것들을 여쭤보면서, 궁금한 부분에 대해 알아갔다. 이렇게 나는 한 번의 주말을 잘 보낸 덕분에 2주 만에 지점에서 회사 상품에 대해서 가장 많이 아는 설계사가 되었다.

이 뒤로는 매니저님뿐만 아니라 모든 지점원들이 궁금한 게 있으면 나에게 와서 묻기 시작했다. 지금도 이 가입설계서를 제대로 읽어본 설계사를 만나기란 쉽지 않다. 그리고 입사 1개월 차에 생명, 손해보험 시험을 합격하였고, 2개월 차에는 변액보험판매관리사 자격에 합격하였다. 입사 후 첫 상담은 매니저님과 동반상담을 하였는데 그 뒤로는 혼자 상담을 나갔다.

두 번째 만난 고객님에게 두 건의 계약을 체결하면서 혼자서 첫 계약을 하였다. 정말 열심히 활동하고 공부한 결과 입사 4개월 만에 월납 270만 원을 달성하면서 지점 1등을 하였다.

당시에 지점 한쪽 벽면에는 그달의 1등 사원의 사진을 걸어두곤 했는데, 4개월 차 마지막 날 센터장님께서 나를 부르셨다. 내가 지점 1등이라 사진을 찍어야 하니 내일은 사진 찍을 수 있도록 옷을 잘 입고 오라고 하셨다.

14년 전 지점 1등을 하고, 명예의 전당 액자에 걸었던 당시 나의 사진

 quick tips

※보험장인 최성천 꿀팁 ☞ 신입 설계사분들께 도움이 될 상담 전 좋은 습관

1. 신상품이 나오면 꼭 그것을 설계해보고, 정독해보는 습관을 갖자!

2. 가입설계서에서 어느 부분을 고객님께 어필하면 좋을지 체크하자!

3. 필수안내사항은 어떤 부분(면책, 감액기간, 갱신유무 등)인지 상담 전 체크하자!

4. 약속시간보다 항상 빨리 도착하여, 상담할 내용을 다시 한번 체크하자!

chapter

15

🚚 고객을 생각하는 마음 하나로 두 번째 도약을 결심하다.

동양생명에서 10년을 근무하면서, 매월 틈틈이 했던 일이 있다. 바로 동양생명 외의 타 보험사의 보험상품 또한 공부를 했던 것! 적을 알고 나를 알아야 백전백승이라는 말이 있듯이 저녁이고 주말이고, 틈만 나면 타사는 어떤 상품을 판매하는지 연구하였고, 내가 판매하는 동양생명 상품과 비교했을 때 어떤 장단점이 있는지 비교분석하였다. 나는 내가 판매하는 상품이 고객 입장에서 봤을 때 금액 대비 가장 효율이 좋아야 하고 내 가족이라도 이걸로 가입하겠다는 마음이 들어야지만 권유를 하는 스타일이다.

그때까지 동양생명 상품의 보장성 부분은 같은 시기에 판매되고 있었던 어떤 손해보험, 어떤 생명보험의 상품보다도 메리트가 있었다. 특히 치조골이식수술까지도 보장하는 동양생명 의료보장특약! 900가지 질병수술을 보장하는 동양생명 의료보장특약은 16대질병수술, 32대질병수술 등 몇 가지만 보장하는 타 회사의 성인병 수술보장과는 비교 불가였다. 당시 최고의 성인병보장 특약이라고 생각했다. 그렇게 고객님들에게 자신 있게 동양생명 상품을 판매하였었다.

하지만 2019년부터 상품이 정말 다각화 되고, 치아보험/ 치매보험/ 태아보험 등 회사별로 주력상품이 생기기 시작하였다. 당시 동양생명에서 판매하는 치매보험은 환급률은 굉장히 좋았지만 재가급여특약은 없었고, L생명은 환급률은 낮았지만 재가급여특약이 있었다. 또한 태아보험의 경우 H해상의 굿앤굿 보험이 압도적으로 인지도가 있었다.

그렇게 잠시의 고민을 했고, 그동안 쌓아왔던 것 때문에 고객님들께 내가 판매하는 게 최고라고 하며 상담을 이어나갈 수는 없었기에 나를 믿고 있는 고객님들을 위해 2020년 3월 전체 보험사를 취급하는 더블유에셋으로의 이직을 결심하였다. 그동안 쌓아왔던 실적과 명예 등은 모두 없어지고, 0이 되었다.

📠 재무설계사들을 위한 더블유에셋에서 평생롱런을 다짐했다.

이직하기로 마음을 먹은 후, 전체 보험사를 취급하는 GA를 찾아다니면서 여러 GA의 대표님과 미팅을 진행하였는데, 설계사가 회사를 자주 옮기게 되면 그 설계사의 고객들이 불편해지기 때문에 신중할 수밖에 없었다. 나는 나의 고객님들이 불편해지는 것을 볼 수가 없다. 그래서 이번에 GA를 옮기게 되면 평생 있을 생각이었다. 미팅 후 내가 최종 선택한 곳은 더블유에셋이었다.

이직을 결심하면서 염두에 두었던 4가지가 있다.

1. 운영이 투명할 것
2. FC 시책 100% 지급
3. 대한민국에서 가장 많은 보험사를 취급할 것
4. 스탭분들과 소통이 잘 되는 회사일 것

이 모든 것들을 만족했던 회사가 더블유에셋이었다. 이곳에서 나는 전체보험사를 취급하는 보험장인으로서 고객님의 평생 든든한 재무설계사로서 롱런할 것을 다짐했다.

현재 나는 더블유에셋 명인지사와 더블유에셋 광주1인 GA센터를 잘 운영하고 있다. 명인지사 내에서는 연금전문가 팀, 보장전문가 팀, 법인전문가 팀으로 팀 체계를 구성하고, 협력을 통해 함께 시너지 효과를 내면서 가족 같은 분위기에서 일하고 있다.

chapter

15

더블유에셋은 위에서 염두에 두었던 4가지에 대해서는 지금까지 변하지 않고 있다.

이러한 더블유에셋을 바탕으로 명인지사와 광주센터를 이끌어가면서 함께 할 설계사분들과 평생 롱런하며 고객님들의 든든한 보장전문가, 재정전문가가 되도록 노력할 것이다.

전 세계 보험설계사 단체 MDRT협회, 최고 등급인 TOT를 달성하다

MDRT협회는 1927년, 미국 테네시주의 멤피스에서 시작된 보험·재무 설계사들의 모임으로, 전 세계 70개국, 6만 6천여 명의 회원이 모인 전 세계적인 전문가 단체입니다.

MDRT란 Million Dollar Round Table(백만 달러 원탁 회의)의 약자로, 생명보험 판매 분야에서 명예의 전당으로 여겨지고 있습니다. MDRT협회는 생명보험 판매 서비스의 질적 수준을 높이고 각 회원들의 전문성을 고취하기 위하여 많은 강연을 진행하고 있습니다.

또한 매년 회원 상호 간의 세일즈 아이디어와 노하우를 교류할 수 있는 전 세계적 규모의 연차 총회를 개최하고 있습니다. MDRT회원 모두는 고객의 이익을 최우선으로 하는 보험·재무 설계사일 뿐만 아니라, 나눔의 정신을 실천하는 헌신적인 사회봉사자들이기도 합니다.

MDRT협회와 그에 속한 회원 모두는 국적에 상관없이 자신이 사회로부터 받은 도움을 나눔과 봉사의 정신을 통하여 여러 가지 방법으로 사회에 환원하고 있습니다.

한국 MDRT 협회 홈페이지 발췌 (https://mdrtkorea.org)

> 나는 보험회사 입사 이후 단 한 해도
> MDRT 조건이 안된 적이 없었다.

일을 정말 열심히 하였다. "성천이는 뼛속까지 보험인이야" 라는 말을 들어가면서 매월 지점에서 1등을 하기 위해 밤낮없이 노력을 하였는데, 나는 일을 실적 때문에 대충하는 성격이 아니라 정말 꼼꼼하게 분석하고 정리하여 미팅의 포트폴리오를 준비해야지만 직성이 풀렸다. 그래서 새벽까지도 일을 하기 일쑤였고, 급기야 2013년 12월 1일 차에서 쓰러지는 일이 발생했다. 눈을 떠보니 구급차 안에서 산소호흡기를 끼고 있었고, 팔 다리는 움직이지 않았다. 이때 쓰러지기 직전 인생이 3초 만에 마치 흑백영화 필름처럼 흘러간 그 기억은 아직도 생생하다.

다행히 마비 증상은 이틀 만에 풀렸고, 2주간 입원한 뒤에 퇴원할 수 있었다. 사실 병원에서 3개월 입원을 권유했었는데, 일을 해야 한다는 생각에 바로 퇴원해서인지 지금도 후유증이 조금 남아 있다. 이때 맘 편히 쉬지 못한 게 아직까지도 아쉽다.

나는 그 뒤에도 지속적으로 노력하여, 동양생명 연도대상 수상과 동양생명 호남 기네스 등 각종 상을 수상하였다.

동양생명 근무 당시 입사 후 3년 뒤부터 우수인증설계사 달성을 계속하였고, 입사했던 첫 해부터 10년 동안 전 세계 보험단체의 MDRT 정식회원 해당자로 등록안내를 받아왔다. 명함에 MDRT 를 넣어서 다니는 것 처음에는 자랑하는 것 같아서 좋지 않아 보였고, 협회등록비용(당시 60만 원 정도)으로 어려운 사람을 도와야지, 고객님들에게 선물이라도 하나 더 돌려야지 하는 마음으로 MDRT 등록을 하지 않았다. 하지만 보험설계사로의 명예를 지키고, 명예를 갖기 위해서는 MDRT 등록이 필요해 보여서 2022년 실적으로 2023년부터 MDRT 등록을 하였다.

chapter

15

2023년 하반기가 시작될 무렵 내가 활동하는 네이버 전국보험설계사 카페인 보만세에서 지식나눔의 일환으로 강의와 코칭을 진행해보고 싶었다. 그래서 뭔가 타이틀을 만들어야겠다 싶어서 2023년 6월부터 개인영업에 집중을 하기 시작하였다. DB 구입 없이 영업을 하였는데, 최선을 다한 결과 매월 더블유에셋 상위 랭커가 되었고, 2023년 실적으로 2024년에는 MDRT협회에서 최고등급인 TOT인증을 받았다.

🚚 강한 클로징의 달인 보험장인 최성천

나는 클로징이 매우 강한 편이다. '강하다'라는 표현이 말을 세게 한다는 건 아니다. 고객과 상담을 준비함에 있어서 굉장히 꼼꼼하고, 디테일하게 준비하여, 계약체결확률이 100%에 가깝다는 의미이다.

나의 강한 클로징은 세 가지 이유에서 기인한다.

첫 번째는 꾸준함과 성실함 그리고 진실함.

두 번째는 나의 이익보다는 고객의 이익을 최우선으로 생각하는 마음.

가장 중요한 세 번째는 권역외상센터의 이국종 교수님과 같은 마음을 가지고 있다는 것이다. 나는 보험설계사로의 사명감을 가지고, 보험장인으로서 나에게 상담을 받는 고객님들의 경제사정에 맞는 보험을 설계해드리고, 도와드리겠다는 마음으로 고객에게 다가간다. 이게 바로 강한 클로징의 비결이라고 생각한다.

추가로 나는 소액의 보험의뢰도 대충 설계하지 않고, 최선을 다해서 설계하는데, 이것 또한 나의 영업비결이라고 생각한다.

기억에 남는 고객님 한 분이 계시는데, 적다면 적은 보험료인 2만 원대의 운전자보험을 가입하셨던 고객님이다. 차량 운전을 직업으로 두고 계셨던 고객님께서 술에 취한 무단횡단을 하던 사람과 교통사고가 발생하여, 억울한 일을 겪으신 적이 있다. 이때 나는 여의치 않은 고객님의 사정을 알기에 전문변호사, 법무사 대신에 직접 고객님을 모시고 광주지방검찰청에서 상대방과 합의를 진행하였고, 내가 가입시켜 드린 운전자보험에서 합의금으로 5천만 원을 지급하면서 문제가 원만히 잘 해결되었는데, 고객님께서 고맙다면서 눈물을 글썽이시던 그때를 지금도 잊을 수 없다. 그리고 당시 담당지방검사님께서 하신 말씀이 지금까지도 기억에 남아있다.

"보험설계사님이 여기까지 같이 온 것은 처음인데요? 대단하십니다!" 강한 클로징은 대충하는 설계사에게서는 절대 나올 수가 없다. 굉장히 많은 것들이 조합되어 도출되는 게 강한 클로징인데, 초보 설계사 분들을 위해 누구라도 할 수 있는 몇 가지를 공유해본다.

※보험장인 최성천 꿀팁 ☞ 강한 클로징의 방법

1. 나의 가족의 보험이라고 생각하고, 금액을 설정하라!
   ▷ 고객의 소득에 맞는 금액을 설정해야 한다. 장기적으로 납입해야 하는 고객의 상황을 머릿속으로 그려보자. 금액을 과도하게 설계하는 것은 절대 금물이다.
2. 나의 가족의 보험이라고 생각하고, 보장을 설계하라!
   ▷ 먼저 고객이 기존에 가지고 있는 보험내용을 중요보장분석표로 정리하여 보고 그것을 토대로 빠진 보장을 설계하였을 때 가장 유리한 회사가 어디인지 설계하여 보라!

3. 고객에게 왜 많은 보험설계사 중 자신에게 보험을 맡겨야 하는지 알려 줘라!

　▷ 주변에 지인 보험설계사 한 명 없는 사람이 있을까? 그 사람이 아니 고 왜 나에게 보험을 가입해야 하는지 스스로 이유를 찾고, 그것을 자신의 신조로 만들어라!

4. 보장분석표는 꼭 수기로 작성하고, 검토하라!

　▷ 보험사 전산에서 주민번호만 넣으면 나오는 보장분석표라고 해서 들고 오는 설계사가 있다. 본인도 알아보기 힘든 그 분석표를 들고 뭐가 부족하다고 설명하면 되겠는가?

5. 보험계약보다 보험금청구를 정말 기쁘게 하라!

　▷ 보험을 가입하는 가장 큰 목적은 보상을 받기 위함이다. 고객이 계 약을 할 때보다 청구를 할 때 가장 기쁘게 최선을 다해서 청구해 드 려야 한다. 명심하자!

강한 클로징은 이 밖에도 여러 가지 이유로 인해 이루어지는데 보장분석 의 방법과 소개를 이끌어내는 강한 클로징의 방법을 자세히 알고 싶다면, 한 달에 한 번 있는 보험장인 소수과외를 통해 배워보기 바란다.

보험장인 소수과외 링크 : 네이버 카페 보만세
(강의 날짜는 매월 변경되니 카페에서 보험장인 최성천을 검색해 보시길 바랍니다.)

🔊 힘들 때는 가족과 고객을 생각하라.

보험영업을 하다 보면 힘들 때, 스트레스 받을 때, 포기하고 싶을 때가 있을 것이다. 그런 시련이 올 때마다 가족을 생각해보라. 그리고 나를 믿고 보험을 맡겨주신 고객님들을 생각해라.

보험설계사로서의 사명감도 있고, 신념도 직업의식도 있다면 절대 포기하지 마라. 그런 시련은 성공으로 향하는 나의 길에 작은 장애물이 될 뿐이다. 장애물은 뛰어넘으라고 있는 것이다. 이 글을 읽고 있는 영업가족분들은 이런 장애물들은 거뜬히 뛰어넘어서 비상하길 바란다.

글을 정리하면서 나의 소중한 사람들에게 감사의 인사를 올려봅니다.

지금의 보험장인 최성천이 있도록 지지해준 소중한 우리 가족들과 나의 일을 잘 보필해주고 있는 아란 씨와 여진 씨, 가동뜨락 가족들, 아이러브서구맴버들, F&F가족들, 사총사, 와우모임 식구들, 보만세 진일원대표님 그리고 보험장인 최성천을 믿고 지금까지 평생고객님들이 되어주신 나의 VIP고객님들에게 진심으로 감사를 드립니다.

살아있는 한 평생 든든한 보험담당자로서 지켜드리겠습니다.

- 보험장인 최성천 올림 -

chapter

15

📠 보험장인 최성천의 보험명언

"보험은 누구를 도와주기 위해서가 아니라 나와 내 가족을 위한 보험을 넣어야 한다. 그러기 위해서는 진정성이 있는 보험전문가를 만나야 한다."

"Insurance should be for me and my family, not to help anyone. In order to do that, you need to see a sincere professional"

choi sung chun

"최대한 많이 만나고 많이 제안하라."

"Meet as much as you can and offer as much as you can."

choi sung chun

"의지와 열정이 없는 사람은 핑계를 찾고, 의지와 열정이 있는 사람은 방법을 찾는다."

"If you don't have the will and passion, you find an excuse, A man of will and passion finds a way"

choi sung chun

"미래를 위해 조금씩 준비한다면 그 미래는 내가 생각했던 것보다 더 안정적이며, 더 아름답고 찬란할 것이다."

"If we prepare little by little for the future, it will be more stable, more beautiful and brilliant than I thought."

choi sung chun

"도전을 시작하면 가능성이 생기고, 노력을 더하면 가능성이 높아진다."

"If you start a challenge, you'll have a chance, and if you add effort, you'll have a better chance"

choi sung chun

308

초록장애인주간보호센터 '사랑의 가스렌지' 전달식

동양생명 호남HB **최성천** 설계사

고객의 평생 행복에
초점 맞춘 재무 설계 실현

김남근 기자 issue8843@issuemaker.kr

재무 설계는 한 사람이 인생에서 만나는 과업을 안정적으로 달성하기 위한 장기 계획으로서 그 중요성이 점차 강조되고 있다. 의료 발달 및 복지 향상으로 인간의 기대 수명이 크게 늘어나면서, 오늘날 효율적인 재무 관리는 보다 인생을 풍요롭고 행복하게 살기 위한 필수 조건이 됐다. '경제적 복지는 화폐로 측정된다'라고 언급했던 경제학자 피구의 말처럼, 인생에서 원하는 바를 실현하기 위해서는 경제적 조건을 객관적으로 판단하는 기준이 필요한 것이다.

'우수인증 설계사 제도'는 보험 상품의 완전판매와 건전한 모집질서 정착을 위해 보험 및 재무 설계사에게 실시되고 있는 제도다. 재무 및 보험의 가치를 매기는 다수의 설계사가 범람하는 이때 우수인증 설계사를 획득한 이들은 고객의 신뢰를 확보하는 중요한 기점이 된다. 이에 올해 '2016 생명보험협회 인증 우수인증 설계사'로 선정된 동양생명 호남HB의 최성천 설계사는 이번 선정이 그에게 남다른 의미로 다가온다. 우수인증 설계사는 동일 회사 3년 이상 근속, 보험계약 유지율이 기준치 이상이며, 모집질서위반이나 불완전판매가 0건인 고객지향적인 사람에게 주어지는 인증이기에 선정 절차와 기준이 까다로운 편이기 때문이다.

실제 최 설계사는 개인과 가정, 사업장의 위험관리자산인 보험 설계 및 목적자금에 맞는 재무 설계와 기업체 퇴직연금 모집인으로 활동하면서 보험 및 재무관리에 관한 전문가로서의 입지를 다졌다. 뿐만 아니라 온라인 커뮤니티를 활용해 고객과의 꾸준한 소통을 이어온 그는 생활 정보 및 보험 관련 정보를 제공하고 있으며 잘못된 보험가입 방지를 위한 '착한 재무 설계 캠페인'을 펼쳐질 예정임을 밝혔다.

최성천 설계사는 "고객의 소중한 자산을 자신의 자산처럼 생각하고, 고객을 가족처럼 생각하는 설계 마인드가 이번 선정의 가장 큰 원동력이 되었다고 생각합니다"라며 "저의 영업 철칙은 고객의, 고객에 의한, 고객을 위한 상담과 설계를 하자는 것입니다. 단순히 비싼 보험이 좋은 보험이 아니라, 가격이 저렴하더라도 고객의 자금 사정과 상황에 맞는 보험이 좋은 보험이며, 고객 맞춤 재무 설계에 초점을 맞춰왔습니다"라고 말했다.

고객의 행복한 미래가 꿈이라고 말한 최 설계사는 장애인 복지 시설에 매월 후원하는 등 행복한 사회를 위한 노력을 몸소 실천하고 있으며, 향후 '착한재무설계센터' 그리고 '착한노인복지시설'을 운영하고 싶다는 포부를 밝힌 최성천 설계사. 고객과 자신의 행복을 동일하게 여기는 신념 위에 지어질 그의 소망이 풍요로운 사회를 구성하는 밑그림이 되길 바라본다. ▣

2016년 6월 경제잡지 이슈메이커 한국의 인물편 기사

chapter

15

보험장인 꿀팁 : 고객과의 미팅성공율을 높이는 센스

요즘 설계사분들은 DB고객님들을 만나는 경우가 많다. 그래서 지인이 아닌 처음 만나는 고객님과의 미팅 성공율을 높이는 방법을 공유한다. 고객과 이미 미팅 약속을 해놓았다면 약속 하루 전 전화 대신에 카톡을 남겨놓는 것이 좋다.

약속 하루 전에 전화를 하면 쉽게 거절 당할 수 있다. 거절해주세요 하는 것과 다름이 없다. 특별한 경우가 아니면 약속을 이미 정한 경우에는 전화는 하지 않는 것이 좋다.

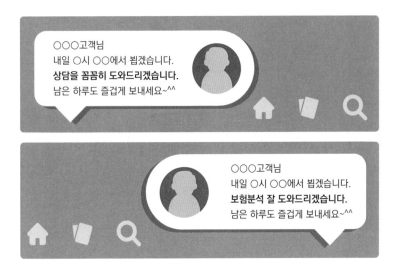

약속 당일이나 전날 고객이 카톡을 읽었다면, 그냥 아무 생각하지 않고 직진하면 된다. 만약에 당일날 고객이 노쇼를 하게 된다면, 이런 고객분은 두 번째 다시 만나게 된다면 계약 성공 확률이 높아지게 된다. 왜냐면 고객은 처음 노쇼에 대해 미안한 마음을 가지고 있기 때문이다.

단, 처음 노쇼 발생 시 꼭 20분 이상 기다리고 "고객님 급한 일이 있으셨나 봅니다. 기다리다가 이동합니다" 등의 문자를 남겨놓는 것이 좋다. 나는 신입시절 왕복 3시간 거리의 고객님에게 3번의 노쇼를 당하고 4번째 만남에 고객님께서 그동안 미안했다면서, 나에게 해신탕을 사주시고, 계약도 크게 받은 적이 있다.

절대 포기하지 않아야 한다.

🚚 보험장인 꿀팁 : 처음 민닌 사림을 대하는 데 도움이 되는 4가지 방법

1. 처음 만난 사람에게
   ▷ " 나는 이러이러한 사람입니다" 라고 자기소개를 하면 경계심을 풀 수 있다.

2. 기억에 오래 남는 사람이 되고 싶다면
   ▷ 나 자신에게 구체적이고 독특한 '태그'를 붙이자

   EX) 안녕하세요. 열정적인 남자 최성천입니다.
   안녕하세요. 보험장인 최성천 입니다.

3. 고객과의 통화 후 첫 미팅이나 두 번째 미팅 시 지난번의 이야기를 기억했다가 꺼내면 '성의 있다'는 느낌을 줄 수 있다.

4. 내 전문 분야를 설명할 때는 중학생도 이해할 수 있는 쉬운 말로 풀어서 말하자.
   EX) 우리 고객님께서 아프거나 다치시기 전에 미리 든든한 우산을 준비해 드리는 일을 하고 있습니다.

chapter

15

에필로그

한국보험금융 리사브랜치 대표 장 대 성

대한민국 1% 보험인들이 모여 글을 쓰는 것은 결코 쉬운 일이 아니었다.

1%가 되었다는 것은 그만큼 노력한다는 것이고, 많이 활동한다는 것을 의미하기에 시간을 빼서 글을 쓰는 과정은 우리에게 적지 않은 부담감을 주었다. 하지만 공통적으로 생각한 것은 우리도 신입일 때가 있었고, 힘들었을 때가 있었다는 것이다. 그리고 상위 1%가 되기 위해 걸어온 그 길이 결코 쉽지 않았다는 것이다. 그래서 지금 보험에 입문하거나 영업이 힘들어서 어려워하고 있는 동료, 그리고 점프업을 하고 싶은 보험설계사들에게 우리의 노하우를 나눠준다면 그들에게 조금이나마 도움이 되지 않을까 하는 생각에서 한자리에 모이게 되었다. 글을 쓰면서 지금까지 영업해온 시간을 정리해 볼 수 있었고, 나 또한 성장하는 계기가 되었다.

만일 영업이 잘 안된다면 '나는 왜 보험영업이 안되는 것일까?'라는 질문을 스스로에게 먼저 해야 할 것이다.

대다수의 사람들이 '보험'에 대해 부정적인 인식을 가지고 있는 것은 부정할 수 없는 사실이다. 그래서 많은 보험설계사가 자기의 직업을 평가절하하고 있고, 자신의 위치를 '을'로 가정한다. 하지만 이러한 마음가짐으로는 보험영업을 잘할 수 없다는 점을 명심해야 한다.

'보험'이라는 단어의 한자 뜻은 '지킬 보'에 '험할 험'이다. 이것을 풀이하면 '험한 일이 생겼을 때 지켜주는 것'. 이것이 바로 보험이다. 그런 의미에서 봤을 때, 이보다 더 고귀한 직업이 있을까? 이것보다 더 가치 있는 일이 있을까? 더 나아가 가족의 꿈을 지킬 수 있는 유일한 직업이 바로 '보험설계사'라는 것을 꼭 기억해야 한다.

현존하는 직업 중 직장에서 돈을 벌어오는 가장이 사망했을 때 남겨진 가족이 살아가는 데 도움을 줄 수 있는 직업은 단 하나도 없다. 가장이 죽으면 배우자는 그때부터 자녀를 부양하기 위해 힘든 삶을 살아야 한다는 것이다. 그런 상황을 맞닥뜨리면 자연스럽게 경제적으로 어려워질 것이고, 자녀들은 자신의 꿈을 하나씩 포기하게 될 것이다. 왜냐하면 '돈'이 없기 때문이다. 하지만 보험은 가장이 갑작스레 사망하는 일이 생겨도 '사망보험금'이라는 수단을 통해 가족이 안정을 되찾을 때까지 시간을 벌어준다. 이뿐만 아니라 가족의 꿈을 지켜주는 역할을 해준다. 이렇게 고객 가족의 꿈을 지켜주고, 내 가족의 꿈을 지킬 수 있는 유일하면서도 이타적인 직업! 바로, '보험설계사'이다. 그렇기에 정말 자부심을 느껴야 하고, 고객에게 당당하게 어필해야 할 것이다. 보험영업은 여기서부터 시작된다.

15명의 보험설계사가 한마음으로 집필한 '억대연봉자가 공개하는 보험영업 노하우'는 한 단계 성장하고 싶은 설계사들, 보험에 입문한 신인 설계사들, 상위 1% 보험설계사가 되고 싶은 모든 보험설계사에게 최고의 지침서가 될 것이다.

오늘도 끊임없이 노력하는 동료 설계사들과 함께 더 높은 곳으로 올라가기를 소망하며 글을 마친다.

 1위 네이버 보험설계사 카페

 5만명 보험설계사커뮤니티

 6만개 누적 게시글

 2천개 보험영업 꿀팁

 2천개 보험자료

〈억대연봉 고수들의 칼럼과 강의〉

TOT의 가르침
강한클로징
소개영업의달인
1대5 소수과외
보험장인 최성천
`1대5 과외`

제대로 배워서
제대로 판매하자
우수보험 설계사 사관학교
보험지식 스쿨강사
현 손해사정 대표 조상현
`오프라인`

고객 DB확보 될때까지
1대1코칭
온라인 보험영업
전문가 마스터과정
온라인고수 황경호
`1대1코칭` `오프라인`

개척 / DB스터티
1대1 코칭 / 멘토링
보험전도사 이진호
`오프라인`

개인영업부터 법인영업
까지 쉽고 간단하게
소개영업의달인
1대5 소수과외
all-rounder 김성수
`오프라인`

개척으로 억대연봉
1대1 실전 현장동반
강의
개척의 정석 김재영
`1대1코칭` `오프라인`

건수 : 월40~50건
다건영업으로 억대연봉
다건영업 고수 장한빛
`1대3코칭` `오프라인`

퍼미션, 이관, 보유고객
DB영업 성공 상담법
DB영업 명강사 김미영
`오프라인`

 보만세 헌장

보만세는 40만 보험설계사의 친목, 정보공유, 강의를 통해서
보험설계사의 컨설팅과 영업능력을 향상 시키고, 보험설계사의 수입극대화에 기여하며
보험설계사의 사회봉사 활동을 통하여, 보험설계사의 사회적 위상을 높이고자 합니다